삼성
제조직무적성검사

삼성전자 · 삼성전기 · 삼성SDI · 삼성SDS

시대에듀

2025 최신판 시대에듀 삼성 제조직무적성검사
최신기출유형 + 모의고사 4회

Always **with you**

사람의 인연은 길에서 우연하게 만나거나 함께 살아가는 것만을 의미하지는 않습니다.
책을 펴내는 출판사와 그 책을 읽는 독자의 만남도 소중한 인연입니다.
시대에듀는 항상 독자의 마음을 헤아리기 위해 노력하고 있습니다. 늘 독자와 함께하겠습니다.

머리말 PREFACE

삼성 경영철학의 최우선순위는 '인간존중' 이념으로, 삼성은 이를 구현하기 위해 일정한 지적 능력과 업무수행능력만 있으면 누구든지 채용시험에 응시할 수 있도록 학력 제한 및 성차별을 철폐했다. 이러한 삼성이 요구하는 지적 능력과 업무수행능력을 평가하는 관문이 바로 삼성 제조직무적성검사이다.

삼성 제조직무적성검사는 직군별로 요구되는 일반능력과 지각능력, 사고의 유연성, 창의성 등을 측정해 입사 후 조직 내에서 발휘할 수 있는 직무수행능력과 직무적응력을 평가하는 것을 목적으로 한다.

실제 삼성 제조직무적성검사 기출문제를 살펴보면 난도는 높지 않으나 주어진 시간이 짧아 실수 없이 문제를 푸는 것이 중요하므로, 평소에 꾸준히 준비하지 않으면 쉽게 통과할 수 없도록 구성되어 있다. 더군다나 입사 경쟁률이 날로 높아지는 오늘날과 같은 상황에서는 이에 대해 더욱 철저한 준비가 요구된다.

이에 시대에듀에서는 삼성 제조직으로 입사하고자 하는 수험생들에게 좋은 길잡이가 되어주고자 다음과 같은 특징을 가진 도서를 출간하게 되었다.

도서의 특징

1. 2024～2023년 2개년 주요기업 생산직 기출복원문제를 수록하여 최근 출제경향을 한눈에 파악할 수 있도록 하였다.
2. 영역별 핵심이론과 적중예상문제를 수록하여 체계적인 학습이 가능하도록 하였다.
3. 최종점검 모의고사 2회분과 도서 동형 온라인 실전연습 서비스를 제공하여 실전과 같은 연습이 가능하도록 하였다.
4. 인성검사부터 면접까지 채용 관련 내용을 꼼꼼하게 다루어 본서 한 권으로 마지막 관문까지 무사히 통과할 수 있도록 구성하였다.

끝으로 본서를 통해 삼성 제조직 입사를 준비하는 여러분 모두에게 합격의 기쁨이 있기를 진심으로 기원한다.

SDC(Sidae Data Center) 씀

삼성그룹 기업분석 INTRODUCE

◇ 경영철학과 목표

1. 인재와 기술을 바탕으로

- 인재 육성과 기술 우위 확보를 경영 원칙으로 삼는다.
- 인재와 기술의 조화를 통하여 경영 시스템 전반에 시너지 효과를 증대한다.

2. 최고의 제품과 서비스를 창출하여

- 고객에게 최고의 만족을 줄 수 있는 제품과 서비스를 창출한다.
- 동종업계에서 세계 1군의 위치를 유지한다.

3. 인류사회에 공헌한다.

- 인류의 공동이익과 풍요로운 삶을 위해 기여한다.
- 인류 공동체 일원으로서의 사명을 다한다.

◇ 핵심가치

인재제일	'기업은 사람이다.'라는 신념을 바탕으로 인재를 소중히 여기고 마음껏 능력을 발휘할 수 있는 기회의 장을 만들어 간다.
최고지향	끊임없는 열정과 도전정신으로 모든 면에서 세계 최고가 되기 위해 최선을 다한다.
변화선도	변화하지 않으면 살아남을 수 없다는 위기의식을 가지고 신속하고 주도적으로 변화와 혁신을 실행한다.
정도경영	곧은 마음과 진실되고 바른 행동으로 명예와 품위를 지키며 모든 일에 있어서 항상 정도를 추구한다.
상생추구	우리는 사회의 일원으로서 더불어 살아간다는 마음을 가지고 지역사회, 국가, 인류의 공동 번영을 위해 노력한다.

◇ 경영원칙

1

법과 윤리적 기준을 준수한다.

- 개인의 존엄성과 다양성을 존중한다.
- 법과 상도의에 따라 공정하게 경쟁한다.
- 정확한 회계기록을 통해 회계의 투명성을 유지한다.
- 정치에 개입하지 않으며 중립을 유지한다.

2

깨끗한 조직 문화를 유지한다.

- 모든 업무활동에서 공과 사를 엄격히 구분한다.
- 회사와 타인의 지적 재산을 보호하고 존중한다.
- 건전한 조직 분위기를 조성한다.

3

고객, 주주, 종업원을 존중한다.

- 고객만족을 경영활동의 우선적 가치로 삼는다.
- 주주가치 중심의 경영을 추구한다.
- 종업원의 '삶의 질' 향상을 위해 노력한다.

4

환경·안전·건강을 중시한다.

- 환경친화적 경영을 추구한다.
- 인류의 안전과 건강을 중시한다.

5

기업시민으로서 사회적 책임을 다한다.

- 기업시민으로서 지켜야 할 기본적 책무를 성실히 수행한다.
- 사업 파트너와 공존공영의 관계를 구축한다.
- 현지의 사회 · 문화적 특성을 존중하고 공동 경영(상생/협력)을 실천한다.

신입사원 채용 안내 INFORMATION

◇ 모집시기

연 1～2회 공채 및 수시 채용(시기 미정)

◇ 지원자격

1. 고등학교 · 전문대 졸업 또는 졸업예정자
2. 군복무 중인 자는 당해년도 전역 가능한 자
3. 해외여행에 결격사유가 없는 자

◇ 채용절차

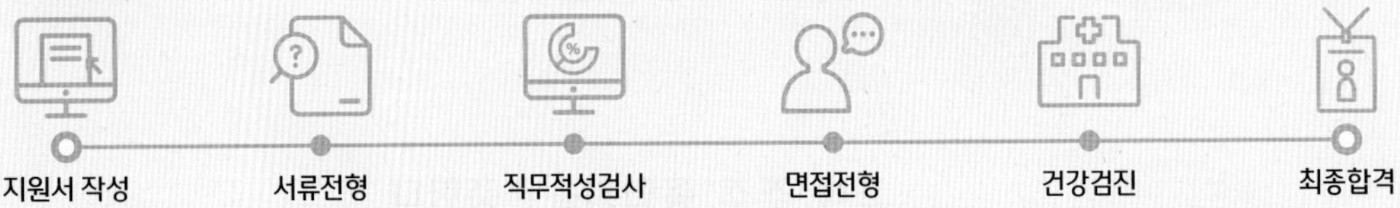

◇ 시험진행

구분	영역	문항 수	제한시간
직무적성검사	기본계산	10문항	15분
	주의집중	10문항	
	시각지각	10문항	
	이해력	10문항	
	유추추론	10문항	
	신체반응	10문항	
	순서추론	100문항	

❖ 채용절차 및 전형은 채용유형 · 직무 · 시기 등에 따라 변동될 수 있으니 반드시 채용공고를 확인하기 바랍니다.

2024년 기출분석 ANALYSIS

총평

2024년 삼성 제조직무적성검사는 기존에 출제되었던 영역 및 유형과 비슷한 형태로 출제되었다. 총 160문항에 15분으로, 많은 문항 수 대비 짧은 시험 시간이 관건이었다. 전체적으로 난도는 낮은 편이었으나 계산기 사용이 금지되어 계산 실수가 없도록 하는 것이 중요하였다. 또한 세트로 구성된 문제가 많았으므로 주어진 지문을 기억하고 여러 문제를 풀어야 했다.

◇ 영역별 출제비중

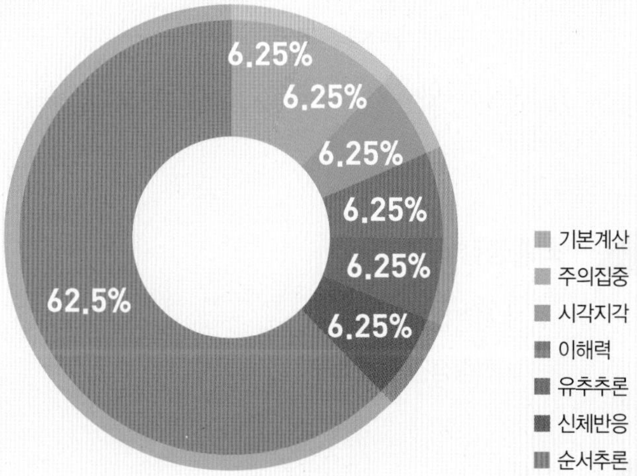

◇ 영역별 출제특징

구분	영역	출제특징
직무적성검사	기본계산	• 사칙연산을 활용하여 제시된 식을 계산하는 문제
	주의집중	• 제시된 도형과 같은 것 또는 다른 것을 찾는 문제
	시각지각	• 제시된 그림에 포함되거나 포함되지 않은 조각을 찾는 문제
	이해력	• 제시된 도형을 회전시킨 것으로 알맞은 것을 찾는 문제
	유추추론	• 나열된 수의 규칙에 따라 빈칸에 들어갈 알맞은 수를 구하는 문제
	신체반응	• 저울을 이용하여 주어진 문자들의 관계를 구하는 문제
	순서추론	• 제시된 문자를 보고 순서를 맞추는 문제

이 책의 차례 CONTENTS

Add+

2개년 주요기업 생산직 기출복원문제

※ 기출복원문제는 수험생들의 후기를 통해 시대에듀에서 복원한 문제로 실제 문제와 다소 차이가 있을 수 있으며,

Add+ 2개년 주요기업 생산직 기출복원문제

※ 다음 식을 계산한 값으로 옳은 것을 구하시오. **[1~6]**

| 2024년 SK그룹

01

$$(423,475-178,475)\div 70\times 91$$

① 308,500 ② 318,500

③ 328,500 ④ 338,500

| 2024년 SK그룹

02

$$4,543+2,331-11^2-12^2$$

① 6,609 ② 6,709

③ 6,809 ④ 6,909

정답 및 해설

01 $(423,475-178,475)\div 70\times 91=245,000\div 70\times 91=3,500\times 91=318,500$

02 $4,543+2,331-11^2-12^2=6,874-121-144=6,609$

01 ② 02 ① 《정답

| 2023년 상반기 포스코그룹

03

$$0.8213+1.8124-2.4424$$

① 0.1913　② 0.1923
③ 0.1933　④ 0.1943

| 2023년 상반기 GSAT 5급

04

$$5,322\times 2+3,190\times 3$$

① 20,014　② 20,114
③ 20,214　④ 20,314

정답 및 해설

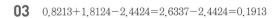

03 $0.8213+1.8124-2.4424=2.6337-2.4424=0.1913$

04 $5,322\times 2+3,190\times 3=10,644+9,570=20,214$

03 ①　04 ③　《정답

| 2023년 상반기 GSAT 5급

05

$$5^3-4^3-2^2+7^3$$

① 370　② 380
③ 390　④ 400

| 2023년 상반기 GSAT 5급

06

$$654,321-123,456+456,456-136,321$$

① 831,000　② 841,000
③ 851,000　④ 861,000

정답 및 해설

05 $5^3-4^3-2^2+7^3=(125+343)-(64+4)=468-68=400$

06 $654,321-123,456+456,456-136,321=(654,321-136,321)+(-123,456+456,456)$
$=518,000+333,000=851,000$

05 ④　06 ③　정답

※ 다음과 같이 일정한 규칙으로 수를 나열할 때, 빈칸에 들어갈 알맞은 수를 고르시오. [7~9]

| 2024년 상반기 S-OIL

07

4　6　12　24　(　)　96　108　384

① 9　② 10
③ 28　④ 36
⑤ 44

| 2024년 상반기 S-OIL

08

84　80　42　20　21　(　)　10.5　1.25

① 3　② 4
③ 5　④ 6
⑤ 7

정답 및 해설

07 홀수 항은 ×3, 짝수 항은 ×4를 하는 수열이다.
따라서 (　)=12×3=36이다.

08 홀수 항은 ÷2, 짝수 항은 ÷4를 하는 수열이다.
따라서 (　)=20÷4=5이다.

07 ④　08 ③ 《정답

09

| 2023년 상반기 S-OIL

88	132	176	264	352	528	(　)

① 649　　② 704
③ 715　　④ 722
⑤ 743

| 2023년 SK그룹

10 다음 제시된 문자 또는 숫자와 같은 것은?

> Violin Sonata BB.124－Ⅲ

① Violin Sonata BB.124－Ⅲ　　② Violin Sonota BB.124－Ⅲ
③ Violin Sonata BB.124－Ⅱ　　④ Violin Sonata BP.124－Ⅲ

정답 및 해설

09 첫 번째 항부터 $\times\frac{3}{2}$, $\times\frac{4}{3}$를 번갈아 적용하는 수열이다.

따라서 (　)$=528\times\frac{4}{3}=704$이다.

10 오답분석
② Violin Sonota BB.124－Ⅲ
③ Violin Sonata BB.124－Ⅱ
④ Violin Sonata BP.124－Ⅲ

09 ②　10 ①　정답

※ 제시된 문자와 동일한 문자를 〈보기〉에서 찾아 고르시오(단, 가장 왼쪽 문자를 시작 지점으로 한다). [11~14]

보기							
¢	♆	⌘	⍍	△	Ⅱ	♩	♏

| 2023년 상반기 GSAT 5급

11

♆

① 2번째 ② 5번째
③ 6번째 ④ 8번째

| 2023년 상반기 GSAT 5급

12

¢

① 1번째 ② 2번째
③ 5번째 ④ 6번째

정답 및 해설

11 ♆은 2번째에 제시된 문자이므로 정답은 ①이다.

12 ¢은 1번째에 제시된 문자이므로 정답은 ①이다.

11 ① 12 ① 《정답

| 2023년 상반기 GSAT 5급

13

△

① 2번째　　② 3번째
③ 4번째　　④ 5번째

| 2023년 상반기 GSAT 5급

14

Ⅱ

① 4번째　　② 5번째
③ 6번째　　④ 7번째

정답 및 해설

13 △은 5번째에 제시된 문자이므로 정답은 ④이다.

14 Ⅱ은 6번째에 제시된 문자이므로 정답은 ③이다.

13 ④　14 ③　정답

※ 다음 〈조건〉을 보고 ?에 들어갈 문자를 고르시오. [15~16]

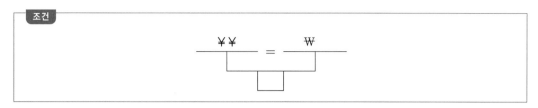

조건

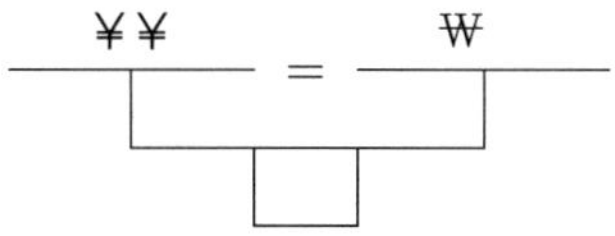

| 2023년 상반기 GSAT 5급

15

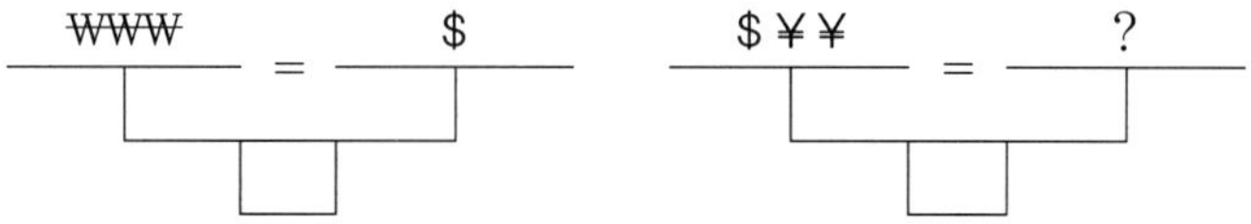

① ₩₩₩₩¥¥　② ¥¥¥¥¥¥¥
③ ₩₩¥¥¥¥¥　④ ₩¥¥¥¥¥¥

| 2023년 상반기 GSAT 5급

16

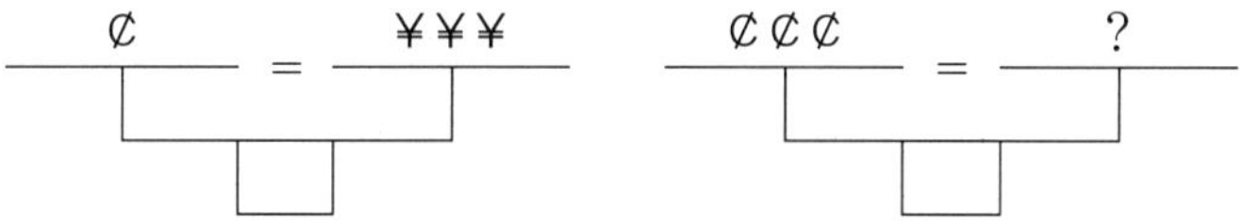

① ₩₩₩₩　② ₩₩¥¥¥¥
③ ₩₩₩¥¥¥　④ ¥¥¥¥¥¥

정답 및 해설

15 제시된 조건에 따르면 $¥¥=₩₩₩¥¥=₩¥¥¥¥¥¥이므로 ?에 들어갈 문자는 ④이다.

16 제시된 조건에 따르면 ¢¢¢=¥¥¥¥¥¥¥¥¥=₩₩₩¥¥¥이므로 ?에 들어갈 문자는 ③이다.

15 ④　16 ③　《정답

※ 다음 〈조건〉을 보고 ?에 들어갈 문자를 고르시오. **[17~18]**

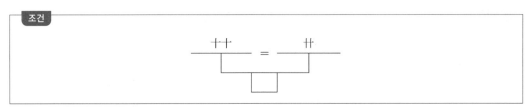

조건

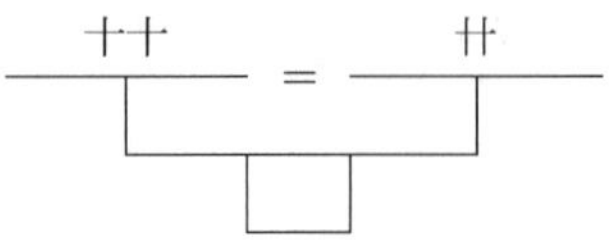

| 2023년 상반기 GSAT 5급

17

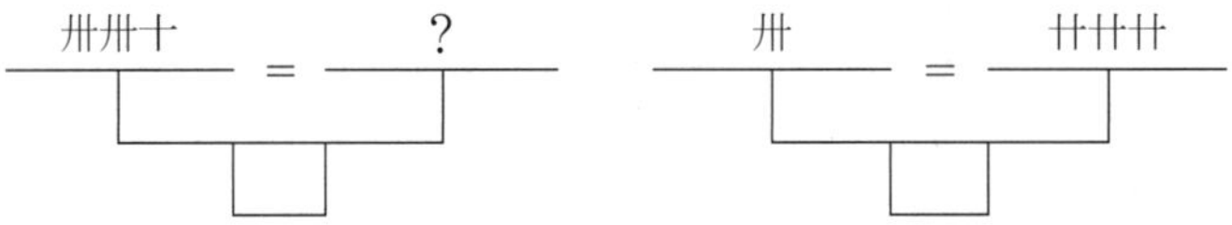

① 卄卄卄卄十十十　　② 卄卄卄卄十十十十

③ 卅卄卄十十十　　④ 卅卅卄卄卄

| 2023년 상반기 GSAT 5급

18

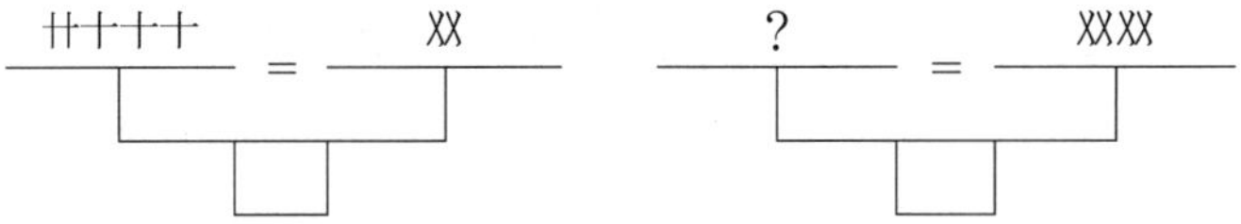

① 十十十十十十十十　　② 卄卄卄十十十

③ 卄卄卄卄十　　④ 十十十十十十十十十十

정답 및 해설

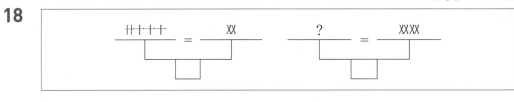

17 제시된 조건에 따르면 卅卅十=卄卄卄卄卄卄十=卅卄卄十十十이므로 ?에 들어갈 문자는 ③이다.

18 제시된 조건에 따르면 XXXX=卄十十十卄十十十=十十十十十十十十十十 이므로 ?에 들어갈 문자는 ④이다.

17 ③　18 ④ 《정답

※ 다음 제시된 문자와 같은 것의 개수를 구하시오. [19~22]

| 2024년 SK그룹

19

ぎ

ぎ	ぎ	き	し	ち	し	ぢ	じ	き	ぢ	ぎ	じ
ち	し	ぢ	き	じ	し	ぎ	し	じ	し	き	し
し	じ	き	ぎ	じ	ぢ	ぎ	き	じ	き	ぢ	ぎ
ぎ	き	じ	し	ち	ぎ	き	ぢ	ぎ	ぢ	し	き

① 8개
② 9개
③ 10개
④ 11개

| 2024년 SK그룹

20

farm

film	face	film	fast	farm	fall	fail	face	fast	fall	face	farm
fast	fail	fall	face	film	fast	farm	fella	film	film	fall	fail
face	film	farm	fella	fail	face	fast	farm	fella	fail	fast	film
fail	fall	fella	farm	face	film	fall	fella	face	fella	farm	farm

① 8개
② 9개
③ 10개
④ 11개

정답 및 해설

19

ぎ	ぎ	き	し	ち	し	ぢ	じ	き	ぢ	ぎ	じ
ち	し	ぢ	き	じ	し	ぎ	し	じ	し	き	し
し	じ	き	ぎ	じ	ぢ	ぎ	き	じ	き	ぢ	ぎ
ぎ	き	じ	し	ち	ぎ	き	ぢ	ぎ	ぢ	し	き

20

film	face	film	fast	farm	fall	fail	face	fast	fall	face	farm
fast	fail	fall	face	film	fast	farm	fella	film	film	fall	fail
face	film	farm	fella	fail	face	fast	farm	fella	fail	fast	film
fail	fall	fella	farm	face	film	fall	fella	face	fella	farm	farm

19 ③ 20 ① 《정답

| 2023년 SK그룹

21

샤프

사프	사포	사브	샤프	사포	서프	셰프	사포	샤프	사브	샤파	사프
사포	시프	사프	사피	수프	샤파	스프	소포	소프	사포	사포	서프
소프	셰프	스프	사프	샤파	시프	서프	스프	사브	사프	시프	샤프
샤프	서프	시프	스프	사피	사브	사피	수프	사포	수프	셰프	소프

① 1개　　② 2개
③ 3개　　④ 4개

| 2023년 하반기 포스코그룹

22

▦

▤	▥	▧	▨	▥	▩	▤	▧	▨	▩	▥	▧
▧	▩	▥	▧	▦	▥	▨	▩	▤	▨	▧	▩
▩	▤	▧	▩	▥	▤	▨	▤	▧	▩	▦	▨
▨	▤	▨	▥	▤	▩	▧	▥	▨	▧	▥	▤

① 1개　　② 2개
③ 3개　　④ 4개

정답 및 해설

21

사프	사포	사브	**샤프**	사포	서프	셰프	사포	**샤프**	사브	샤파	사프
사포	시프	사프	사피	수프	샤파	스프	소포	소프	사포	사포	서프
소프	셰프	스프	사프	샤파	시프	서프	스프	사브	사프	시프	**샤프**
샤프	서프	시프	스프	사피	사브	사피	수프	사포	수프	셰프	소프

22

▤	▥	▧	▨	▥	▩	▤	▧	▨	▩	▥	▧
▧	▩	▥	▧	**▦**	▥	▨	▩	▤	▨	▧	▩
▩	▤	▧	▩	▥	▤	▨	▤	▧	▩	**▦**	▨
▨	▤	▨	▥	▤	▩	▧	▥	▨	▧	▥	▤

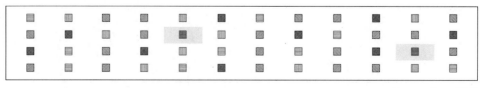

21 ④　22 ②　《 정답

23 다음 표에 제시되지 않은 문자는?

一	七	水	金	自	五	至	日	火	四	正	十
月	休	三	二	化	九	亭	六	川	木	八	土
火	亭	十	至	一	多	八	金	土	月	九	休
水	三	五	成	六	七	金	木	自	二	日	四

① 七
② 五
③ 亭
④ 州
⑤ 至

정답 및 해설

23

一	七	水	金	自	五	至	日	火	四	正	十
月	休	三	二	化	九	亭	六	川	木	八	土
火	亭	十	至	一	多	八	金	土	月	九	休
水	三	五	成	六	七	金	木	自	二	日	四

23 ④ 정답

※ 다음 중 제시된 도형과 같은 것을 고르시오(단, 도형은 회전이 가능하다). [24~27]

| 2024년 SK그룹

24

① 

② 

③ 

④ 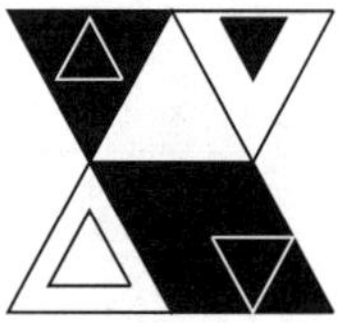

정답 및 해설

24 제시된 도형을 180° 회전한 것이다.

24 ① 《정답

25

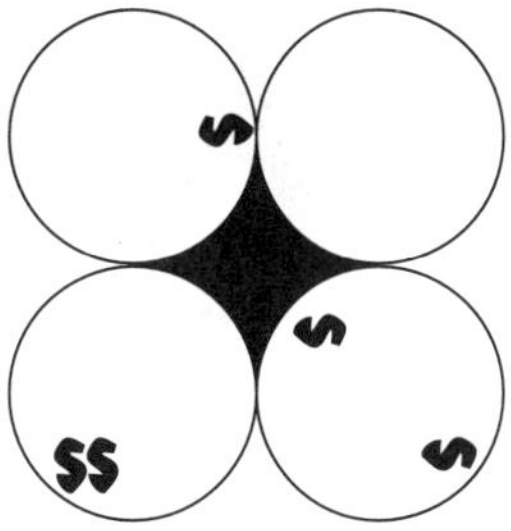

① 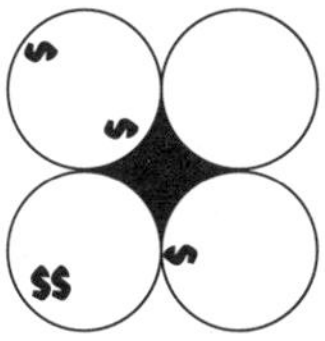

② 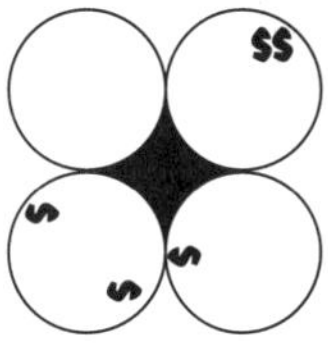

③ 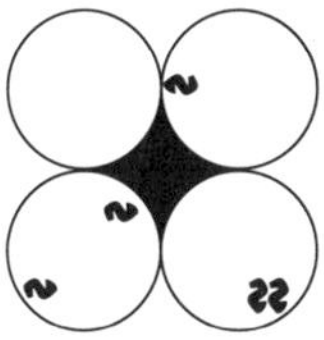

④ 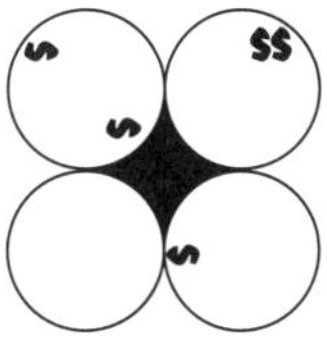

정답 및 해설

25 오답분석

① 

② 

③ 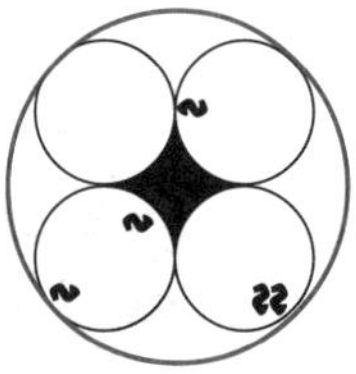

25 ④ 정답

26

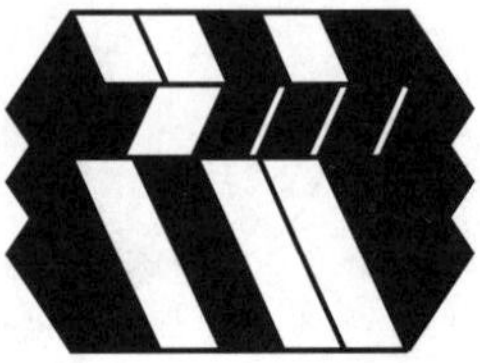

① 

② 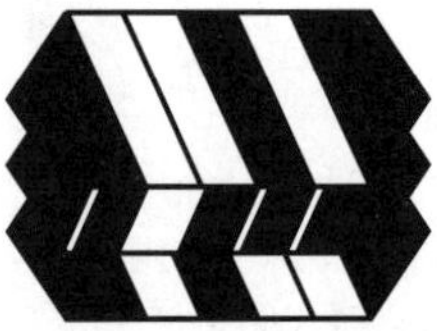

③ 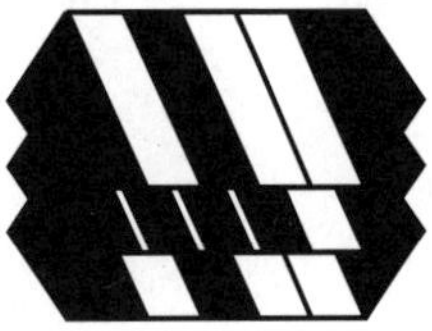

④ 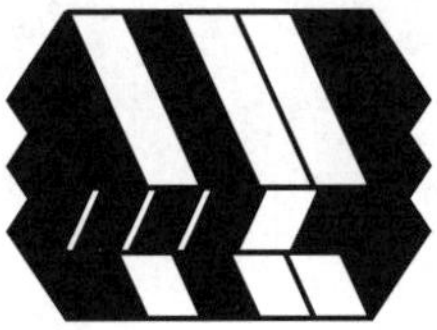

정답 및 해설

26 오답분석

② 

③ 

④ 

26 ① 정답

27

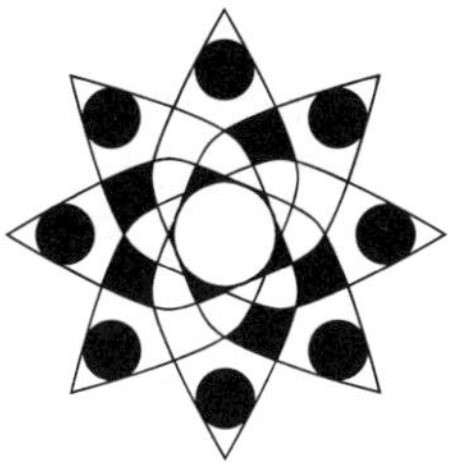

①

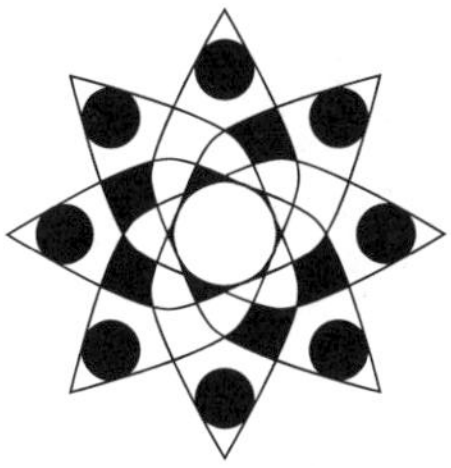

②

③

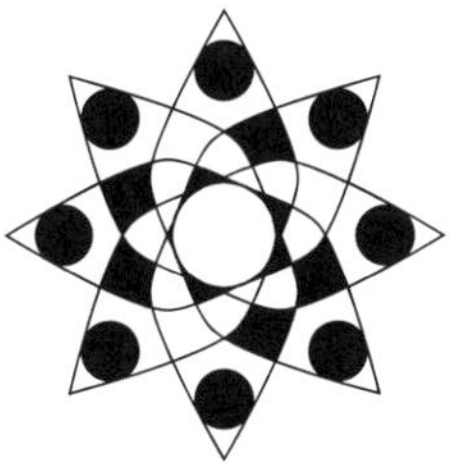

④

⑤

정답 및 해설

27 오답분석

①

②

③

④

27 ⑤ 정답

28 다음 중 나머지 도형과 다른 것은?

①

②
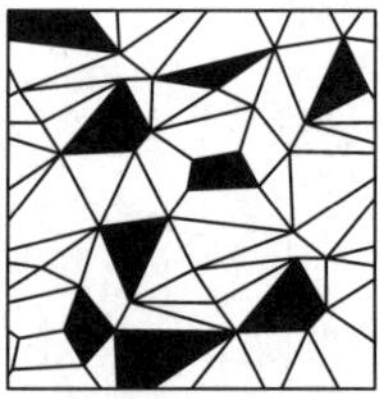

③
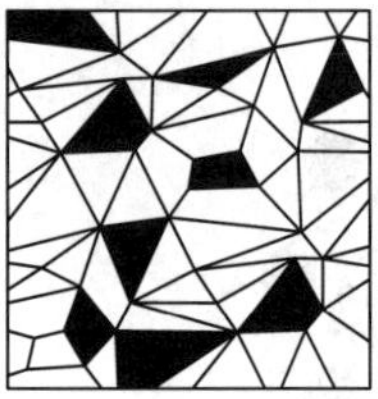

④
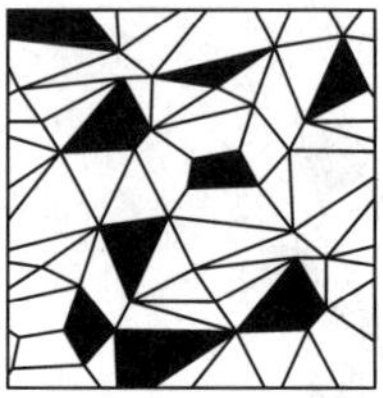

정답 및 해설

28
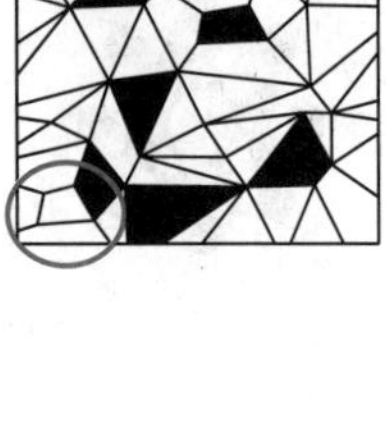

28 ③ 정답

PART

1

제조직무적성검사

CHAPTER 01 기본계산영역 핵심이론

1. 기본계산

(1) 곱셈 기호와 나눗셈 기호의 생략

① 문자와 수의 곱에서는 곱셈 기호 ×를 생략하고, 수를 문자 앞에 쓴다.

예 $x\times4=4x$

② 문자와 문자의 곱에서는 곱셈 기호 ×를 생략하고, 보통 알파벳 순으로 쓴다.

예 $b\times(-3)\times a=-3ab$

③ 같은 문자의 곱은 거듭제곱의 꼴로 나타낸다.

예 $x\times x\times x=x^3$

④ 문자가 섞여 있는 나눗셈에서는 나눗셈 기호 ÷는 쓰지 않고 분수의 모양으로 나타낸다.

예 $a\div2=\frac{a}{2}$, $a\times b\div c=\frac{ab}{c}$ $(c\neq0)$

(2) 사칙연산

① 덧셈(+)

㉠ 같은 부호일 때 : 절댓값의 합에 공통인 부호를 붙인다.

㉡ 서로 다른 부호일 때 : 절댓값의 차에 절댓값이 큰 수의 부호를 붙인다.

② 뺄셈(−) : 빼는 수의 부호를 바꾸어서 덧셈으로 고쳐서 계산한다.

③ 곱셈(×)

㉠ 같은 부호일 때 : 절댓값의 곱에 양의 부호를 붙인다.

㉡ 서로 다른 부호일 때 : 절댓값의 곱에 음의 부호를 붙인다.

④ 나눗셈(÷)

㉠ 같은 부호일 때 : 절댓값의 나눗셈의 몫에 양의 부호를 붙인다.

㉡ 서로 다른 부호일 때 : 절댓값의 나눗셈의 몫에 음의 부호를 붙인다.

덧셈(+) · 뺄셈(−) · 곱셈(×) · 나눗셈(÷)의 혼합 계산

거듭제곱 → 괄호 → 곱셈 · 나눗셈 → 덧셈 · 뺄셈

※ 괄호 : (　) → {　} → [　]의 순서

2. 등식의 성질

(1) 등식의 양변에 같은 수를 더하거나 빼도 등식은 성립한다.

$a=b$이면 $a+c=b+c$

(2) 등식의 양변에 같은 수를 곱하여도 등식은 성립한다.

$a=b$이면 $a\times c=b\times c$

(3) 등식의 양변을 0이 아닌 같은 수로 나누어도 등식은 성립한다.

$a=b$이면 $\frac{a}{c}=\frac{b}{c}$(단, $c\neq 0$)

3. 지수법칙

m, n이 자연수일 때

(1) $a^m\times a^n=a^{m+n}$

(2) $(ab)^n=a^nb^n$

(3) $(a^m)^n=a^{m\times n}$

(4) $\left(\frac{a}{b}\right)^n=\frac{a^n}{b^n}$(단, $b\neq 0$)

(5) $a^0=1$

(6) $a^{-n}=\frac{1}{a^n}$(단, $a\neq 0$)

(7) $a^m\div a^n=\begin{cases} a^{m-n}(m>n\text{일 때}) \\ 1(m=n\text{일 때}) \\ \frac{1}{a^{n-m}}(m<n\text{일 때}) \end{cases}$

4. 곱셈공식과 인수분해

곱셈공식	인수분해
① $(a+b)^2=a^2+2ab+b^2$	① $a^2+2ab+b^2=(a+b)^2$
② $(a-b)^2=a^2-2ab+b^2$	② $a^2-2ab+b^2=(a-b)^2$
③ $(a+b)(a-b)=a^2-b^2$	③ $a^2-b^2=(a+b)(a-b)$
④ $(x+a)(x+b)=x^2+(a+b)x+ab$	④ $x^2+(a+b)x+ab=(x+a)(x+b)$
⑤ $(ax+b)(cx+d)=acx^2+(ad+bc)x+bd$	⑤ $acx^2+(ad+bc)x+bd=(ax+b)(cx+d)$

CHAPTER 01 기본계산영역 적중예상문제

정답 및 해설 p.002

대표유형 1 사칙연산

다음 식을 계산한 값으로 옳은 것을 구하면?

394−469+8,526

① 6,489　　② 8,451
③ 8,492　　④ 10,562

| 해설 | 394−469+8,526=−75+8,526=8,451

정답 ②

※ 다음 식을 계산한 값으로 옳은 것을 구하시오. **[1~30]**

01

312−5×12

① 148　　② 160
③ 252　　④ 262

02

5×4+1−5

① 13　　② 14
③ 15　　④ 16

03

$$19\times5-25\div5$$

① 85
② 90
③ 95
④ 100

04

$$91\times6\div7$$

① 63
② 78
③ 79
④ 88

05

$$\frac{2}{3}\div5+\frac{2}{5}\times2$$

① $\frac{14}{15}$
② $\frac{4}{5}$
③ $\frac{2}{3}$
④ $\frac{8}{15}$

06

$$53+48\div8\times2$$

① 56
② 58
③ 63
④ 65

07

$$\frac{1}{2}+\frac{2}{5}\times\frac{3}{4}\div\frac{3}{5}$$

① $\frac{3}{2}$
② 1
③ $\frac{3}{4}$
④ $\frac{1}{2}$

08

$$\frac{16}{7}\div4+7\times\frac{1}{7}$$

① $\frac{4}{7}$
② 1
③ $\frac{11}{7}$
④ $\frac{16}{7}$

09

$$\frac{1}{2}\times\frac{2}{3}\times\frac{3}{4}\times\frac{4}{5}+\frac{1}{2}\div\frac{1}{2}\div\frac{1}{4}\div5$$

① $\frac{2}{5}$
② $\frac{3}{5}$
③ $\frac{4}{5}$
④ 1

10

$$8+98+998+9{,}998$$

① 11,012
② 11,102
③ 11,106
④ 11,112

11

$$1^2+2^2+3^2+4^2+5^2$$

① 49 ② 51
③ 53 ④ 55

12

$$3\times3\times4$$

① 34 ② 35
③ 36 ④ 37

13

$$22\div2\times5$$

① 52 ② 53
③ 54 ④ 55

14

$$3\times9-11$$

① 13 ② 14
③ 15 ④ 16

15

$$(79+79+79+79)\times 25$$

① 781
② 7,810
③ 790
④ 7,900

16

$$291-14\times 17+22$$

① 75
② 92
③ 138
④ 231

17

$$\frac{52}{3}\div 13-1$$

① $\frac{2}{13}$
② $\frac{1}{3}$
③ $\frac{12}{13}$
④ $\frac{13}{12}$

18

$$0.28+0.22-0.17$$

① 0.22
② 0.23
③ 0.33
④ 0.43

19

$$39-13\times2+2$$

① 15
② 16
③ 17
④ 18

20

$$572\div4+33-8$$

① 144
② 158
③ 164
④ 168

21

$$6\times\frac{32}{3}\times2\times\frac{11}{2}$$

① 684
② 704
③ 786
④ 792

22

$$2,620+1,600\div80$$

① 26.40
② 28.20
③ 2,640
④ 2,820

23

$$342 \div 6 \times 13 - 101$$

① 610
② 620
③ 630
④ 640

24

$$5.5 \times 4 + 3.6 \times 5$$

① 40
② 40.5
③ 48.5
④ 50

25

$$27 \times \frac{12}{9} \times \frac{1}{3} \times \frac{3}{2}$$

① 8
② 14
③ 18
④ 20

26

$$294 - 890 + 241$$

① −255
② −285
③ −325
④ −355

27

$$559-374+493$$

① 658
② 668
③ 678
④ 688

PART 1

28

$$45+125\div 5$$

① 50
② 55
③ 65
④ 70

29

$$0.73\times 11-2.5$$

① 4.93
② 5.33
③ 5.53
④ 5.83

30

$$\frac{5}{8}\div\left(\frac{7}{3}+\frac{8}{3}\right)$$

① $\frac{1}{8}$
② $\frac{1}{3}$
③ 1
④ $\frac{4}{3}$

CHAPTER 02 주의집중영역 적중예상문제

정답 및 해설 p.004

대표유형 1 같은 그림 찾기

다음 중 제시된 도형과 같은 것은?

①

②

③

④

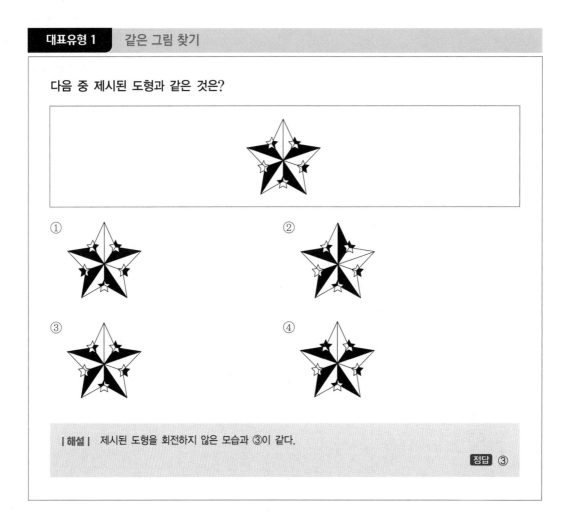

| 해설 | 제시된 도형을 회전하지 않은 모습과 ③이 같다.

정답 ③

※ 다음 중 제시된 도형과 같은 것을 고르시오(단, 도형은 회전이 가능하다). [1~15]

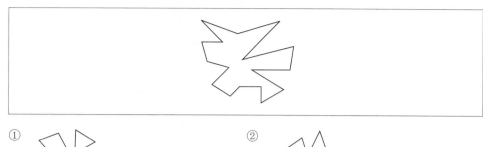

01

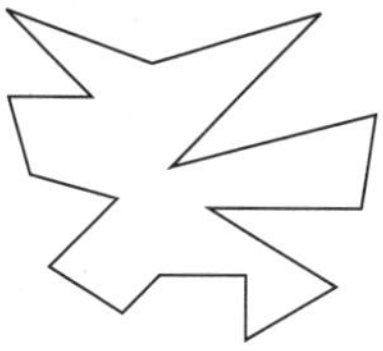

① 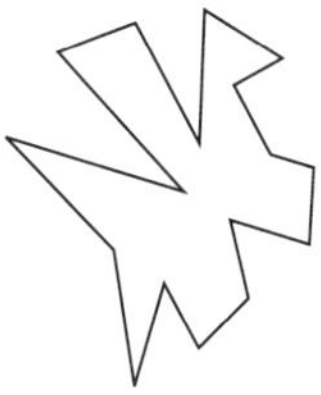

② 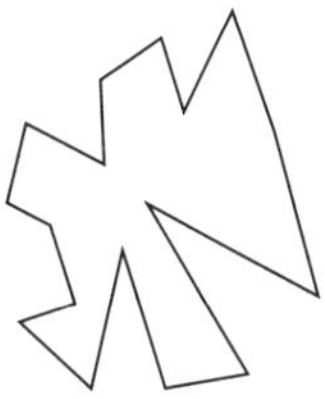

③ 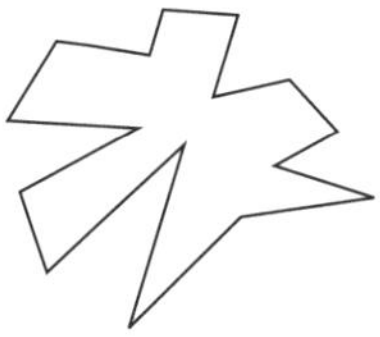

④ 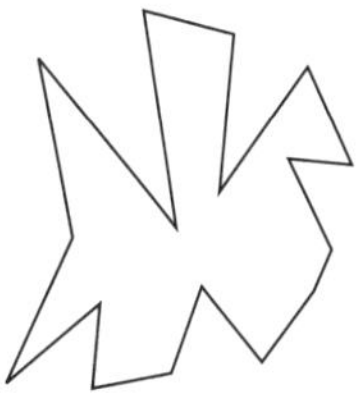

02

① 

② 

③ 

④ 

03

①

②

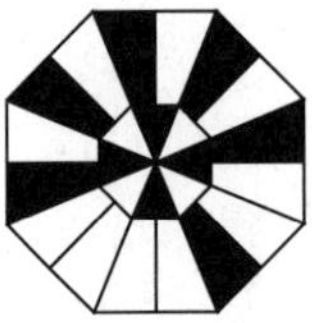

③

④

04

①

②

③

④

05

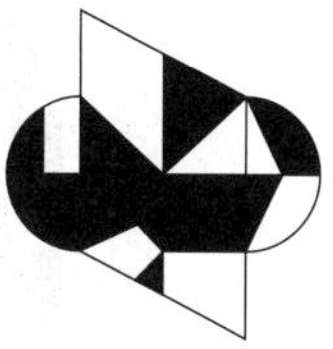

①

②

③

④

06

①

②

③

④

07

①

②

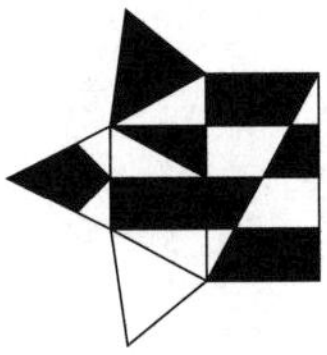

③

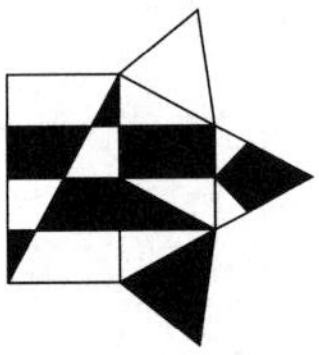

④

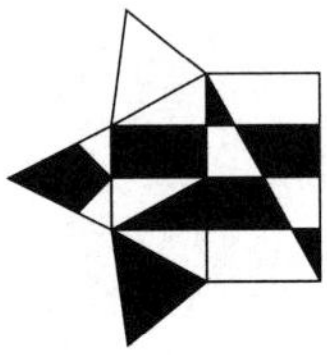

08

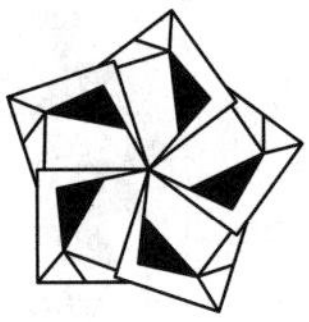

①

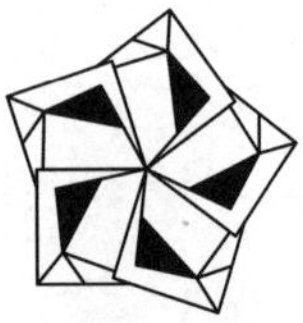

②

③

④

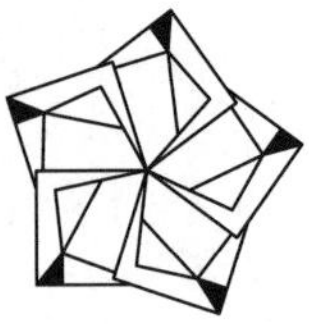

09

① 

② 

③ 

④ 

10

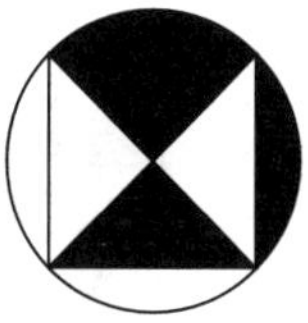

① 

② 

③ 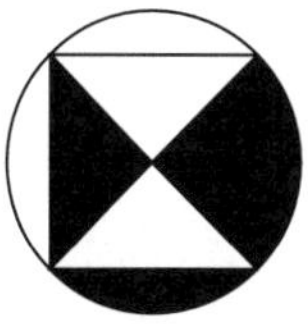

④ 

11

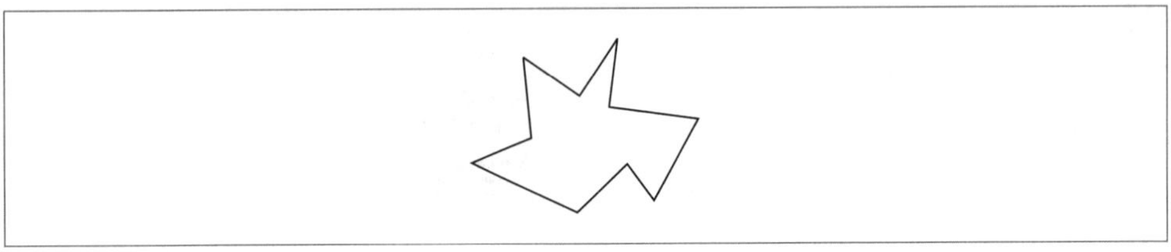

① 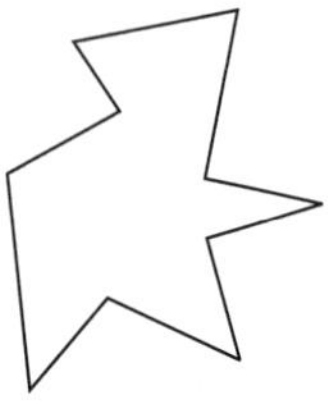

② 

③ 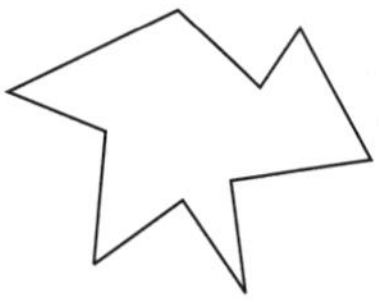

④ 

12

① 

② 

③ 

④ 

13

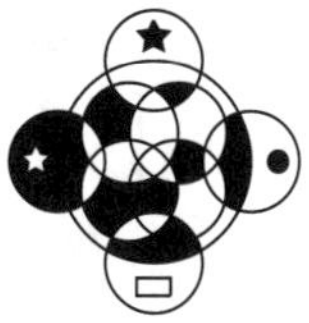

①
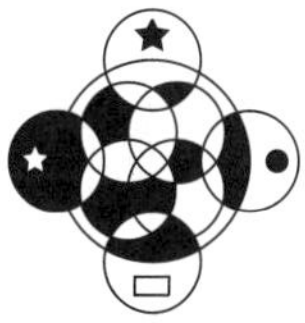

②
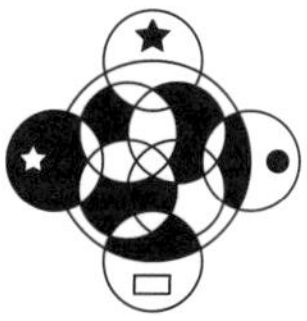

③
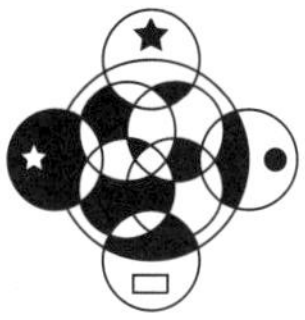

④
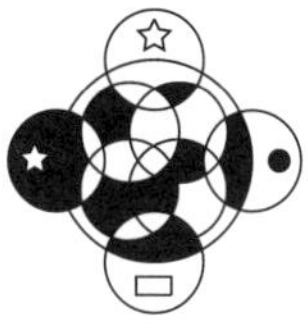

14

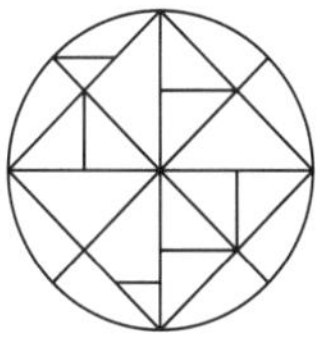

①
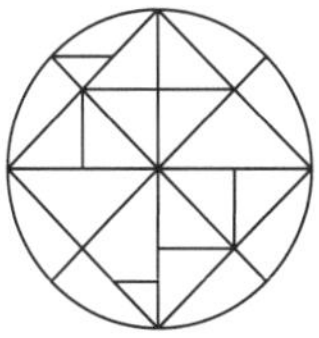

②
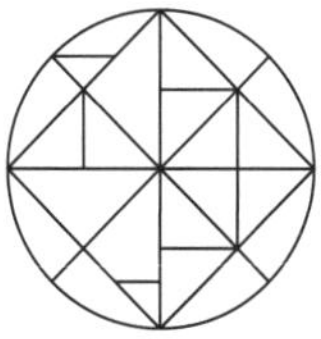

③
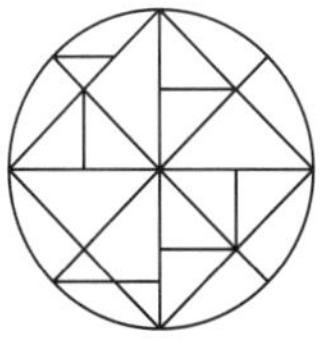

④
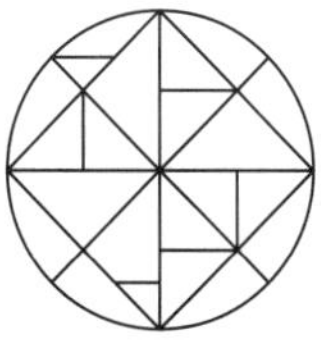

15

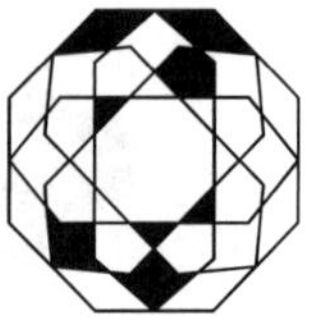

①

②
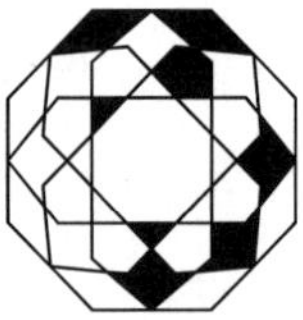

③

④

대표유형 2 다른 그림 찾기

다음 중 나머지 도형과 다른 것을 고르면?

①

②

③

④

| 해설 |

정답 ④

※ 다음 중 나머지 도형과 다른 것을 고르시오(단, 도형은 회전이 가능하다). [16~30]

16 ① 

② 

③ 

④ 

17 ① 

② 

③ 

④ 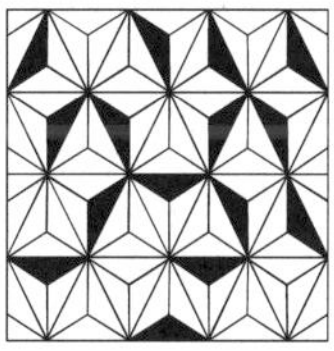

18 ① 

② 

③ 

④ 

19

①

②

③

④

20

①

②

③

④

21

①
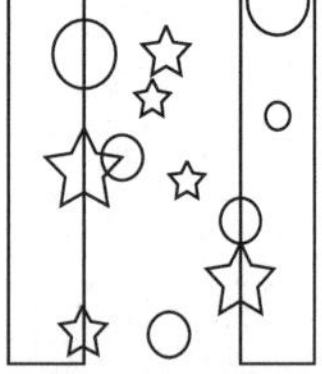

②
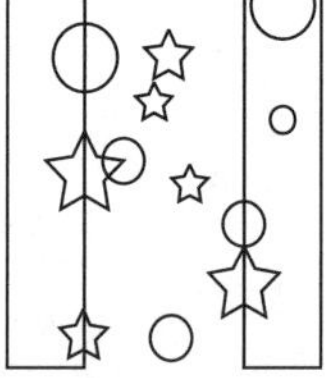

③
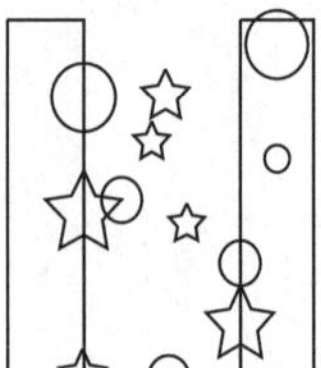

④
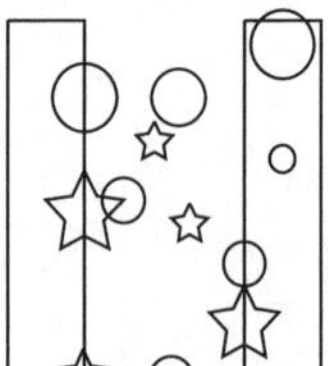

22

①

②

③

④
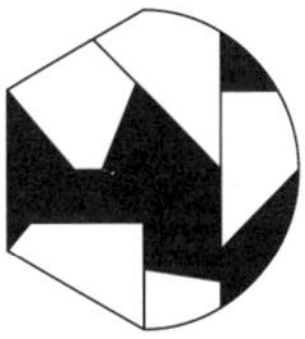

23

①
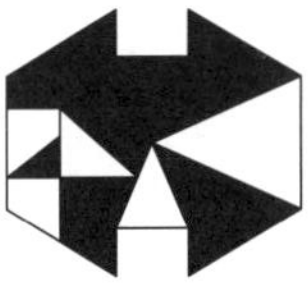

②

③

④
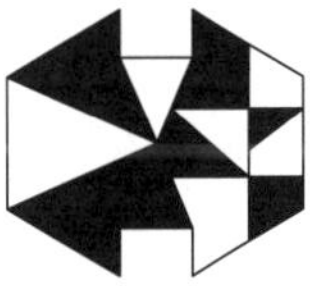

24

①

②

③

④
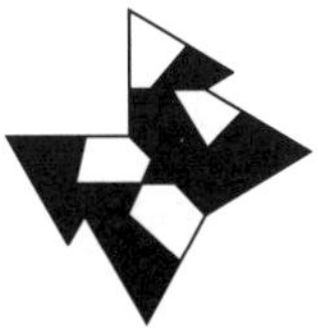

25 ①

②

③

④

26 ①

②
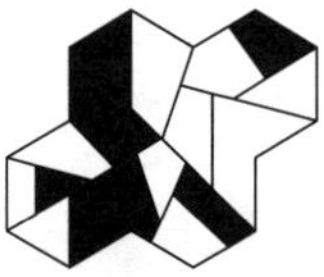
③

④

27 ①

②
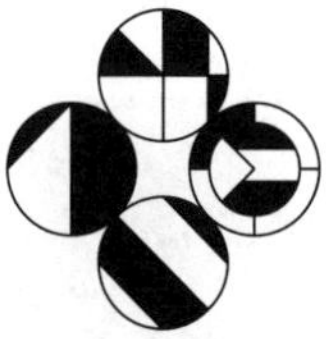
③

④

28

①

②

③

④

29

①

②

③

④

30

①

②

③

④
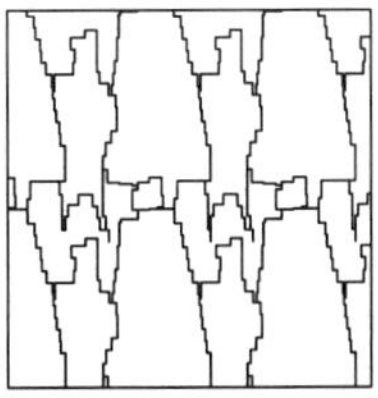

정답 및 해설 p.007

대표유형 1 포함된 조각 찾기

다음 중 제시된 그림에 포함된 조각은?

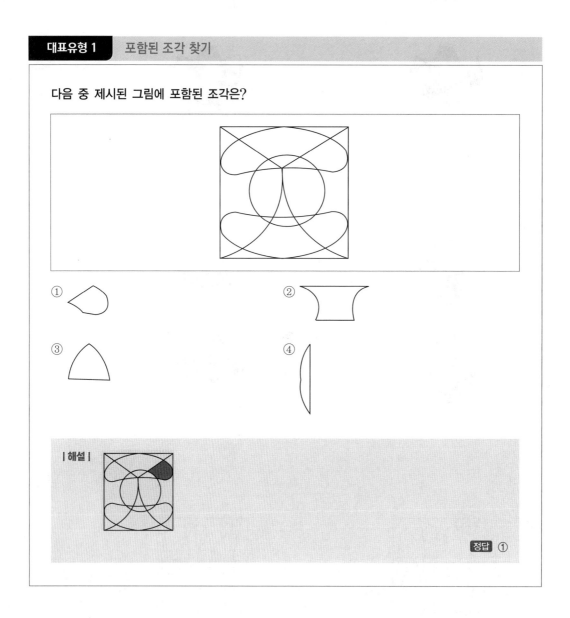

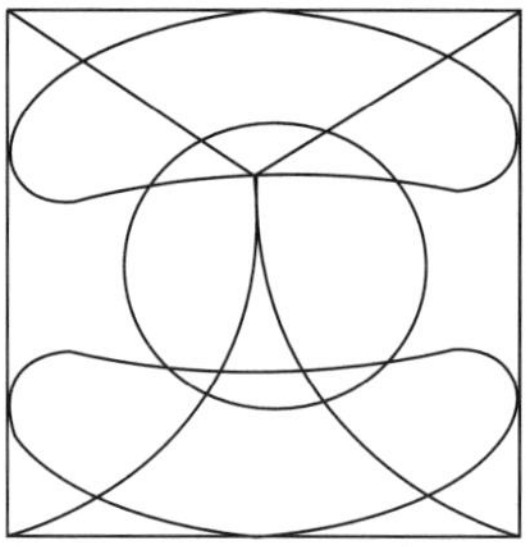

① 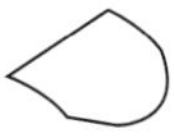

② 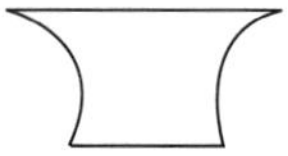

③ 

④ 

| 해설 |

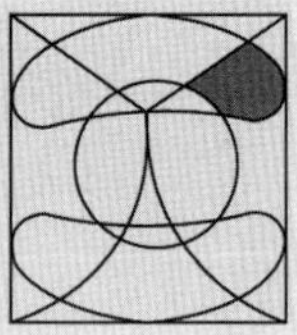

정답 ①

※ 다음 중 제시된 그림에 포함된 조각을 고르시오. [1~15]

01

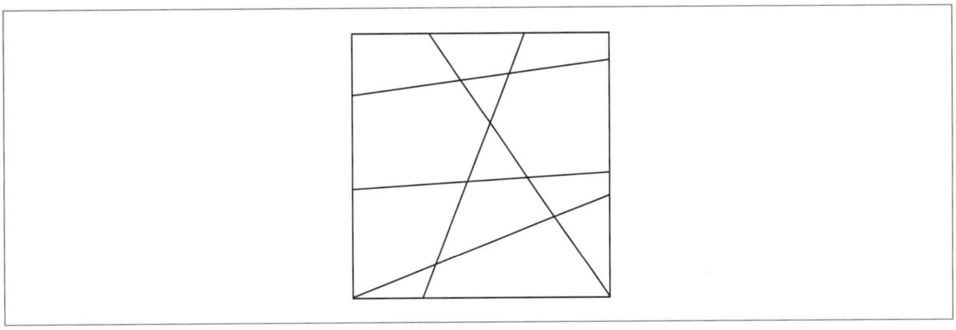

① 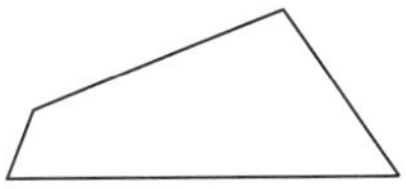

② 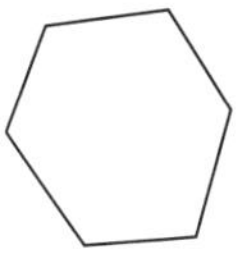

③ 

④ 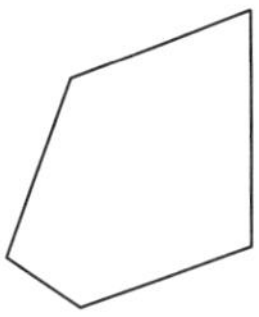

02

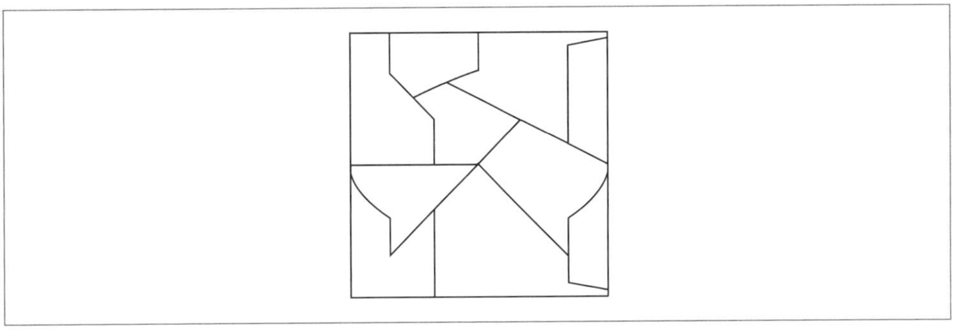

① 

② 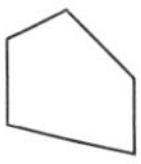

③ 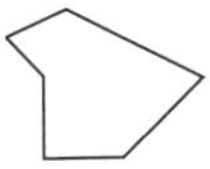

④ 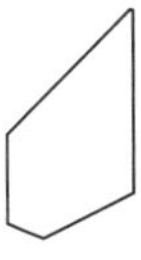

03

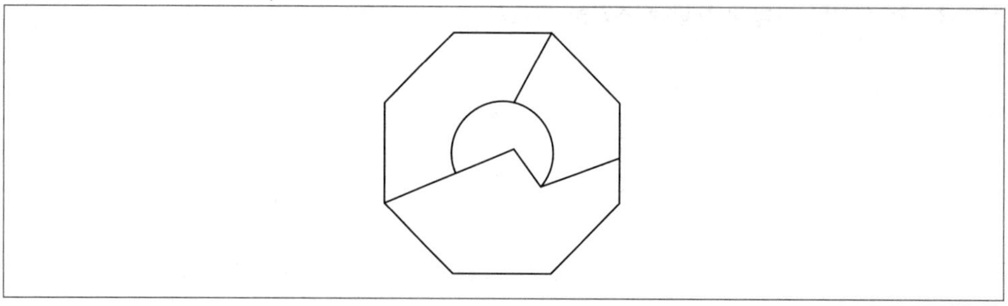

①

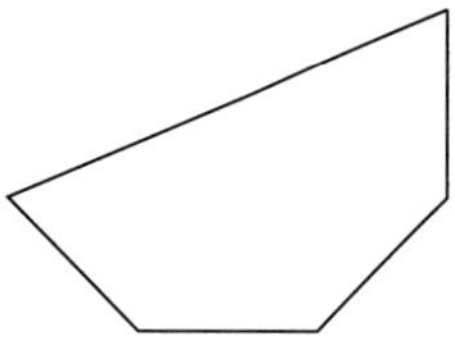

②

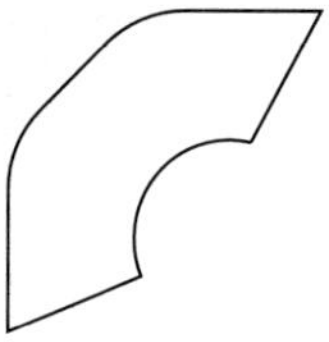

③

④

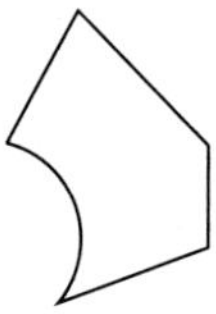

04

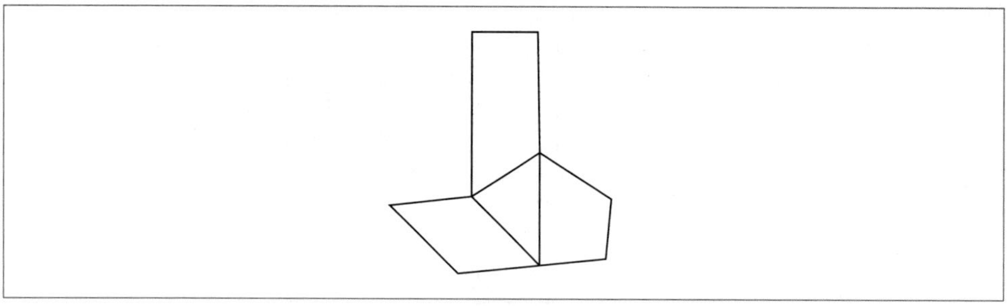

①

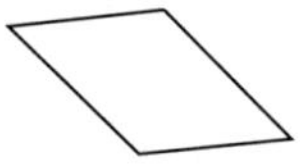

②

③

④

05

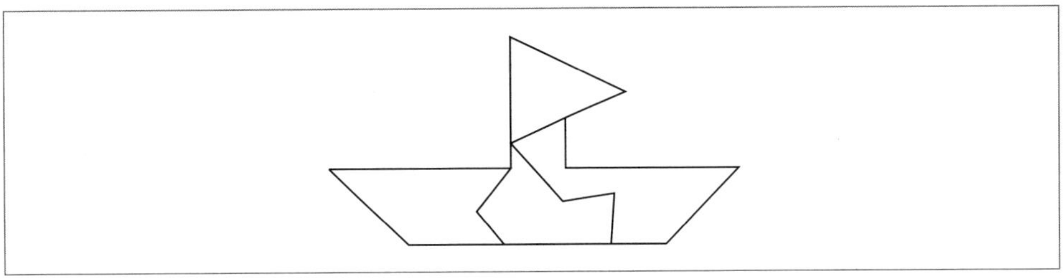

①

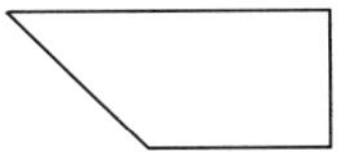

②

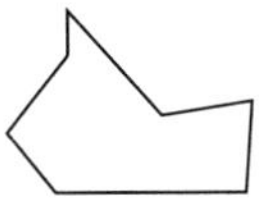

③

④

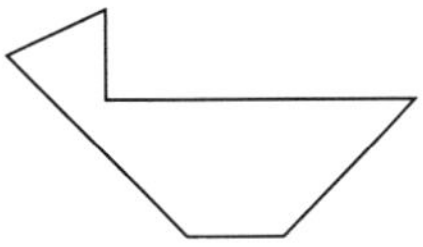

06

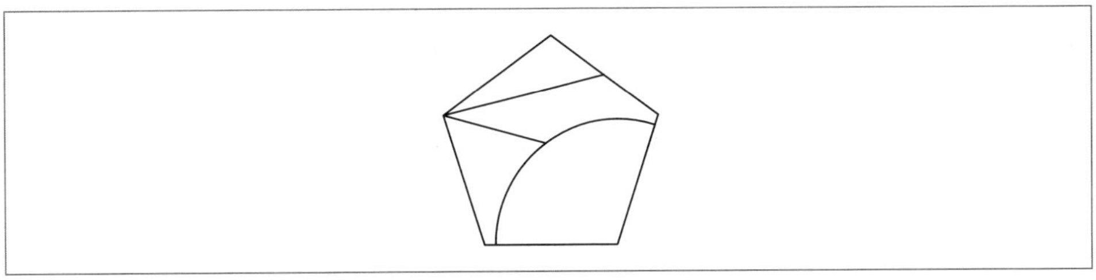

①

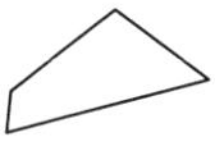

②

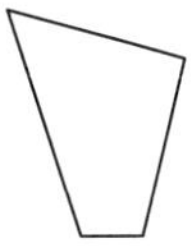

③

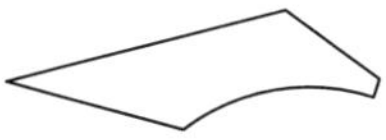

④

07

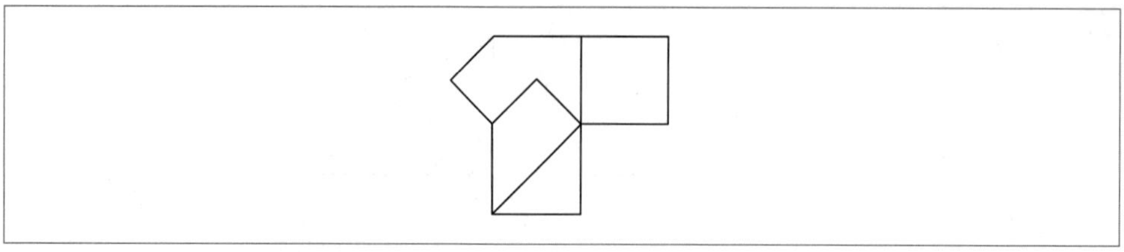

① 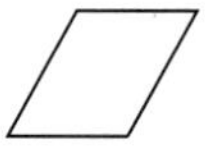

② 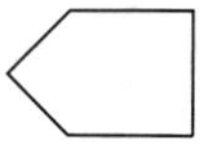

③ 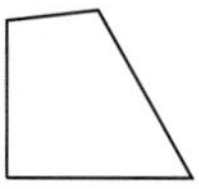

④ 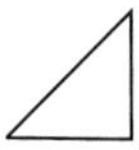

08

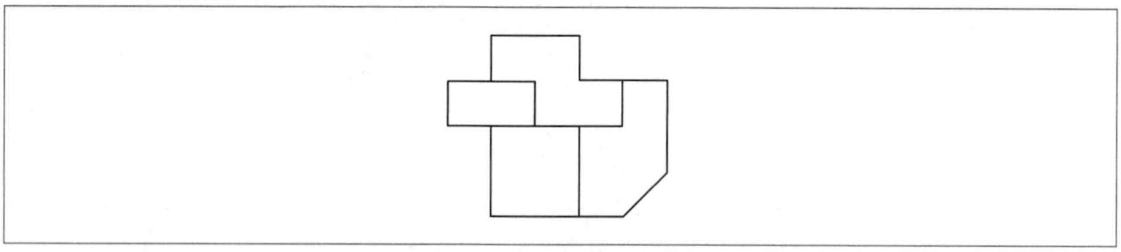

① 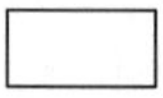

② 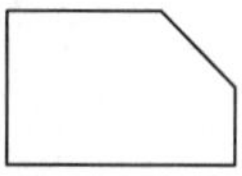

③ 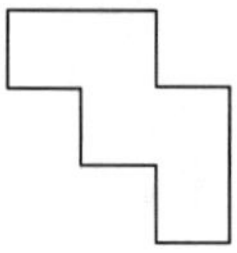

④ 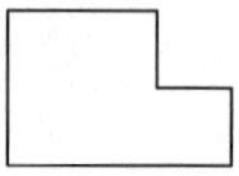

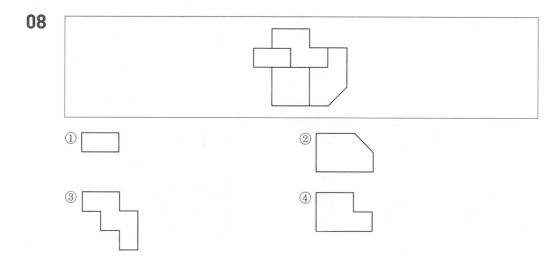

09

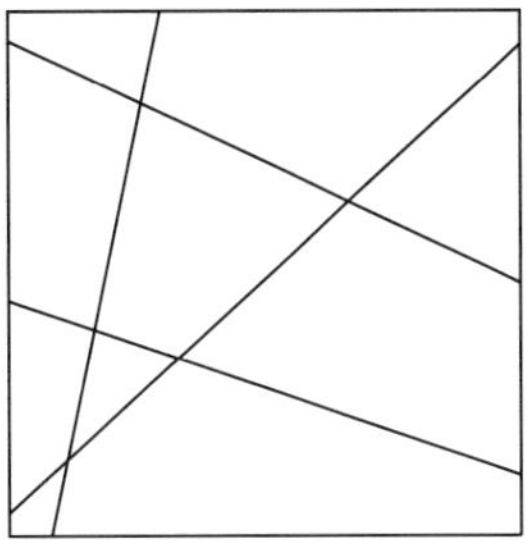

① 

② 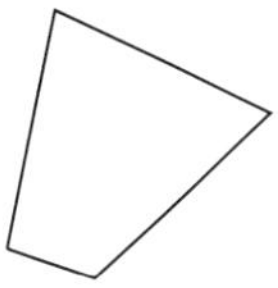

③ 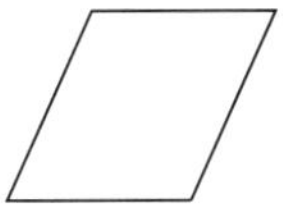

④ 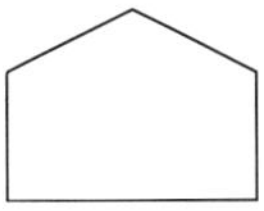

10

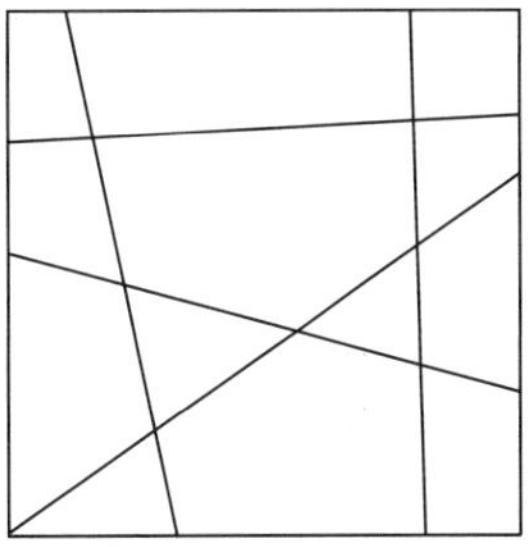

① 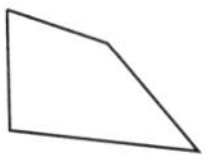

② 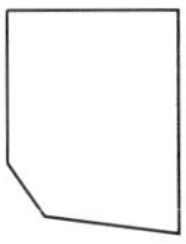

③ 

④ 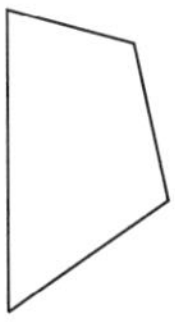

11

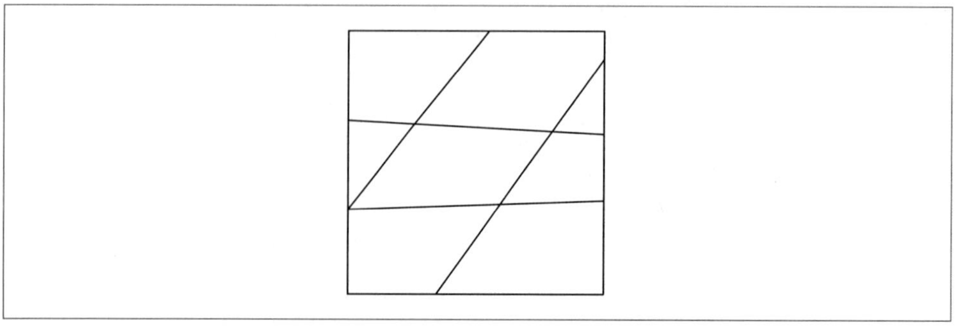

①
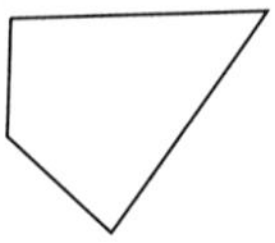

②
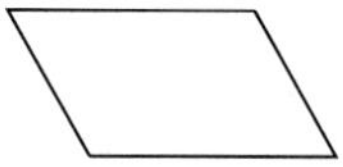

③
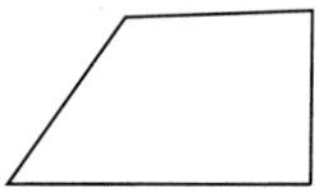

④
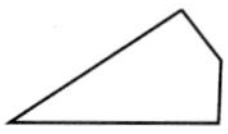

12

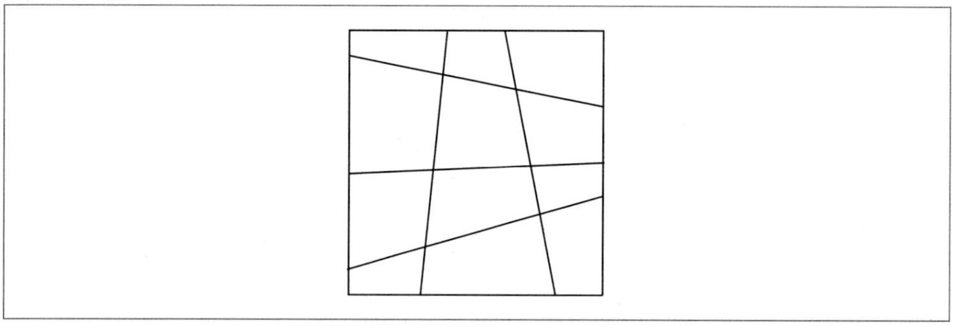

①
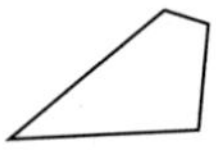

②
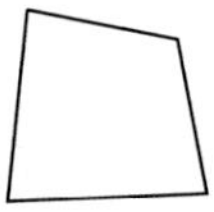

③
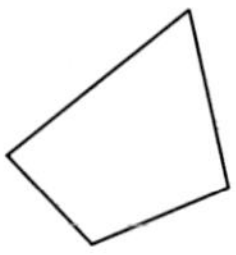

④

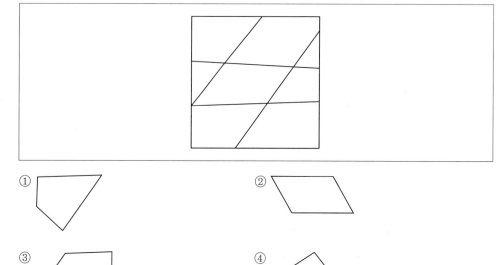

13

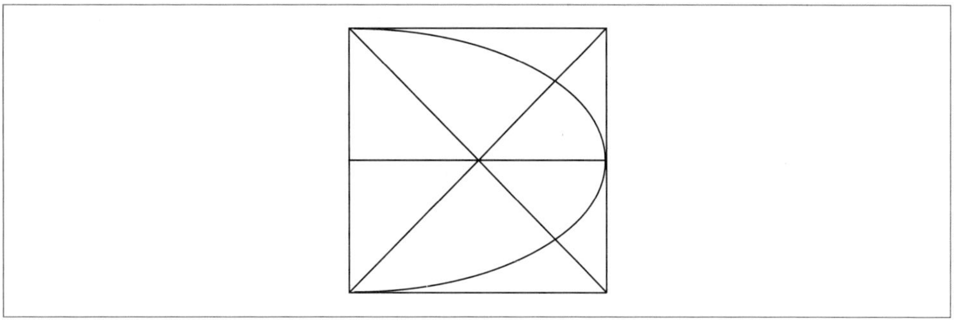

① 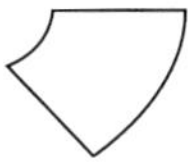

② 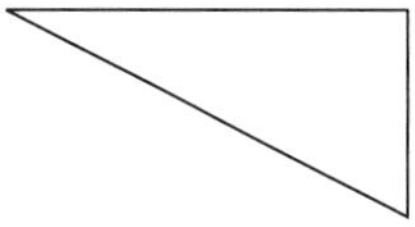

③ 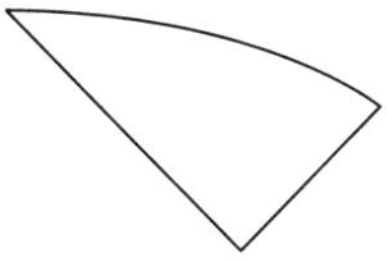

④ 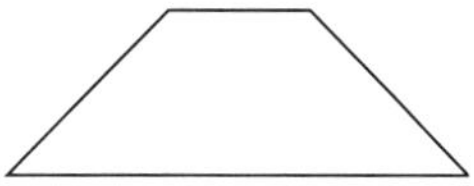

14

① 

② 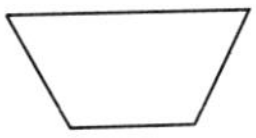

③ 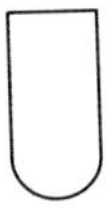

④ 

15

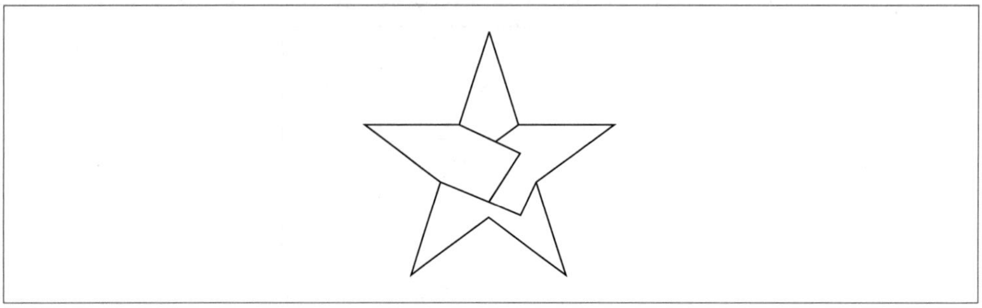

① 

② 

③ 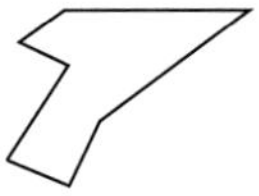

④ 

대표유형 2 포함되지 않은 조각 찾기

다음 중 제시된 그림에 포함되지 않은 조각은?

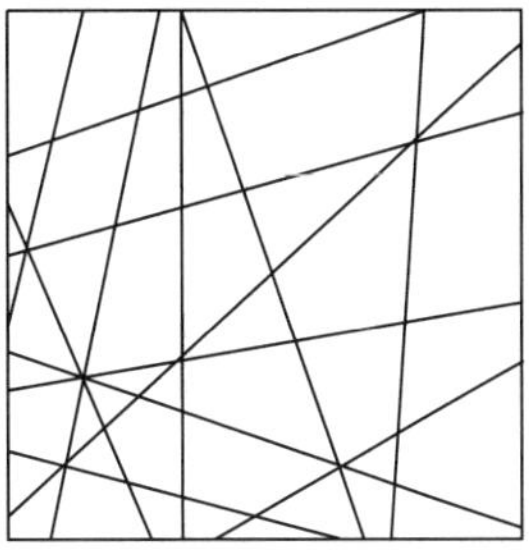

① 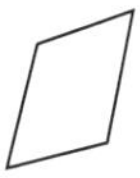

② 

③ 

④ 

| 해설 |

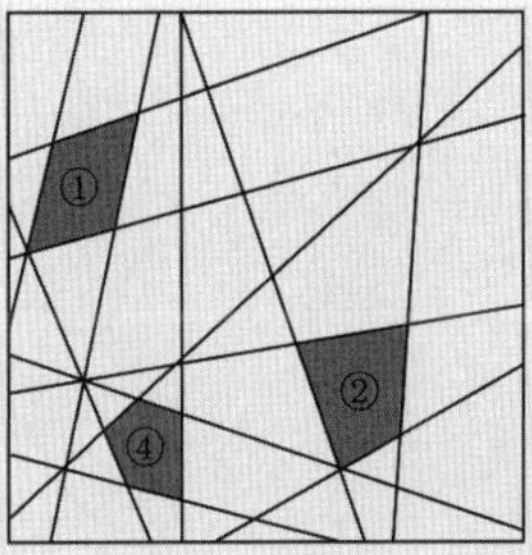

정답 ③

※ 다음 중 제시된 그림에 포함되지 않은 조각을 고르시오. [16~30]

16

①

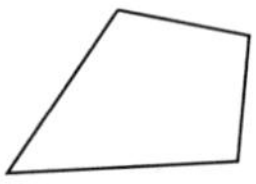

②

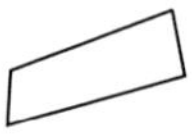

③

④

17

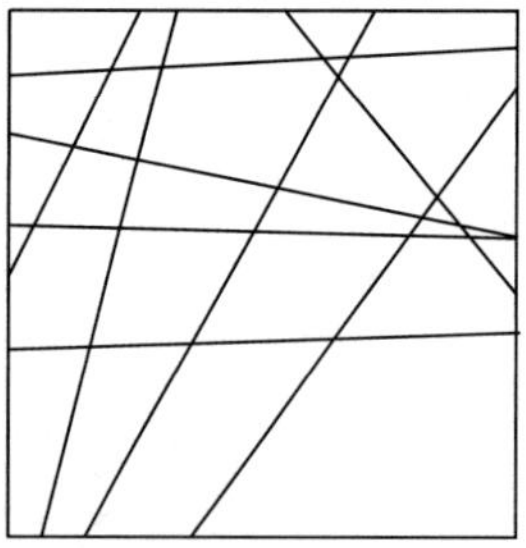

①

②

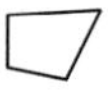

③

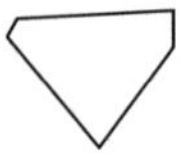

④

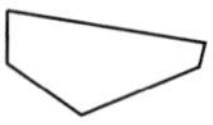

18

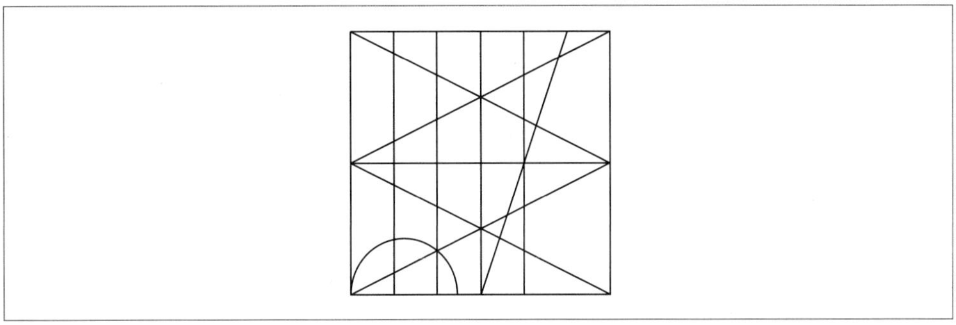

① 

② 

③ 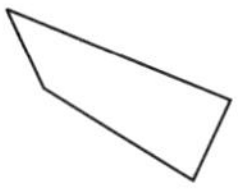

④ 

19

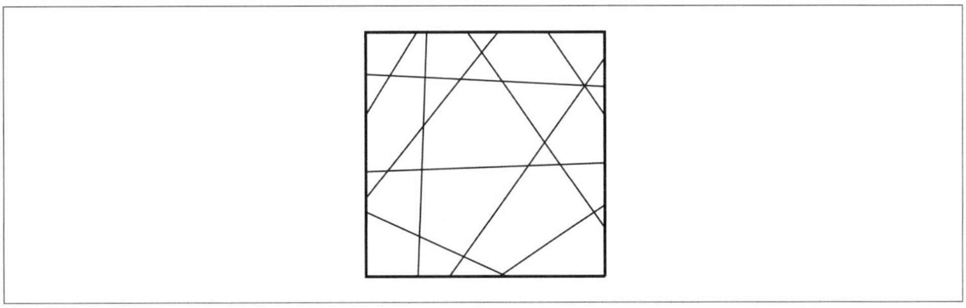

① 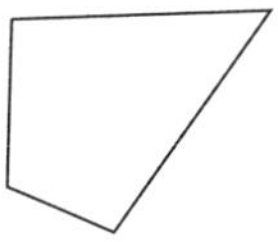

② 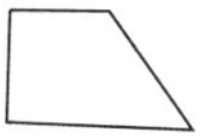

③ 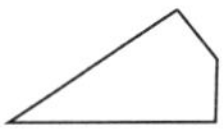

④ 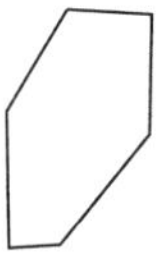

20

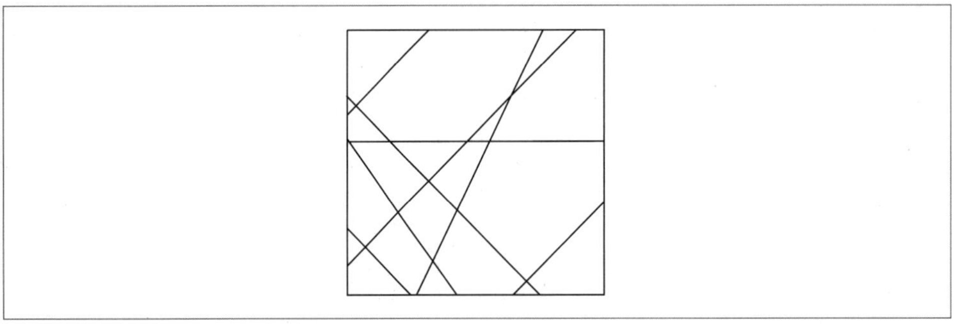

① 

② 

③ 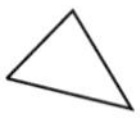

④ 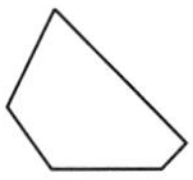

21

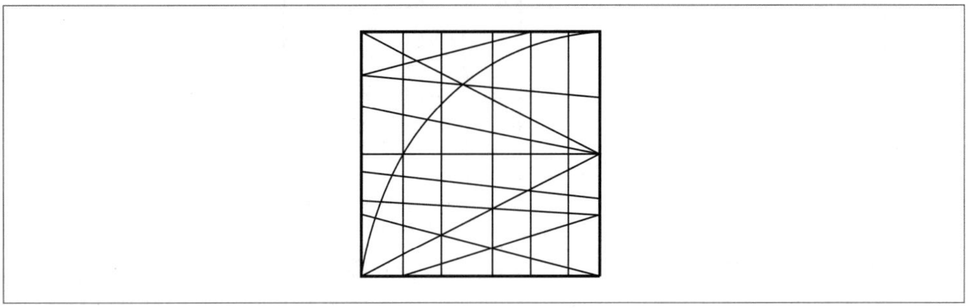

① 

② 

③ 

④ 

22

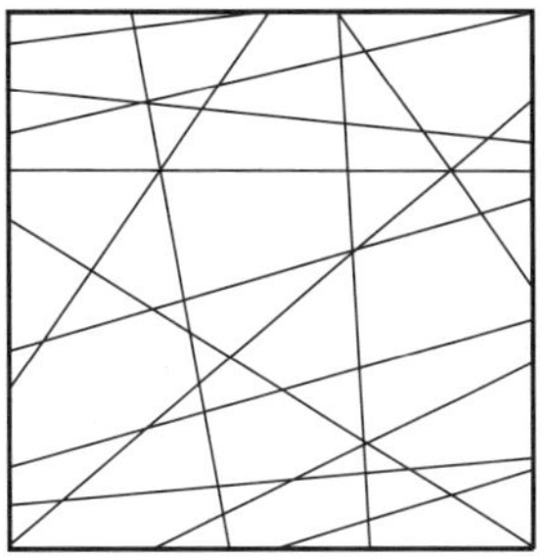

① 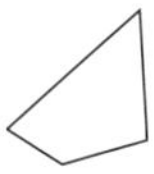

② 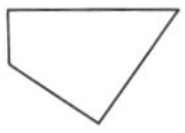

③ 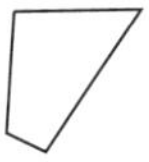

④ 

23

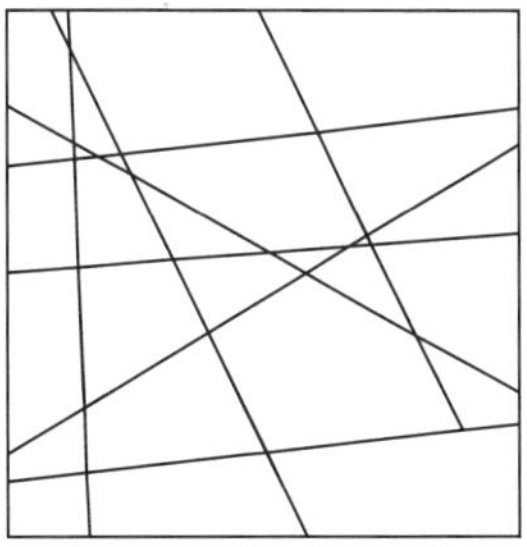

① 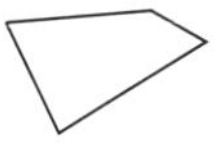

② 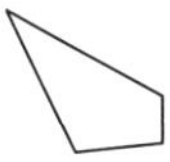

③ 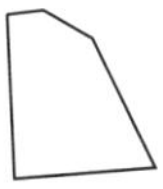

④ 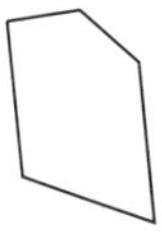

24

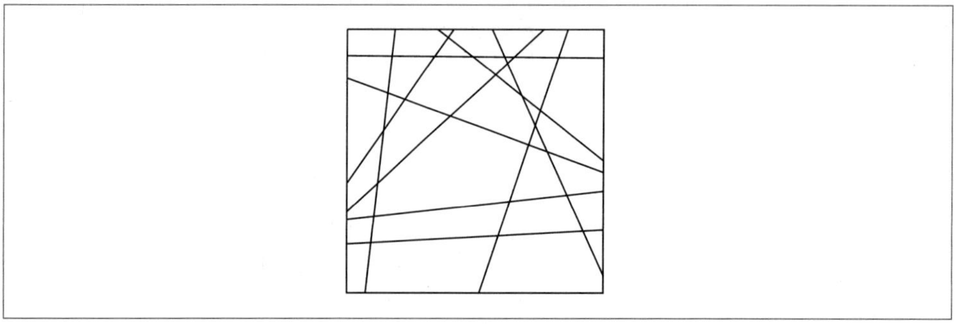

① 

② 

③ 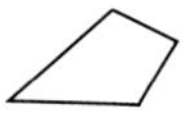

④ 

25

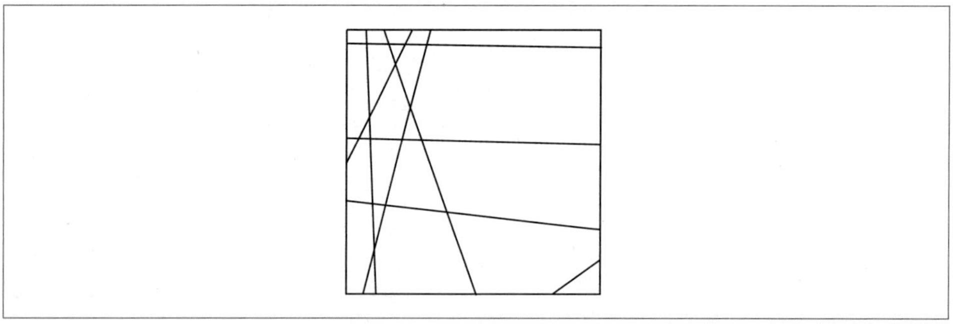

① 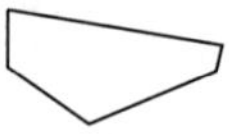

② 

③ 

④ 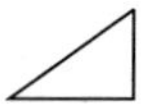

26

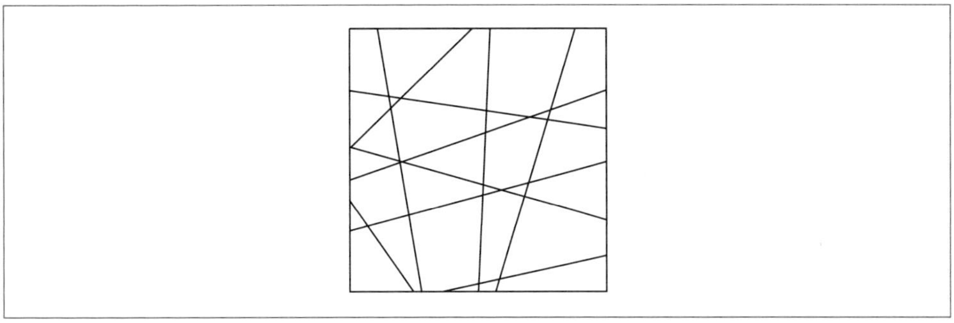

① 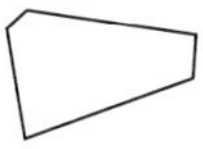

② 

③ 

④ 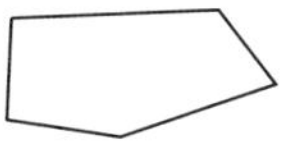

27

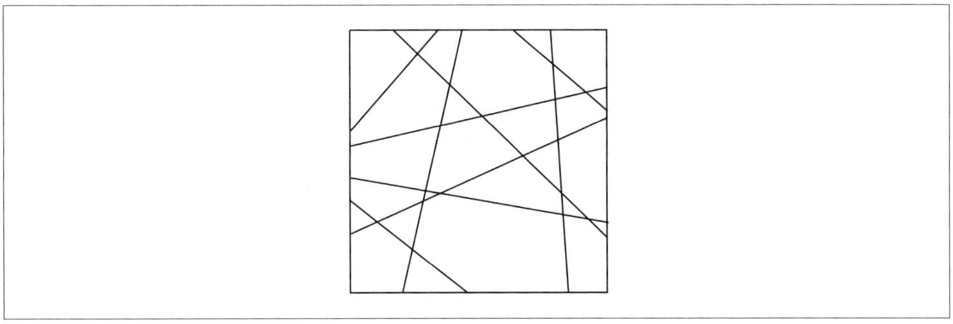

① 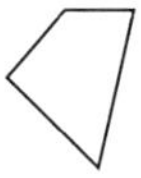

② 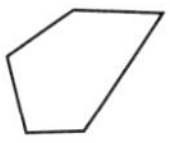

③ 

④ 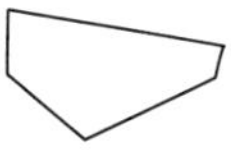

28

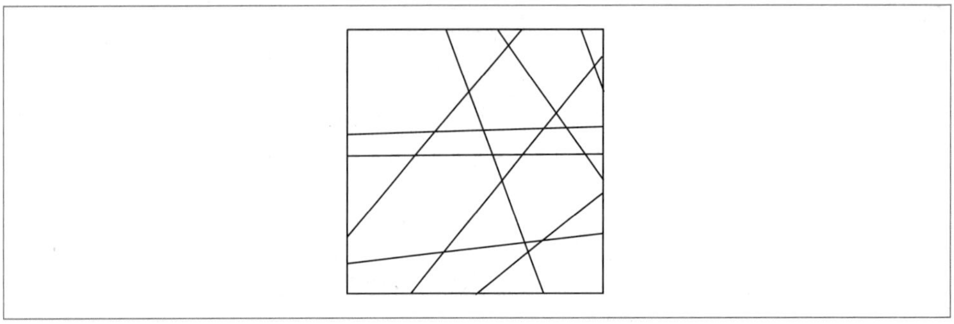

① 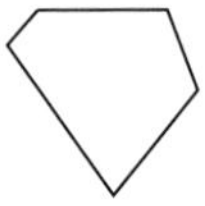

② 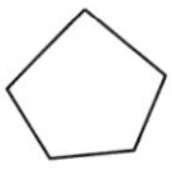

③ 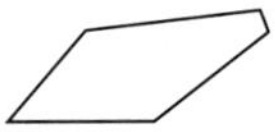

④ 

29

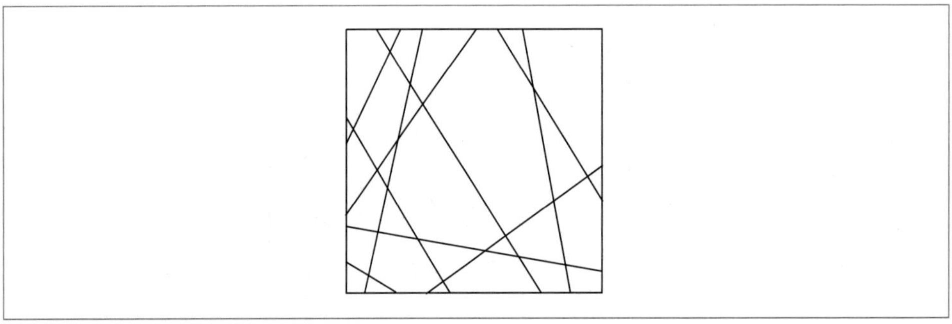

① 

② 

③ 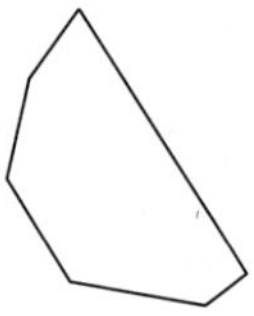

④ 

30

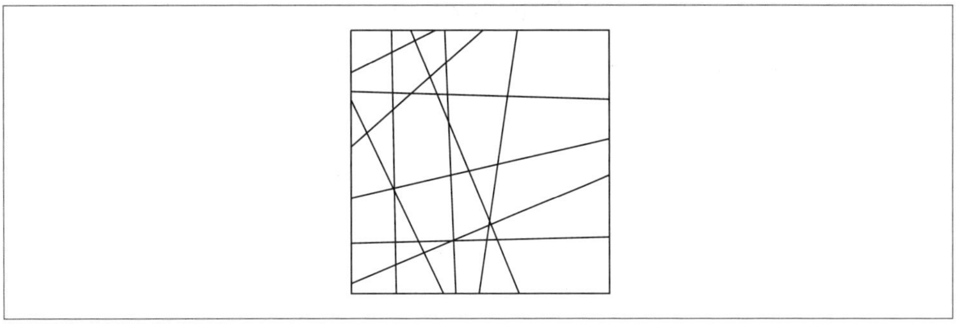

① 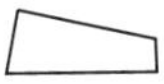

② 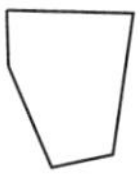

③ 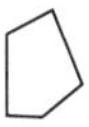

④ 

PART 1

CHAPTER 04 이해력영역 핵심이론

1. 도형의 회전 · 대칭

(1) 180° 회전한 도형은 좌우와 상하가 모두 대칭이 된 모양이 된다.

예

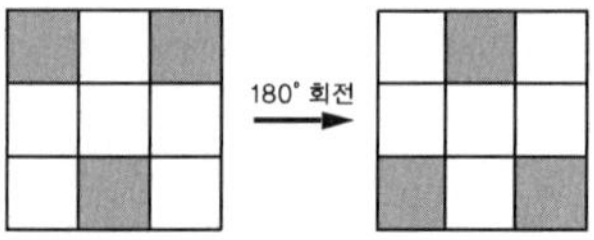

(2) 시계 방향으로 90° 회전한 도형은 시계 반대 방향으로 270° 회전한 도형과 같다.

예

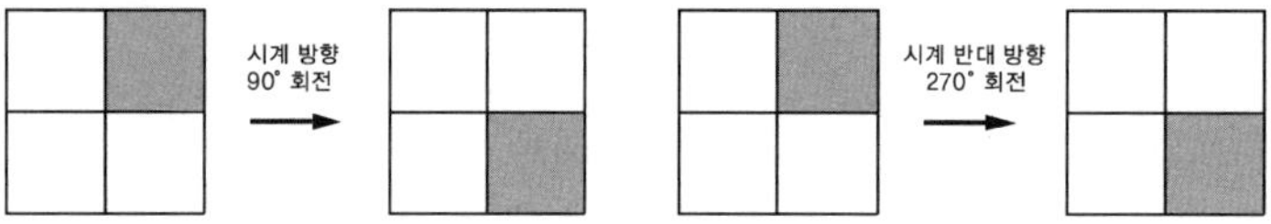

(3) 좌우 반전 → 좌우 반전, 상하 반전 → 상하 반전은 같은 도형이 된다.

예

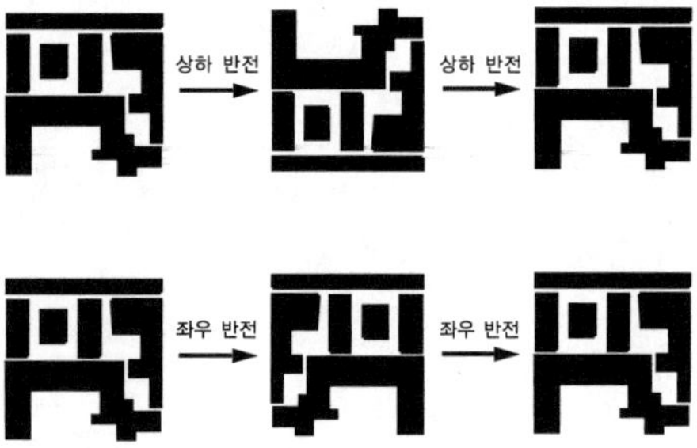

(4) 도형을 거울에 비친 모습은 방향에 따라 좌우 또는 상하로 대칭된 모습이 나타난다.

예

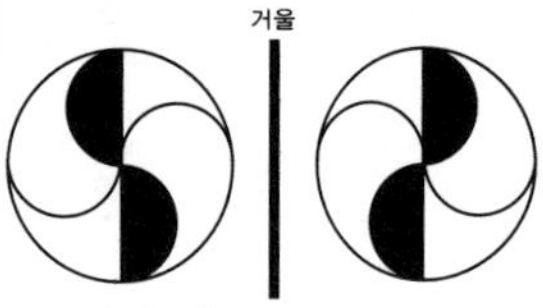

2. 도형의 회전 각도

도형의 회전 각도는 도형의 모양으로 유추할 수 있다.

(1) 회전한 모양이 회전하기 전의 모양과 같은 경우

도형	가능한 회전 각도
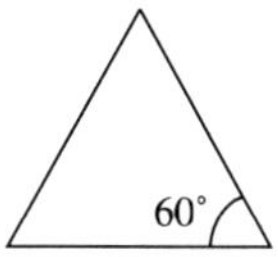	…, 240°, 120°, 120°, 240°, …
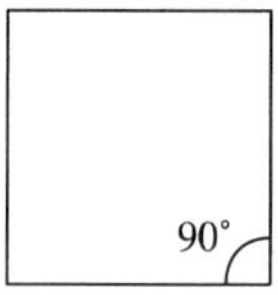	…, 180°, 90°, 90°, 180°, …
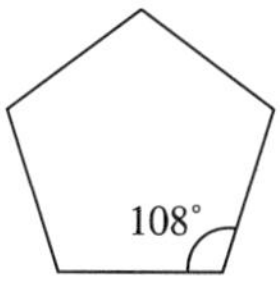	…, 144°, 72°, 72°, 144°, …

(2) 회전한 모양이 회전하기 전의 모양과 다른 경우

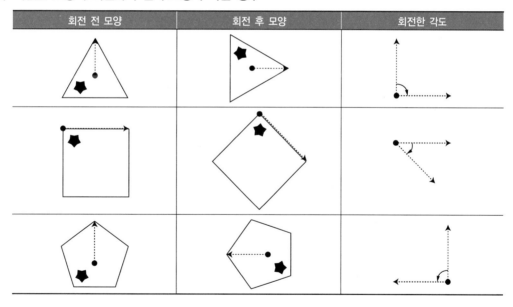

회전 전 모양	회전 후 모양	회전한 각도
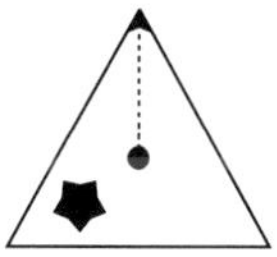	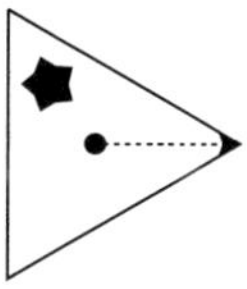	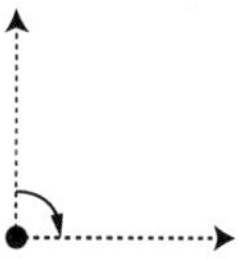
	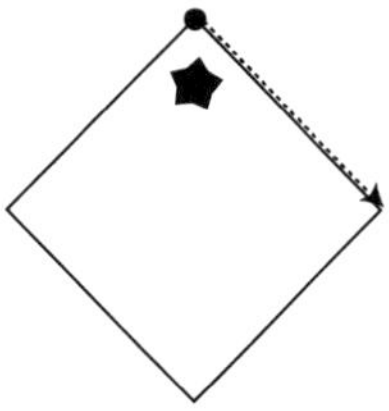	
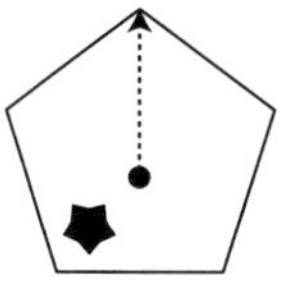	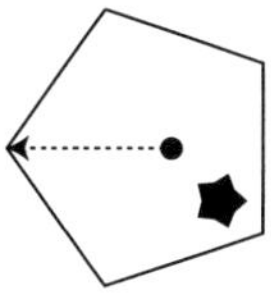	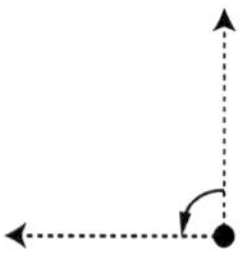

CHAPTER 04 이해력영역 적중예상문제

정답 및 해설 p.011

대표유형 1 그림 회전 · 대칭

다음 그림을 좌우 반전하고 시계 반대 방향으로 90° 회전한 후, 상하 반전한 모양은?

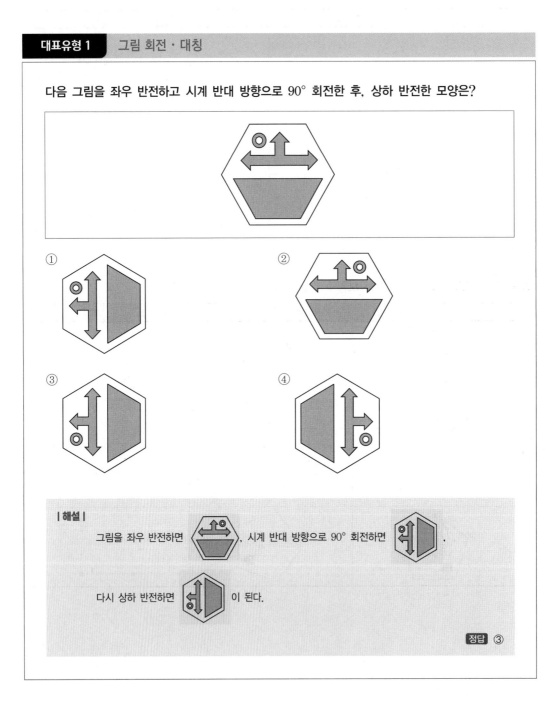

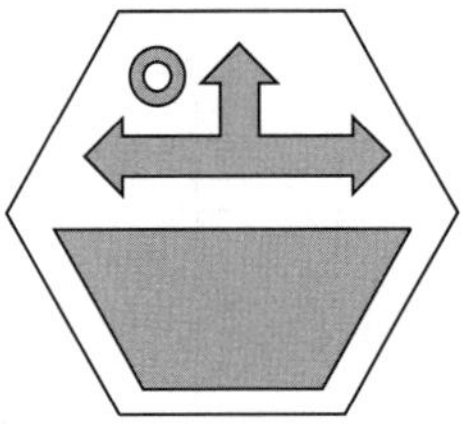

①

②

③
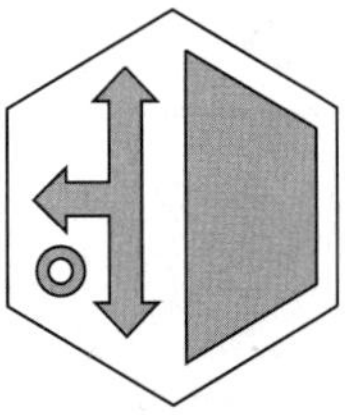

④

| 해설 |

그림을 좌우 반전하면 , 시계 반대 방향으로 90° 회전하면 ,

다시 상하 반전하면  이 된다.

정답 ③

01 다음 그림을 시계 반대 방향으로 90° 회전하고 상하로 뒤집은 다음, 시계 방향으로 45° 회전한 모양은?

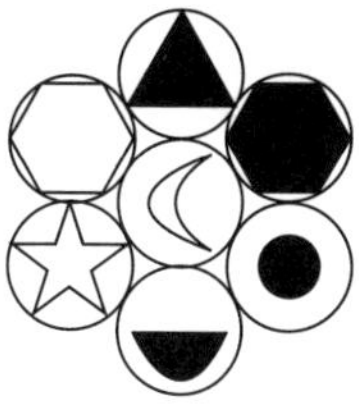

①
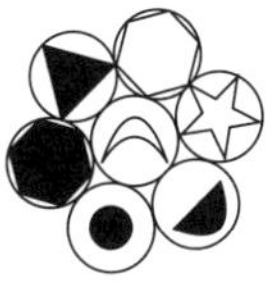

②

③

④

02 다음 그림을 180° 회전한 후, 상하 반전한 모양은?

①

②

③

④

03 다음 그림을 시계 반대 방향으로 90° 회전한 후, 좌우 반전한 모양은?

① 

② 

③ 

④ 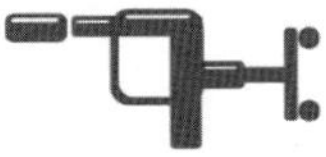

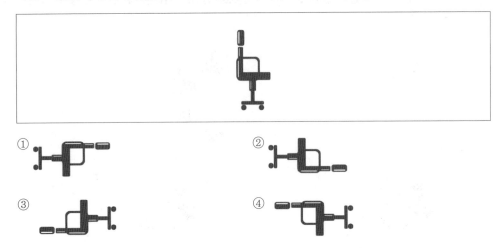

04 다음 그림을 시계 반대 방향으로 90° 회전한 후, 좌우 반전한 모양은?

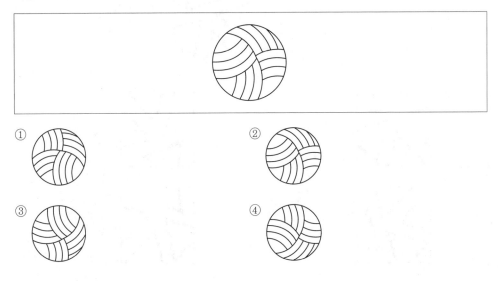

① 

② 

③ 

④ 

05 다음 그림을 시계 방향으로 90° 회전하고 상하 반전한 후, 좌우 반전한 모양은?

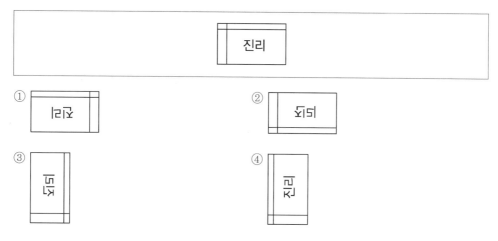

① 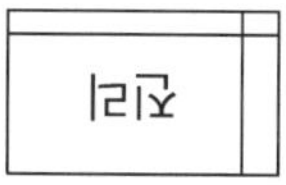

② 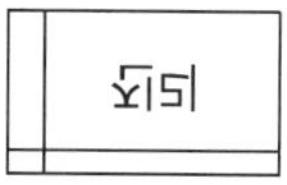

③ 

④ 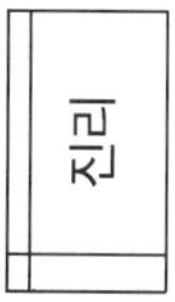

06 다음 그림을 시계 방향으로 90° 회전한 후, 좌우 반전한 모양은?

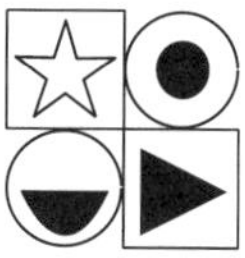

① 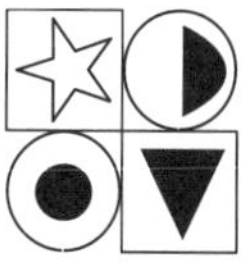

② 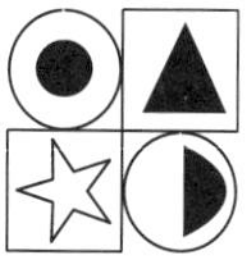

③ 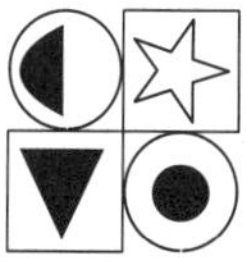

④ 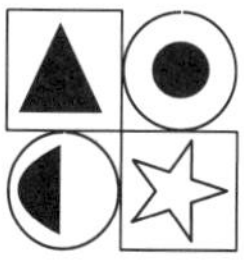

07 다음 그림을 상하 반전한 후, 시계 반대 방향으로 270° 회전한 모양은?

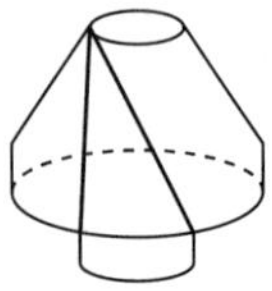

①

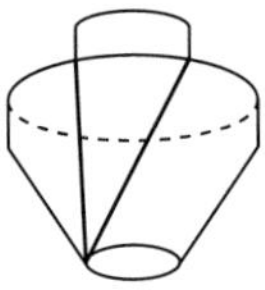

②

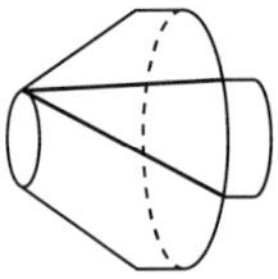

③

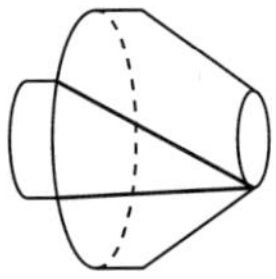

④

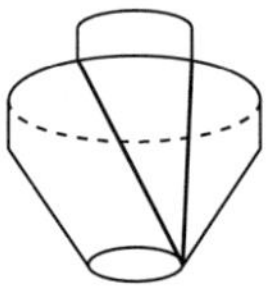

08 다음 그림을 좌우 반전한 후, 상하 반전한 모양은?

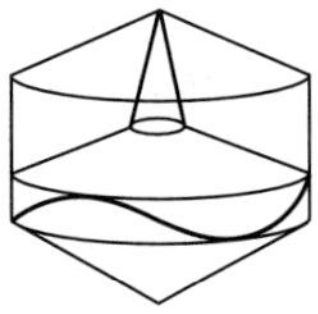

①

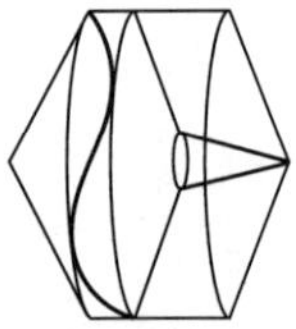

②

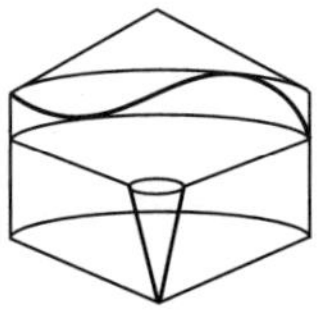

③

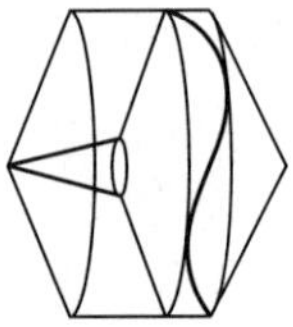

④

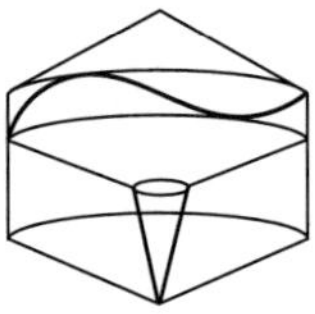

09 다음 그림을 시계 반대 방향으로 90° 회전한 후, 상하 반전한 모양은?

①
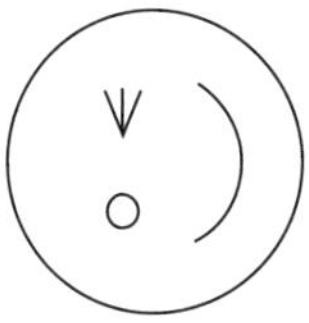

②
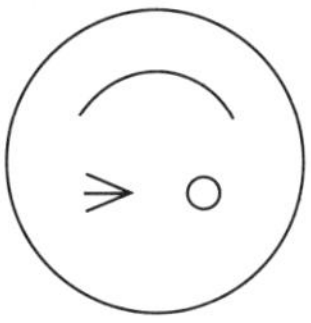

③
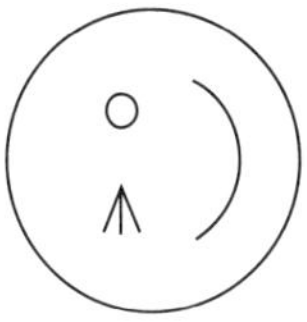

④
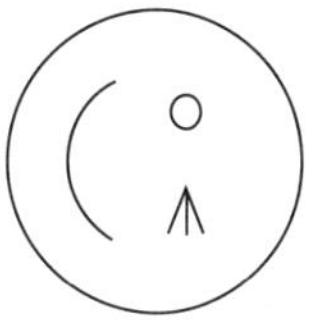

10 다음 그림을 좌우 반전한 후, 180° 회전한 모양은?

①
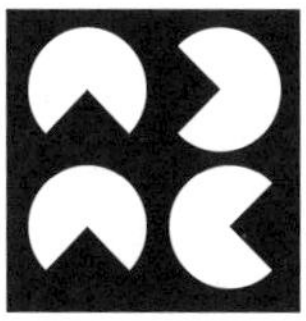

②

③

④

11 다음 그림을 시계 방향으로 90° 회전한 후, 좌우 반전한 모양은?

① 

② 

③ 

④ 

12 다음 그림을 좌우 반전한 후, 시계 방향으로 90° 회전한 모양은?

① 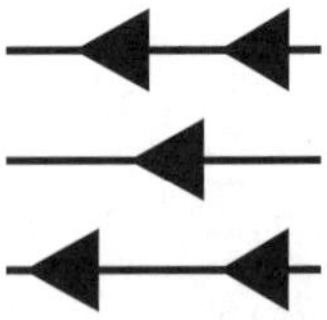

② 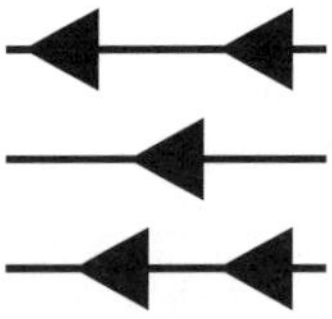

③ 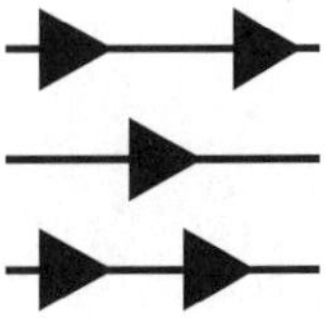

④ 

13 다음 그림을 시계 방향으로 270° 회전한 후, 상하 반전한 모양은?

① 
② 
③ 
④ 

14 다음 그림을 시계 반대 방향으로 270° 회전한 후, 좌우 반전한 모양은?

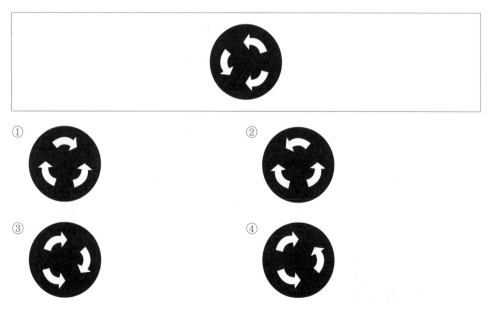

① 
② 
③ 
④ 

15 다음 그림을 시계 방향으로 90° 회전한 후, 좌우 반전한 모양은?

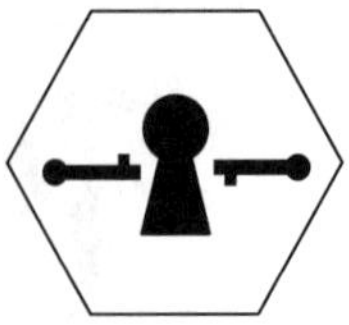

①

②

③

④
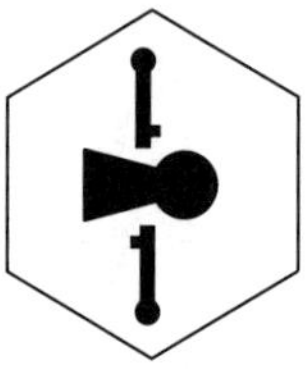

16 다음 그림을 상하 반전한 후, 시계 반대 방향으로 90° 회전한 모양은?

①

②

③

④

17 다음 그림을 시계 방향으로 45° 회전한 후, 좌우 반전한 모양은?

①

②

③

④

18 다음 그림을 시계 반대 방향으로 90° 회전한 후, 상하 반전한 모양은?

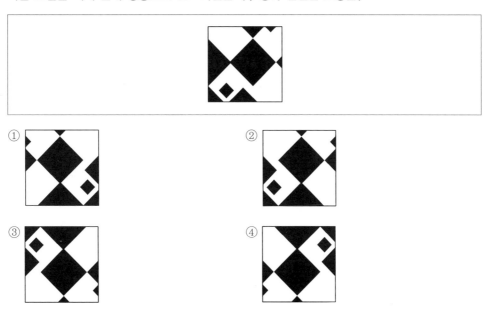

①

②

③

④

19 다음 그림을 좌우 반전한 후, 시계 방향으로 270° 회전한 모양은?

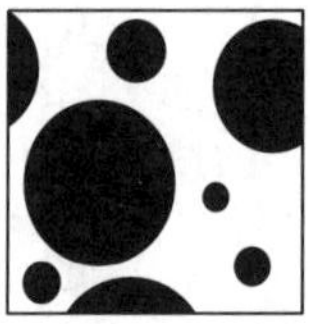

① 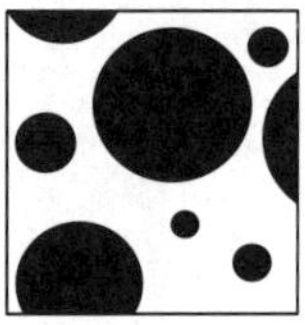

② 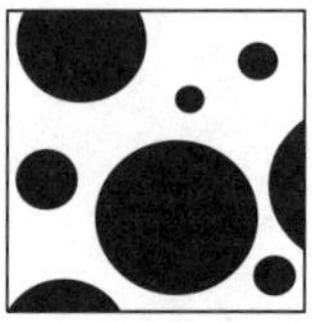

③ 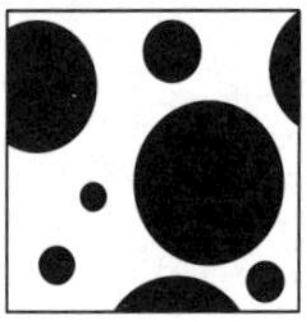

④ 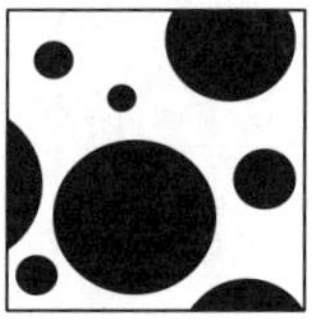

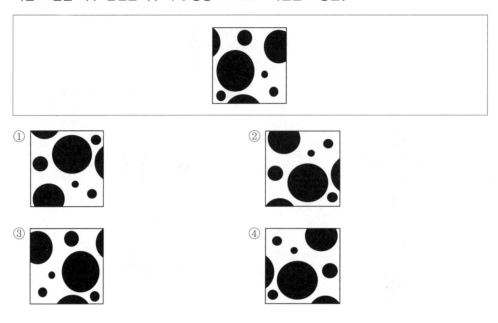

20 다음 그림을 시계 방향으로 45° 회전한 후, 시계 반대 방향으로 90° 회전했을 때의 모양은?

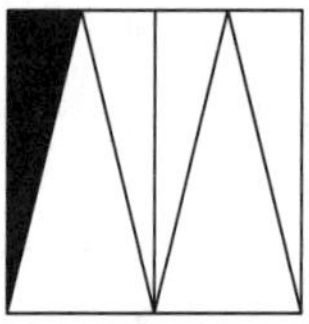

① 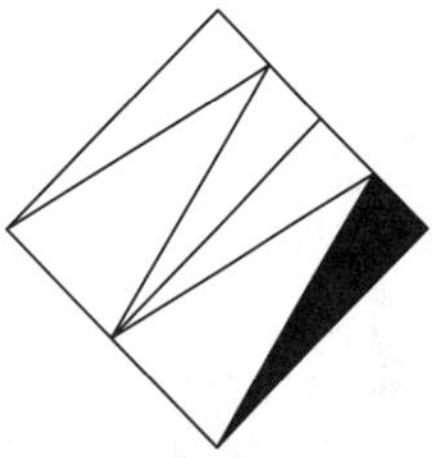

② 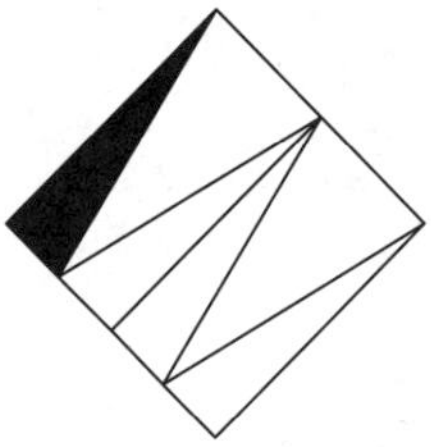

③ 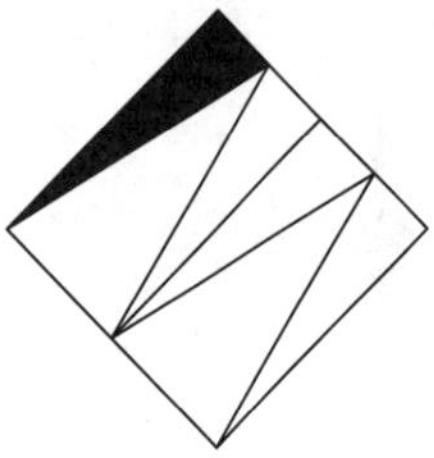

④ 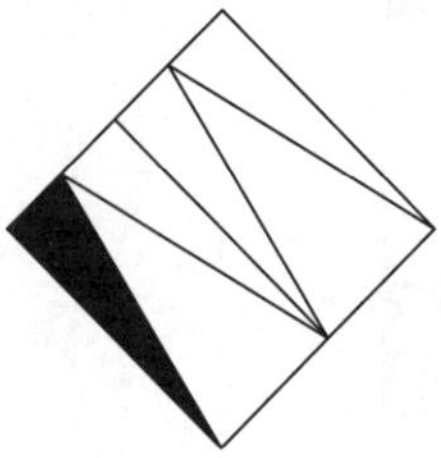

21 다음 그림을 180° 회전한 후, 시계 반대 방향으로 270° 회전했을 때의 모양은?

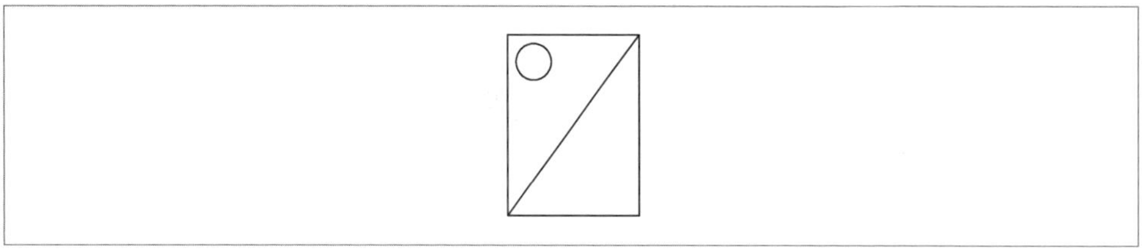

① 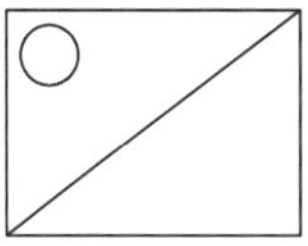

② 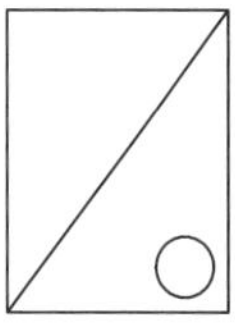

③ 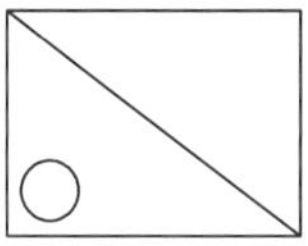

④ 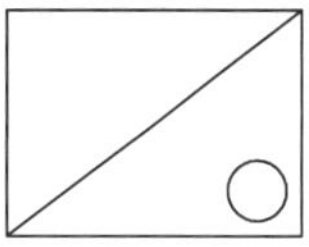

22 다음 그림을 상하 반전한 후, 시계 방향으로 90° 회전했을 때의 모양은?

① 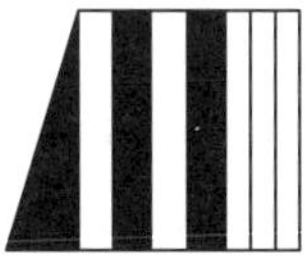

② 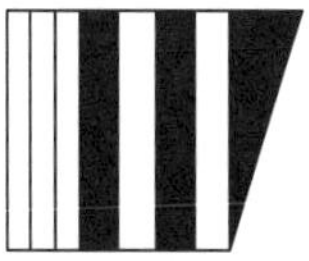

③ 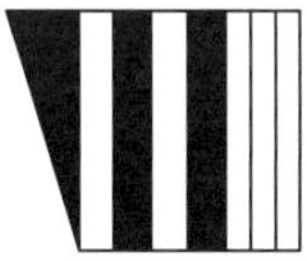

④ 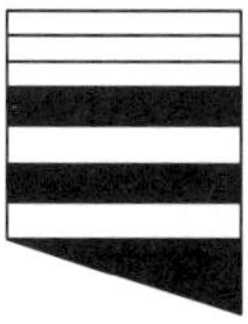

23 다음 그림을 시계 반대 방향으로 90° 회전한 후, 좌우 반전한 모양은?

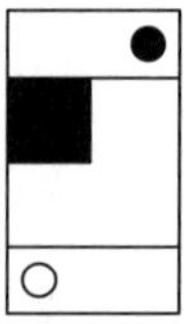

① 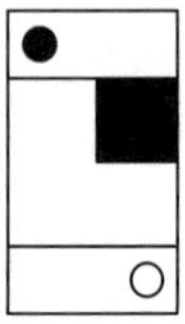

② 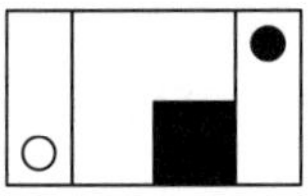

③ 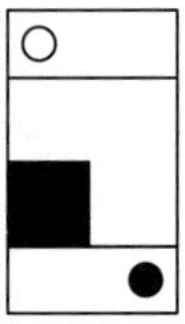

④ 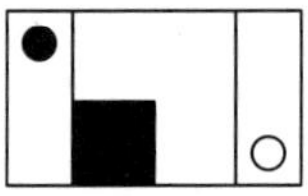

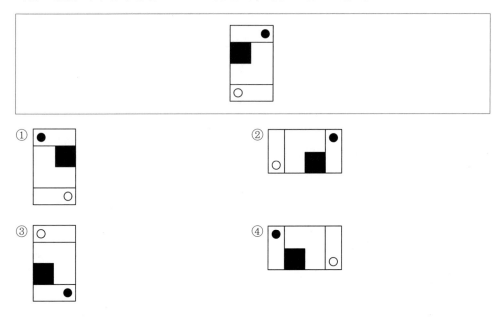

24 다음 그림을 180° 회전한 후, 좌우 반전한 모양은?

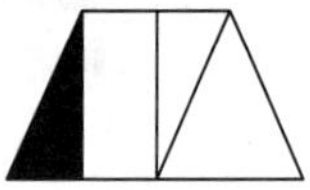

① 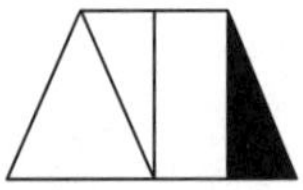

② 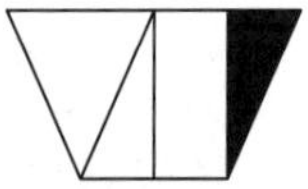

③ 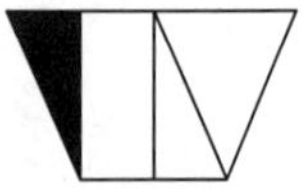

④ 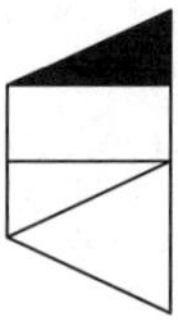

25 다음 그림을 좌우 반전한 후, 시계 방향으로 45° 회전한 모양은?

① 

② 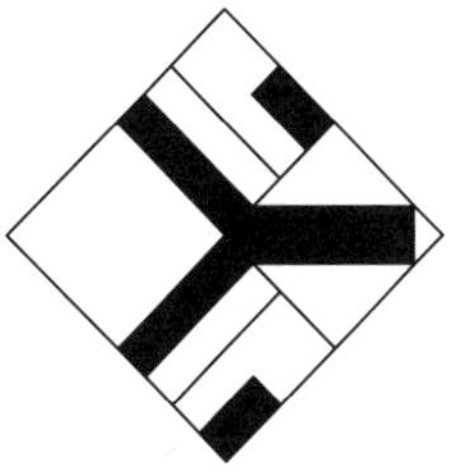

③ 

④ 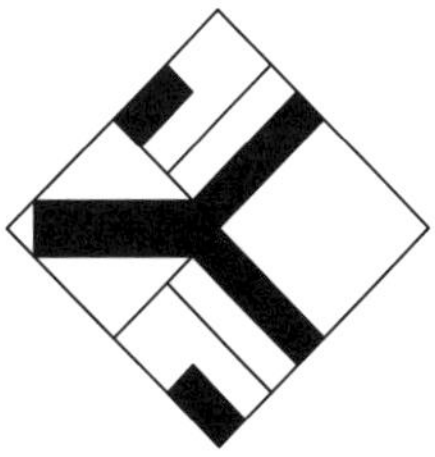

26 다음 그림을 상하 반전한 후, 시계 방향으로 270° 회전한 모양은?

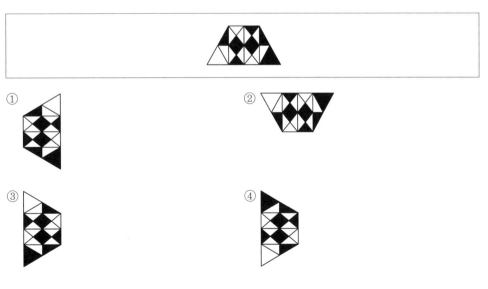

① 

② 

③ 

④ 

27 다음 그림을 시계 반대 방향으로 270° 회전한 후, 좌우 반전한 모양은?

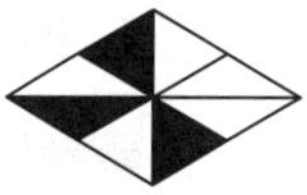

① 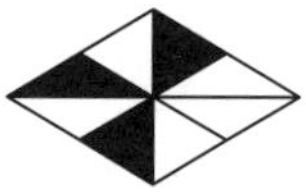

② 

③ 

④ 

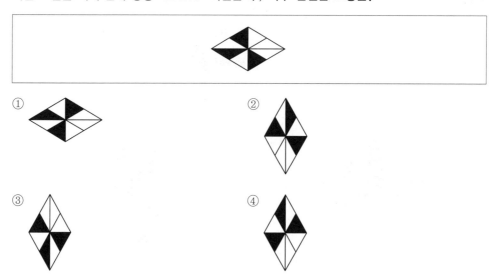

28 다음 그림을 좌우 반전한 후, 180° 회전한 모양은?

① 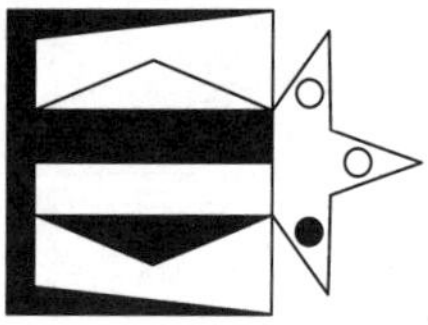

② 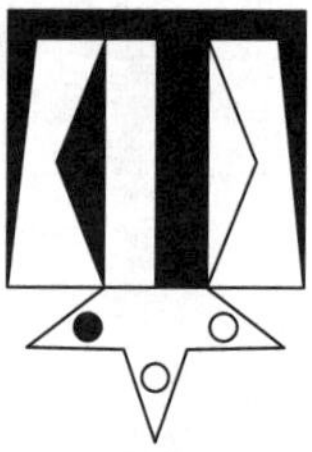

③ 

④ 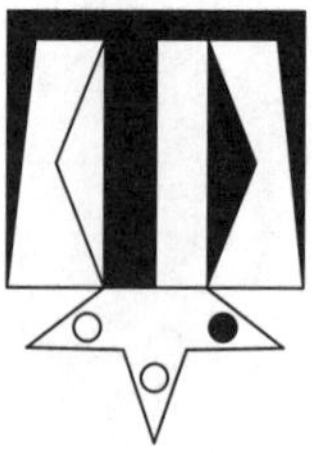

29 다음 그림을 상하 반전하고 시계 반대 방향으로 90° 회전한 후, 좌우 반전한 모양은?

①

②

③

④

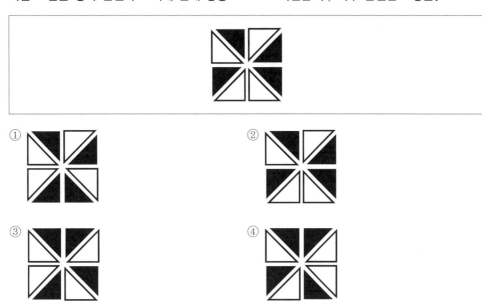

30 다음 그림을 상하 반전한 후, 시계 방향으로 45° 회전한 모양은?

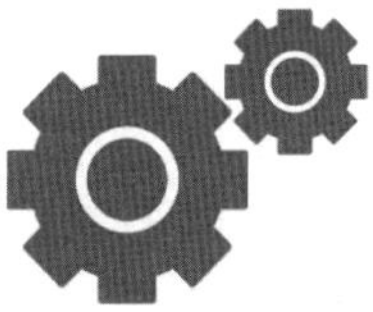

①

②

③

④

CHAPTER 05 유추추론영역 핵심이론

1. 수추리

(1) 등차수열 : 앞의 항에 일정한 수를 더해 이루어지는 수열

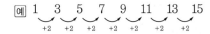

예 1 3 5 7 9 11 13 15
(+2 +2 +2 +2 +2 +2 +2)

(2) 등비수열 : 앞의 항에 일정한 수를 곱해 이루어지는 수열

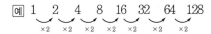

예 1 2 4 8 16 32 64 128
(×2 ×2 ×2 ×2 ×2 ×2 ×2)

(3) 계차수열 : 수열의 인접하는 두 항의 차로 이루어진 수열

예 1 2 4 7 11 16 22 29
(+1 +2 +3 +4 +5 +6 +7)
(+1 +1 +1 +1 +1 +1)

(4) 피보나치 수열 : 앞의 두 항의 합이 그 다음 항의 수가 되는 수열

예 1 1 2(1+1) 3(1+2) 5(2+3) 8(3+5) 13(5+8) 21(8+13)

(5) 건너뛰기 수열

- 두 개 이상의 수열이 일정한 간격을 두고 번갈아가며 나타나는 수열

  예 1 1 3 7 5 13 7 19
  - 홀수항 : 1 3 5 7 (+2 +2 +2)
  - 짝수항 : 1 7 13 19 (+6 +6 +6)

- 두 개 이상의 규칙이 일정한 간격을 두고 번갈아가며 적용되는 수열

  예 0 1 3 4 12 13 39 40
  (+1 ×3 +1 ×3 +1 ×3 +1)

(6) 군수열 : 일정한 규칙성으로 몇 항씩 묶어 나눈 수열

예 • 1 1 2 1 2 3 1 2 3 4

⇒ 1 | 1 2 | 1 2 3 | 1 2 3 4

• 1 3 4 6 5 11 2 6 8 9 3 12

⇒ 1 3 4 | 6 5 11 | 2 6 8 | 9 3 12

(1+3=4, 6+5=11, 2+6=8, 9+3=12)

• 1 3 3 2 4 8 5 6 30 7 2 14

⇒ 1 3 3 | 2 4 8 | 5 6 30 | 7 2 14

(1×3=3, 2×4=8, 5×6=30, 7×2=14)

2. 문자추리

(1) 알파벳, 자음, 한자, 로마자

1	2	3	4	5	6	7	8	9	10	11	12	13	14	15	16	17	18	19	20	21	22	23	24	25	26
A	B	C	D	E	F	G	H	I	J	K	L	M	N	O	P	Q	R	S	T	U	V	W	X	Y	Z
ㄱ	ㄴ	ㄷ	ㄹ	ㅁ	ㅂ	ㅅ	ㅇ	ㅈ	ㅊ	ㅋ	ㅌ	ㅍ	ㅎ												
一	二	三	四	五	六	七	八	九	十																
i	ii	iii	iv	v	vi	vii	viii	ix	x																

(2) 일반모음

1	2	3	4	5	6	7	8	9	10
ㅏ	ㅑ	ㅓ	ㅕ	ㅗ	ㅛ	ㅜ	ㅠ	ㅡ	ㅣ

(3) 일반모음 + 이중모음(사전 등재 순서)

1	2	3	4	5	6	7	8	9	10	11	12	13	14	15	16	17	18	19	20	21
ㅏ	ㅐ	ㅑ	ㅒ	ㅓ	ㅔ	ㅕ	ㅖ	ㅗ	ㅘ	ㅙ	ㅚ	ㅛ	ㅜ	ㅝ	ㅞ	ㅟ	ㅠ	ㅡ	ㅢ	ㅣ

CHAPTER 05 유추추론영역 적중예상문제

정답 및 해설 p.015

대표유형 1 수추리

일정한 규칙으로 수를 나열할 때, 빈칸에 들어갈 알맞은 숫자를 고르면?

1　2　3　5　8　(　)

① 9　② 12
③ 13　④ 16

| 해설 | '(앞의 항)+(뒤의 항)=(다음 항)'이 되는 피보나치 수열이다.
따라서 (　)=5+8=13이다.

정답 ③

※ 일정한 규칙으로 수를 나열할 때, 빈칸에 들어갈 알맞은 숫자를 고르시오. **[1~15]**

01

8　9　10　12　(　)　15　14　18

① 11　② 12
③ 14　④ 15

02

17　−68　(　)　−1,088　4,352

① 162　② 272
③ 352　④ 482

03

−7　3　−2　4　(　)　5　8　6

① −12　② −5
③ 3　④ 9

04

0 1 −2 −1 2 3 ( )

① −6
② −5
③ 4
④ 7

05

40 31 22 ( ) 4

① 13
② 14
③ 15
④ 16

06

1 2.5 4.5 7 10 ( )

① 12
② 13.5
③ 14.5
④ 15

07

11 15 19 23 ( ) 31 35 39

① 21
② 23
③ 25
④ 27

08

2 3 6 3 4 12 ( ) 2 14

① 5　② 7
③ 10　④ 12

09

5 3 1 8 6 1 12 7 ( )

① 1　② 4
③ 5　④ 6

10

1 2 5 2 3 13 3 4 ( )

① 7　② 12
③ 20　④ 25

11

4 6 9 14 21 32 ( )

① 41　② 45
③ 49　④ 52

12

3　15　7　35　27　(　)

① 54　② 81
③ 108　④ 135

PART 1

13

(　)　2　−4　8　−16　32

① −1　② 0
③ 3　④ 5

14

−1　2　−2　−4　8　−32　(　)

① −256　② −128
③ 64　④ 256

15

6　9　12　15　(　)　21　24　27　30

① 15　② 16
③ 17　④ 18

대표유형 2 문자추리

일정한 규칙에 따라 문자를 나열할 때, 빈칸에 들어갈 알맞은 것은?

ㄹ 5 六 ㅠ ( ) 11 ㅊ N

① ㅎ ② P
③ ㅠ ④ 九

| 해설 | 홀수 항은 2를 더하고, 짝수 항은 3을 더하는 수열이다.

ㄹ	5	六	ㅠ	(ㅠ)	11	ㅊ	N
4	5	6	8	8	11	10	14

정답 ③

※ 일정한 규칙에 따라 문자를 나열할 때, 빈칸에 들어갈 알맞은 것을 고르시오. [16~30]

16

A ㄴ 3 ( ) E ㅂ 7 八

① 4 ② D
③ ㄹ ④ 四

17

J M P ( ) V

① Q ② S
③ P ④ T

18

B E H ( ) N

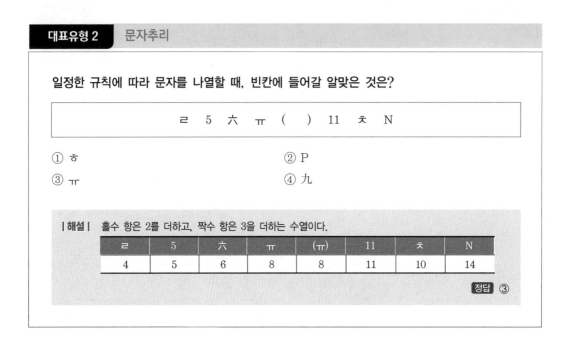

① I ② J
③ K ④ M

19

3 E 8 L 17 ( ) 30

① V ② W
③ X ④ Y

20

ㅍ ㅋ ㅈ ㅅ ㅁ ( )

① ㅍ ② ㅈ
③ ㅂ ④ ㄷ

21

C D ( ) J R H

① D ② F
③ I ④ L

22

ㅈ ㄷ ㅅ ㅁ ㅁ ( )

① ㄷ ② ㅁ
③ ㅅ ④ ㅊ

23

C F J O ( )

① P
② R
③ T
④ U

24

ㄴ C ㅗ ㅅ ( )

① D
② F
③ H
④ K

25

D ㅠ G ㅛ J ㅕ M ㅑ ( )

① P
② Q
③ S
④ X

26

ㄴ ㄷ ㅁ ㅇ ㅌ ㄷ ( )

① ㅂ
② ㅅ
③ ㅇ
④ ㅈ

27

Z ( ) P K F A

① X ② W
③ V ④ U

28

F G E H D ( ) C

① B ② I
③ J ④ K

29

ㅑ ㅓ ㅗ ㅠ ( )

① ㅑ ② ㅕ
③ ㅛ ④ ㅣ

30

Q O M K I G ( ) C

① A ② B
③ D ④ E

PART 1

CHAPTER 06 신체반응영역 적중예상문제

정답 및 해설 p.018

대표유형 1 무게추리

다음 〈조건〉을 보고 ?에 들어갈 문자를 고르면?

조건

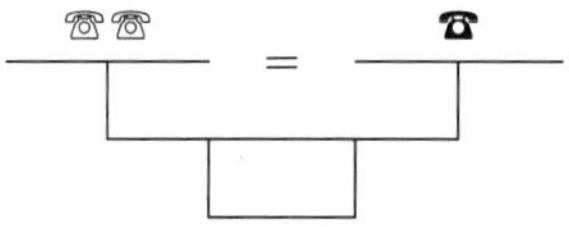

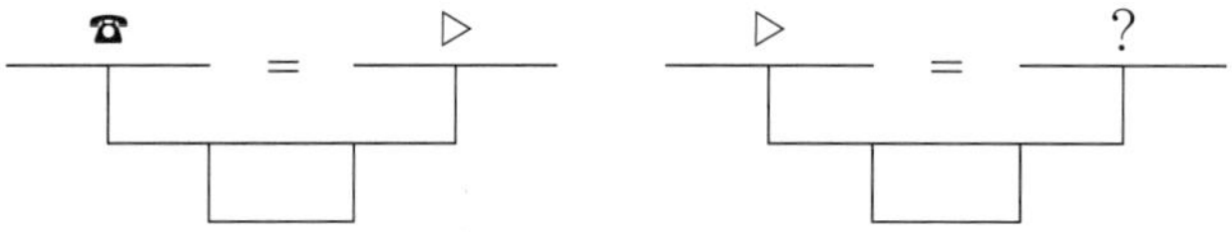

① ☎☎ ② ☏☏
③ ☎☏ ④ ☏☎

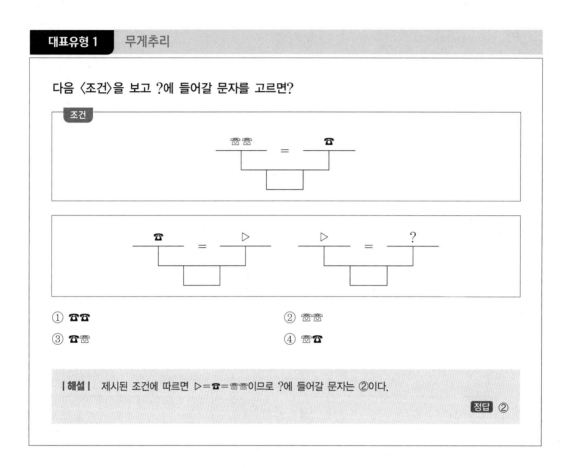

| 해설 | 제시된 조건에 따르면 ▷=☎=☏☏이므로 ?에 들어갈 문자는 ②이다.

정답 ②

※ 다음 〈조건〉을 보고 ?에 들어갈 문자를 고르시오. **[1~2]**

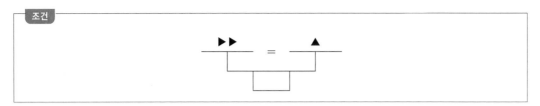

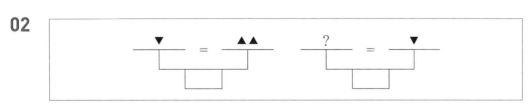

조건

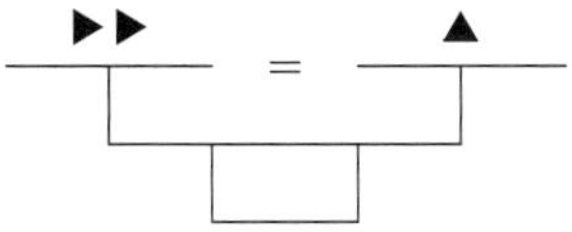

01

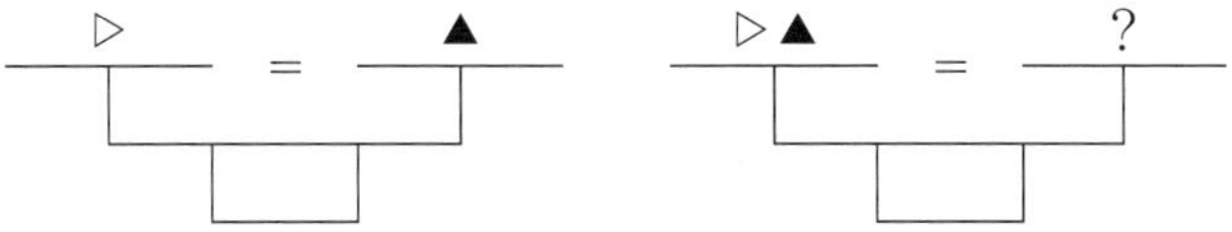

① ▶▶▷▷ ② ▷▷▷▷

③ ▲▲▲▲ ④ ▶▶▶▶

02

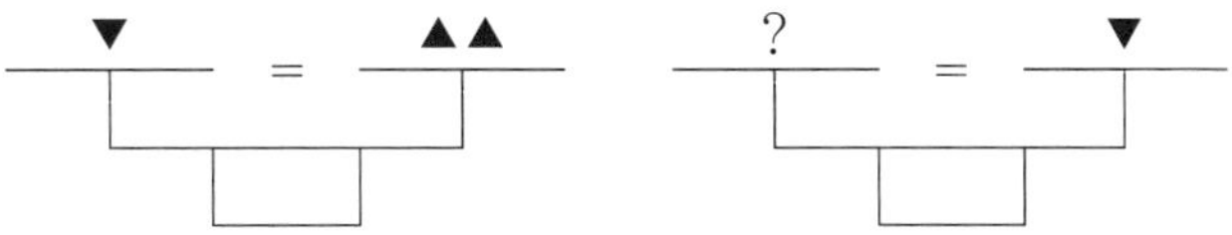

① ▶▶▷▷ ② ▷▷▷▷

③ ▶▶▲▲ ④ ▶▶▶▶

※ 다음 〈조건〉을 보고 ?에 들어갈 문자를 고르시오. [3~4]

조건

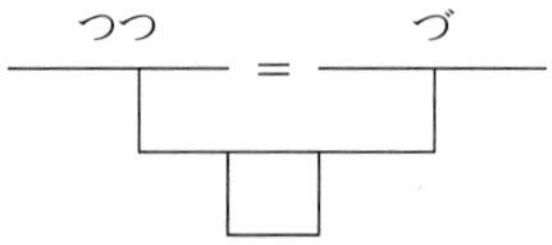

03

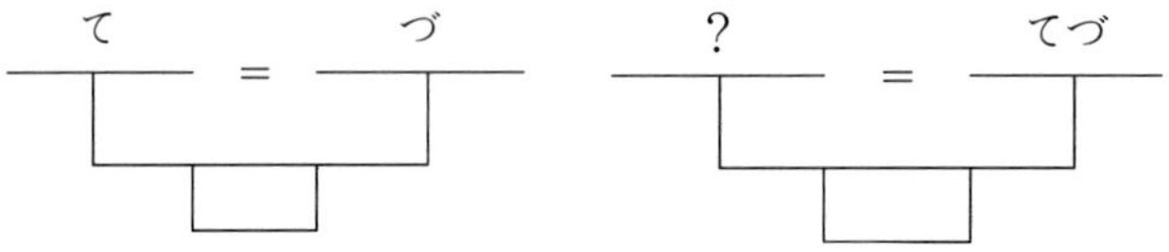

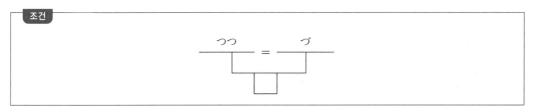

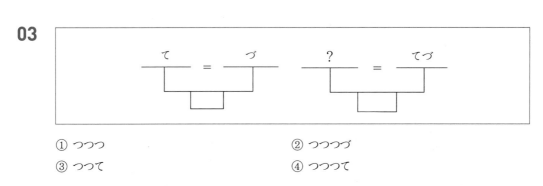

① つつつ
② つつつづ
③ つつて
④ つつつて

04

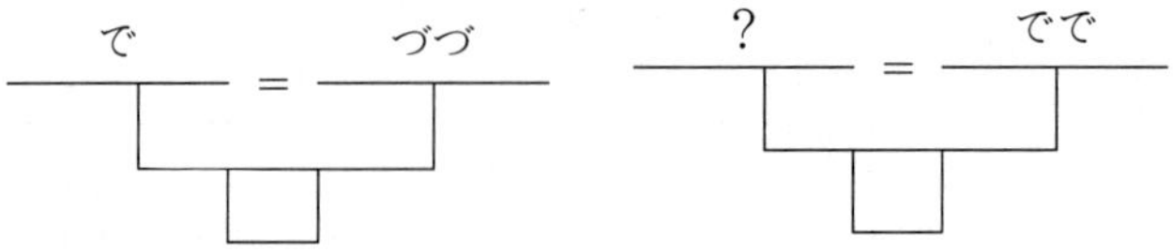

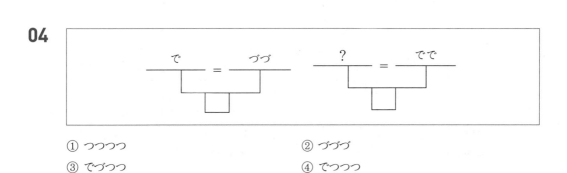

① つつつつ
② づづづ
③ でづつつ
④ でつつつ

※ 다음 〈조건〉을 보고 ?에 들어갈 문자를 고르시오. [5~6]

조건

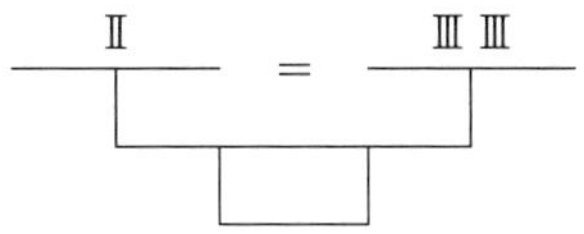

05

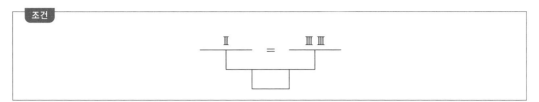

① Ⅱ Ⅲ
② Ⅲ Ⅴ Ⅴ
③ Ⅲ Ⅲ Ⅴ Ⅱ
④ Ⅱ Ⅴ Ⅴ

06

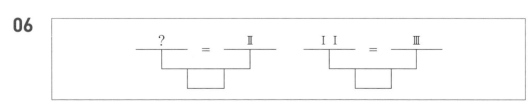

① Ⅲ Ⅰ Ⅰ
② Ⅲ Ⅲ Ⅰ Ⅰ
③ Ⅰ Ⅲ Ⅰ Ⅰ
④ Ⅰ Ⅰ Ⅰ

※ 다음 〈조건〉을 보고 ?에 들어갈 문자를 고르시오. [7~8]

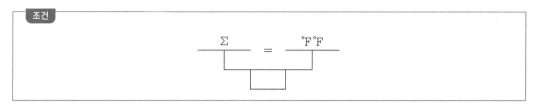

조건

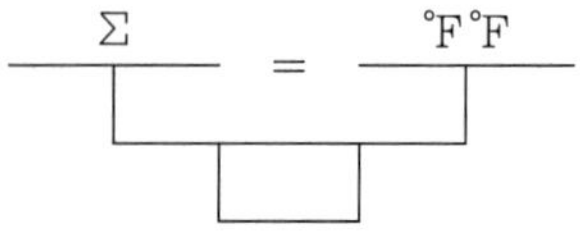

07

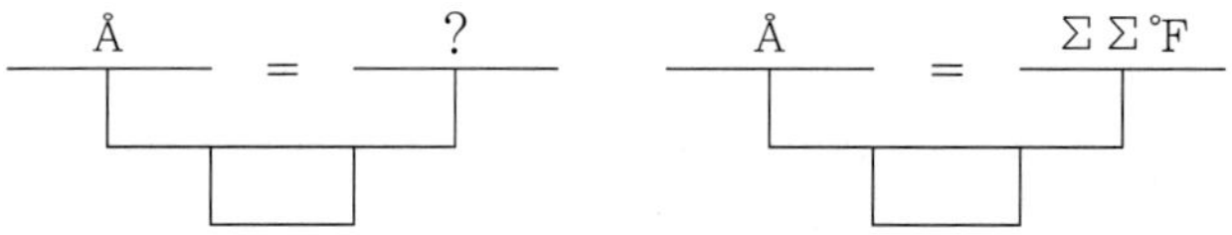

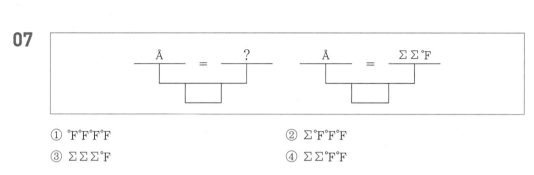

① °F°F°F°F
② Σ°F°F°F
③ ΣΣΣ°F
④ ΣΣ°F°F

08

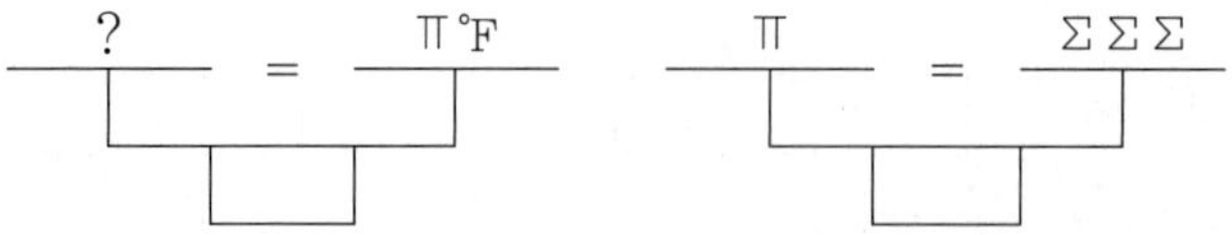

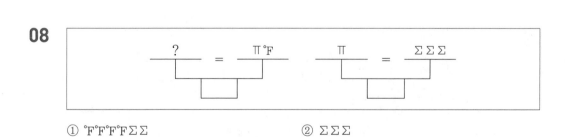

① °F°F°F°FΣΣ
② ΣΣΣ
③ ΣΣ°F°F
④ ΣΣ°F°F°F

※ 다음 〈조건〉을 보고 ?에 들어갈 문자를 고르시오. [9~10]

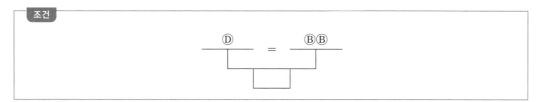

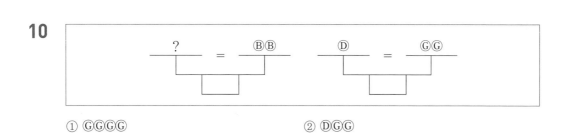

조건

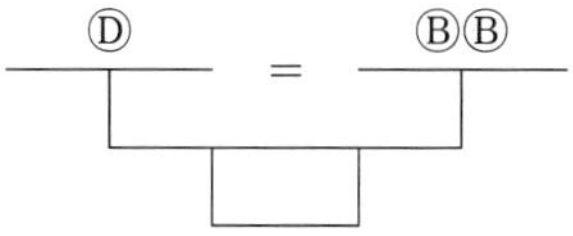

09

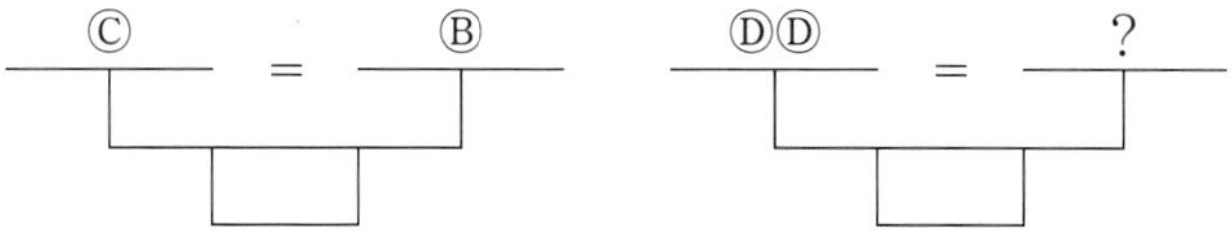

① ⒷⒷⒹⒸ
② ⒹⒸⒸ
③ ⒹⒸ
④ ⒸⒸⒸⒹ

10

① ⒼⒼⒼⒼ
② ⒹⒼⒼ
③ ⒼⒼⒹ
④ ⒼⒼ

※ 다음 〈조건〉을 보고 ?에 들어갈 문자를 고르시오. **[11~12]**

조건

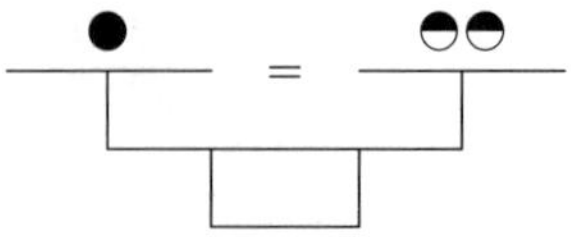

11

① □

② □□

③ □□□

④ □□□□

12

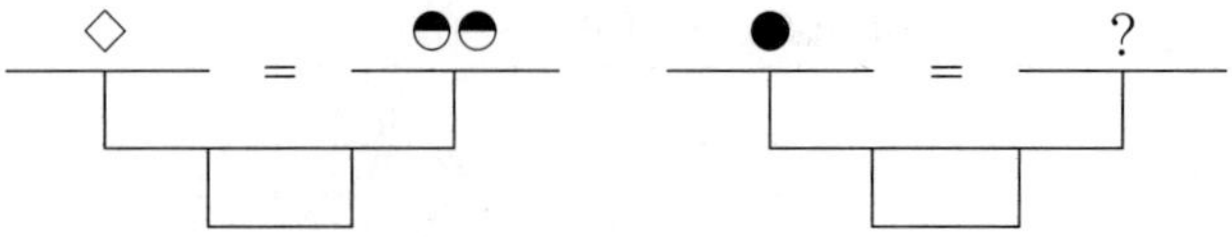

① ◓

② ◓◇

③ ◇

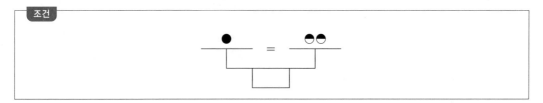

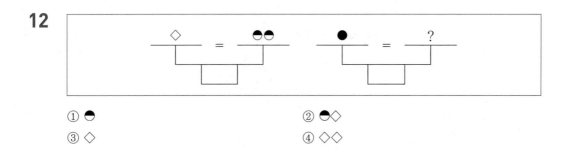

④ ◇◇

※ 다음 〈조건〉을 보고 ?에 들어갈 문자를 고르시오. [13~14]

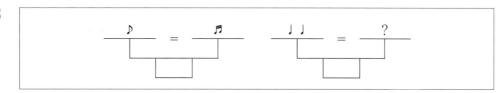

조건

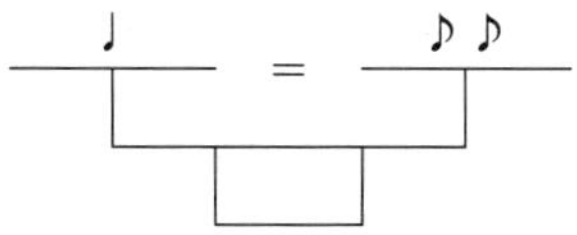

13

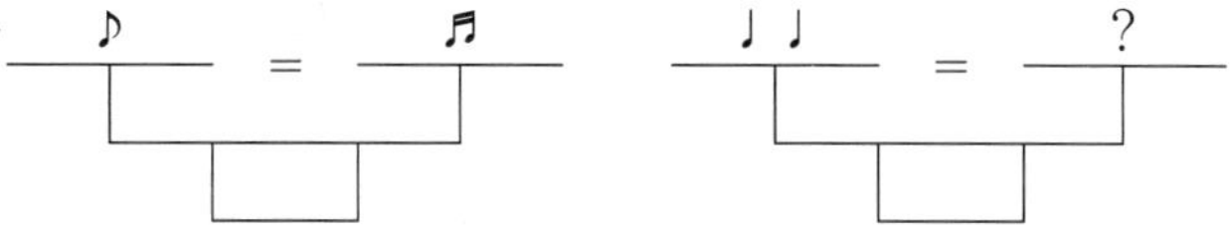

① ♩♬♬

② ♩♪

③ ♪♪♬

④ ♩♬

14

① ♩𝅘𝅥𝅯

② 𝅘𝅥𝅯𝅘𝅥𝅯♪

③ 𝅘𝅥𝅯♪♪

④ 𝅘𝅥𝅯♪

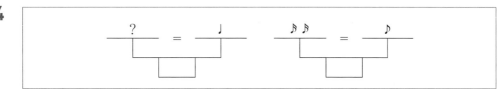

※ 다음 〈조건〉을 보고 ?에 들어갈 문자를 고르시오. **[15~16]**

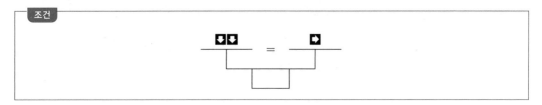

조건

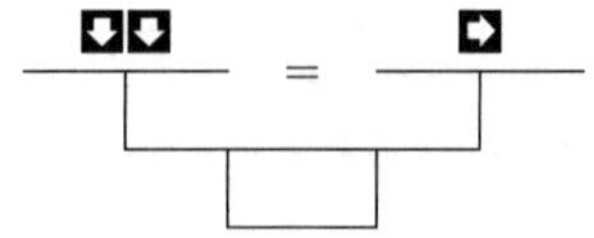

15

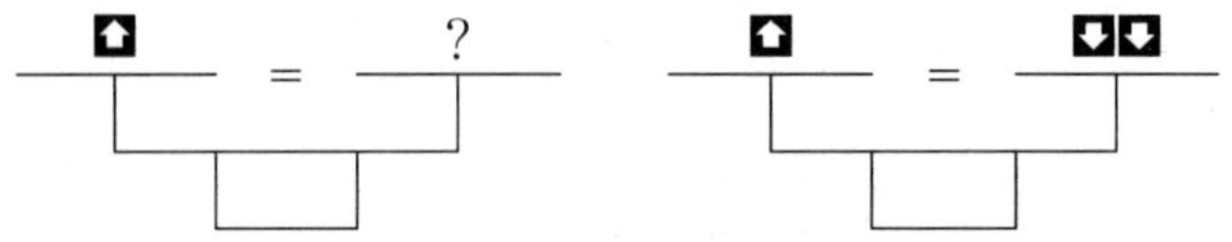

① ⬇ ② ➡

③ ➡➡ ④ ⬅⬅

16

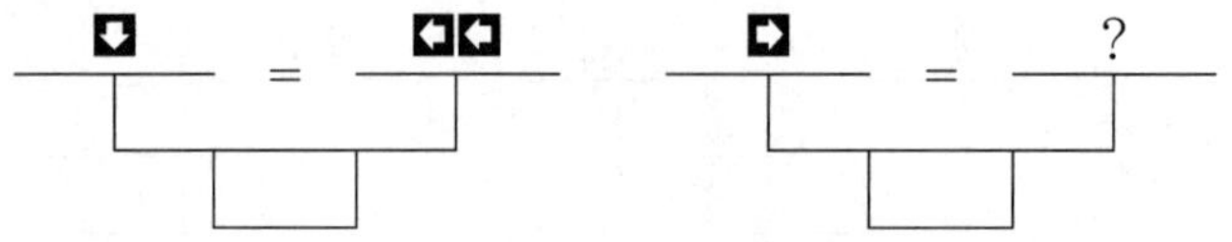

① ⬇⬇⬇ ② ➡➡➡

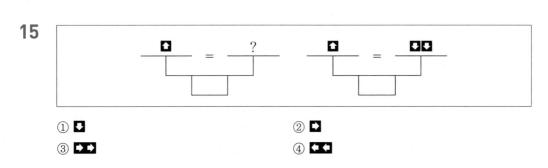

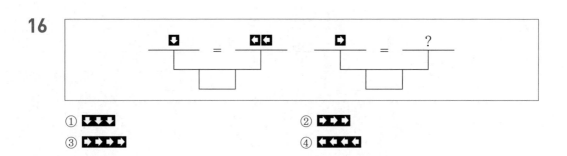

③ ➡➡➡➡ ④ ⬅⬅⬅⬅

※ 다음 〈조건〉을 보고 ?에 들어갈 문자를 고르시오. [17~18]

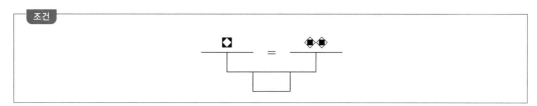

조건

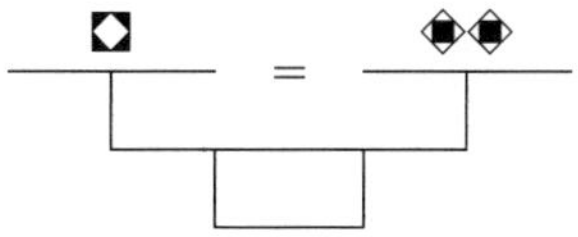

17

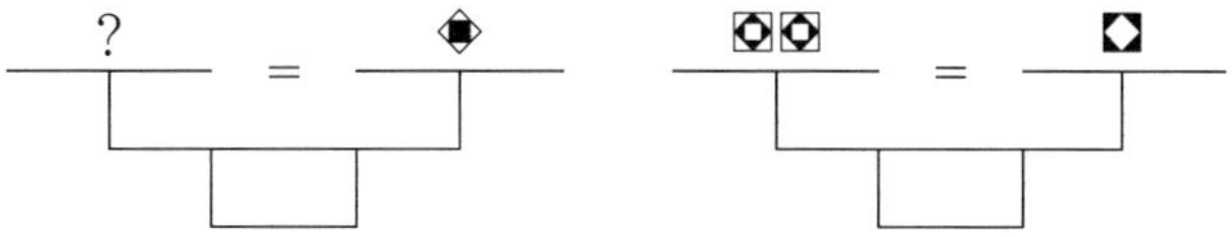

① 
② 
③ 
④ 

18

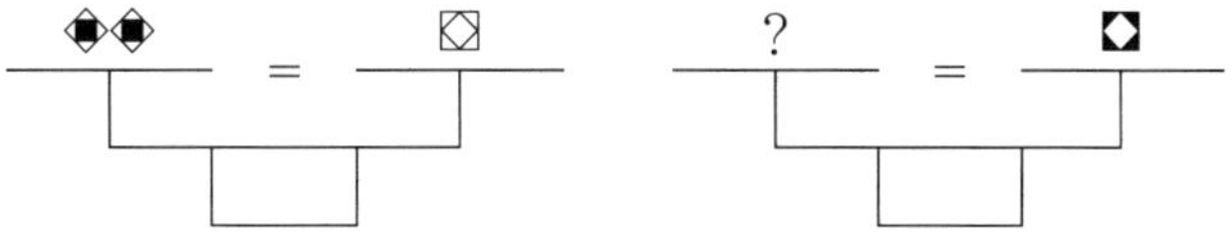

① 
② 
③ 
④ 

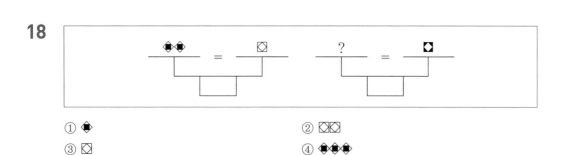

※ 다음 〈조건〉을 보고 ?에 들어갈 문자를 고르시오. [19~20]

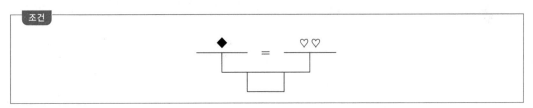

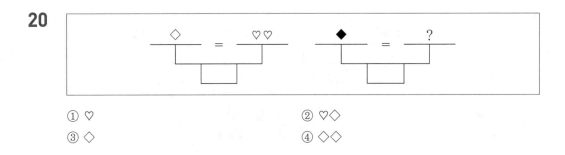

조건

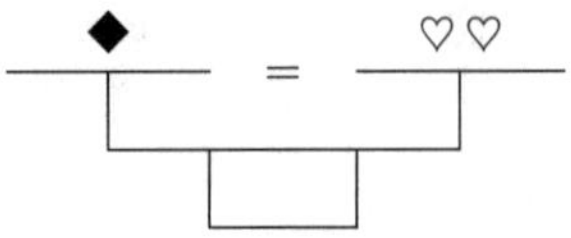

19

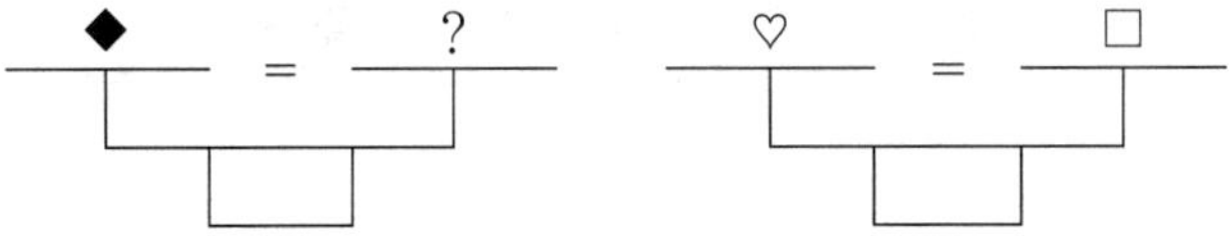

① □
② □□
③ □□□
④ □□□□

20

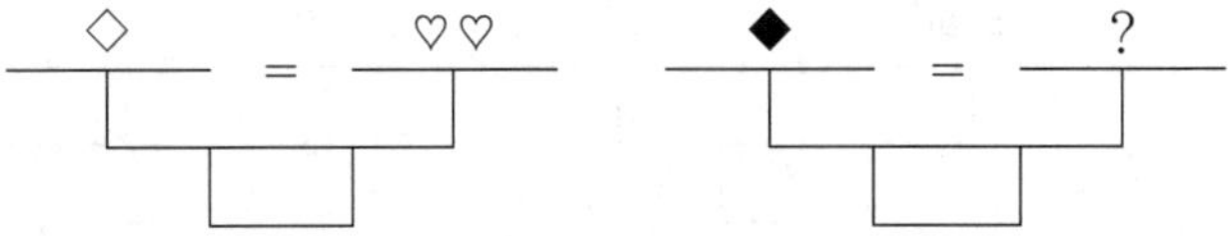

① ♡
② ♡◇
③ ◇
④ ◇◇

※ 다음 〈조건〉을 보고 ?에 들어갈 문자를 고르시오. [21~22]

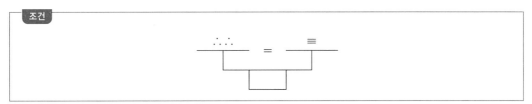

조건

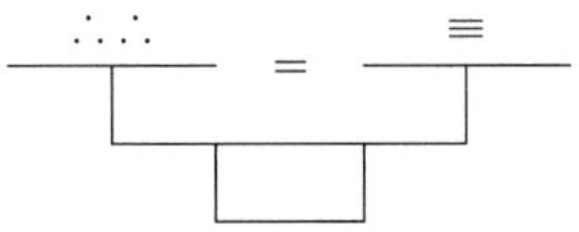

21

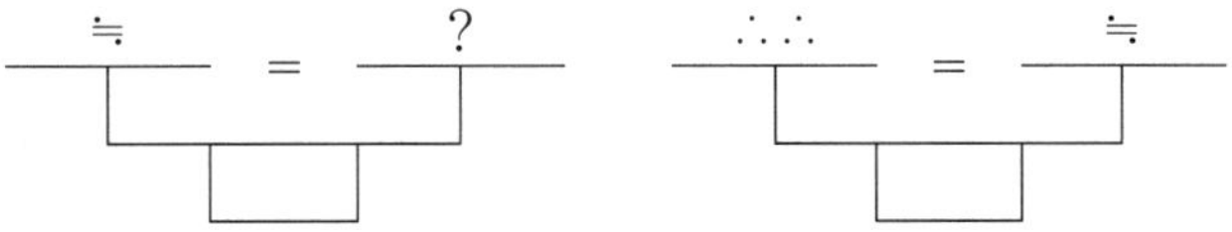

① ≡　　② ≡≡

③ ≡∴　　④ ∴≡≡

22

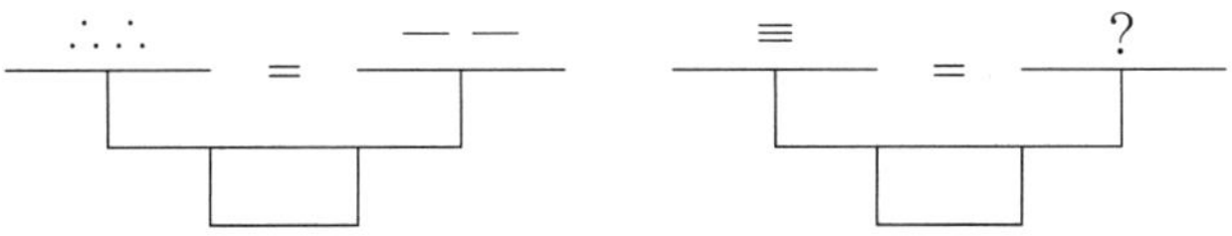

① — — —　　② ∴∴—

③ — —　　④ —∴∴

※ 다음 〈조건〉을 보고 ?에 들어갈 문자를 고르시오. [23~24]

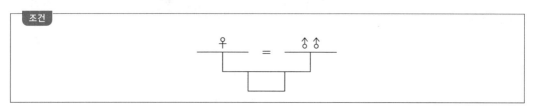

조건

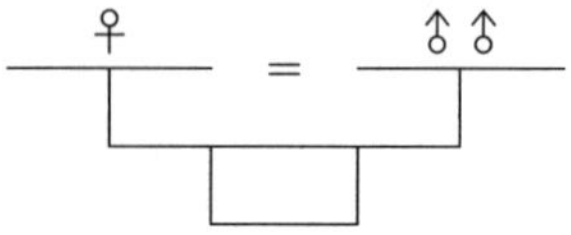

23

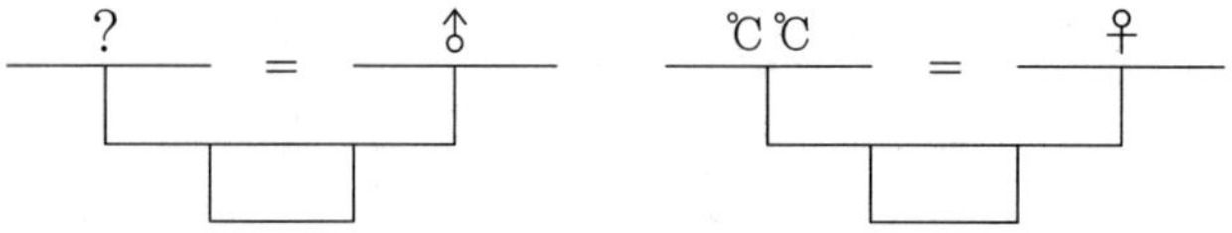

① ℃℃℃　　② ℃

③ ♀　　④ ♀℃

24

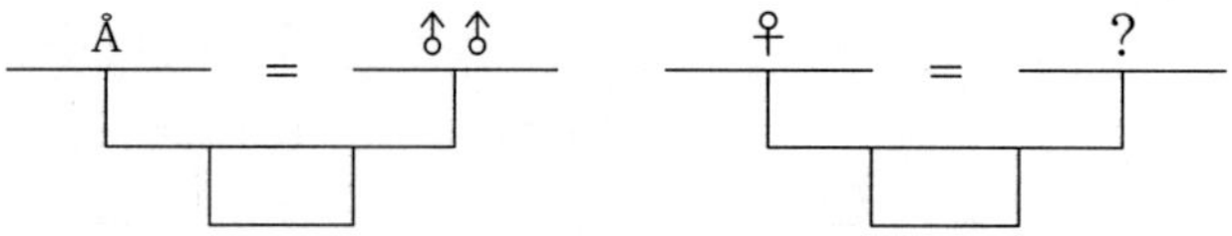

① ÅÅ　　② Å

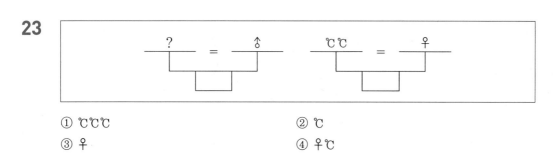

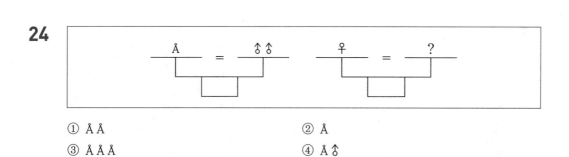

③ ÅÅÅ　　④ Å♂

※ 다음 〈조건〉을 보고 ?에 들어갈 문자를 고르시오. [25~26]

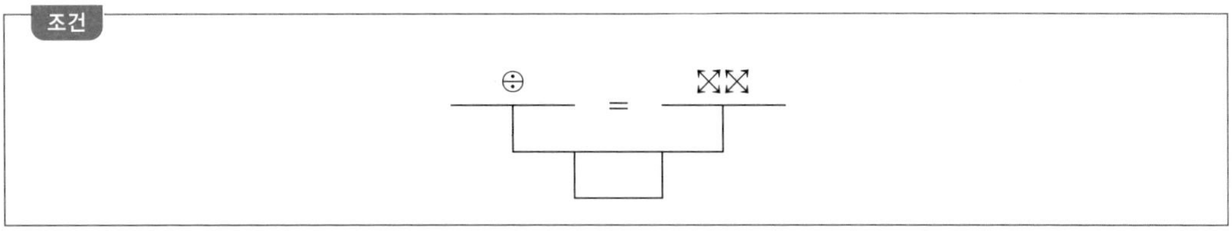

25

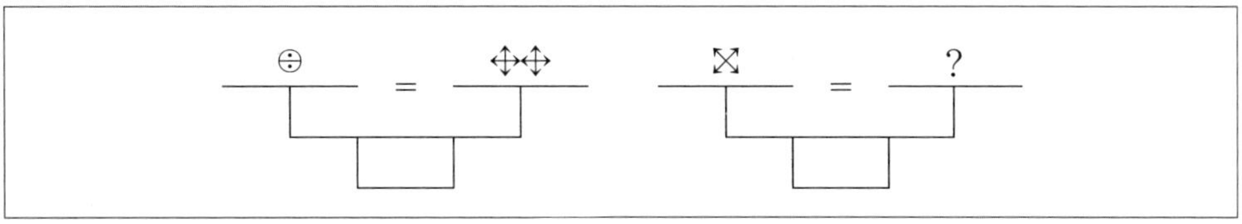

① ✥⨸
② ✥
③ ✥✥
④ ⨸✥✥

26

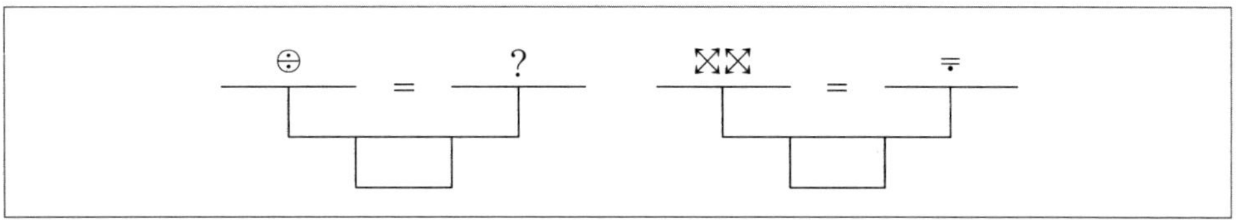

① ⩦⩦
② ⩦
③ ⌧⩦
④ ⌧⌧⩦

※ 다음 〈조건〉을 보고 ?에 들어갈 문자를 고르시오. **[27~28]**

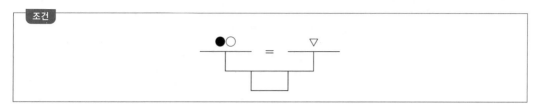

조건

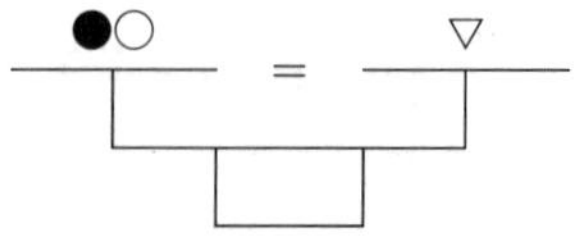

27

① ●○○●●

② ●○

③ ●○●○

④ ●○●○●○

28

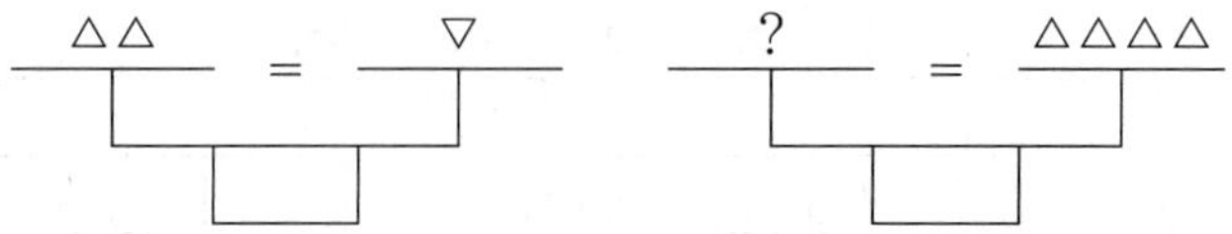

① ●○●○●○

② ●○●○

③ ○●○●○

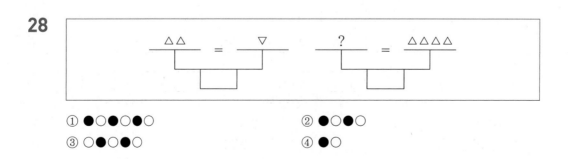

④ ●○

※ 다음 〈조건〉을 보고 ?에 들어갈 문자를 고르시오. [29~30]

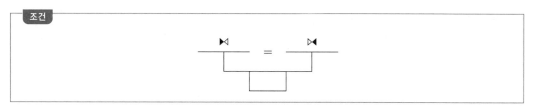

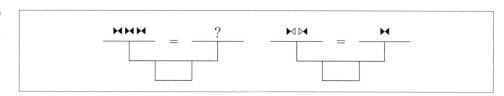

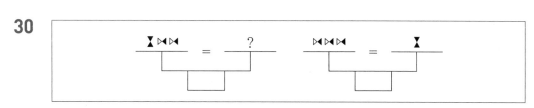

조건

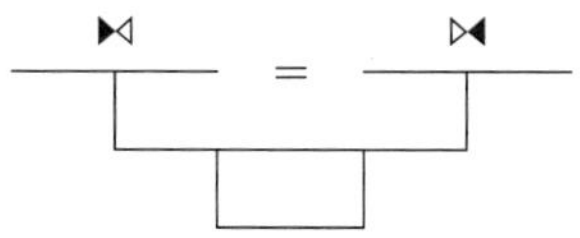

29

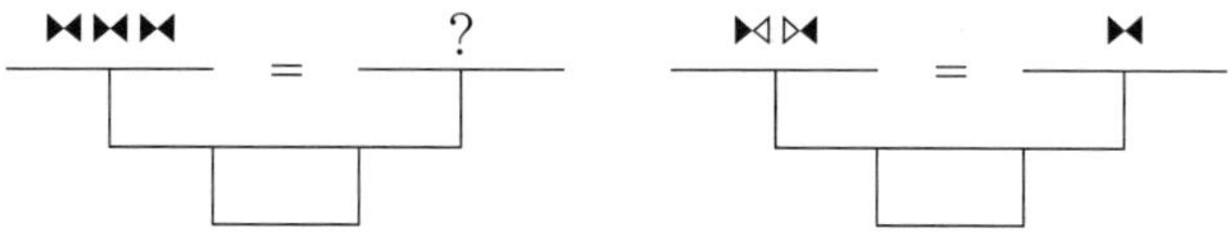

① ▷◀▷◀▶◁▷◀▶◁

② ▶◁▷◀▶◀▶◁▷◀

③ ▶◀▶◀▶◁▷◀

④ ▶◀▷◀▶◁▷◀▶◀

30

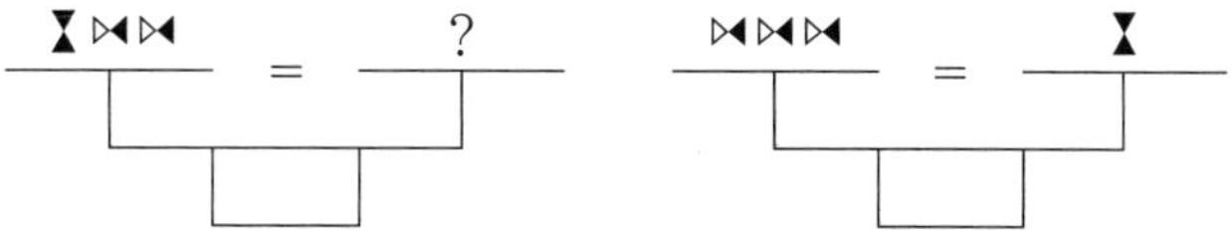

① ▶◁▷◀▷◀▶◁

② ▷◀▷◀▷◀▷◀

③ ▷◀▷◀▶◁▶◁▶◁

④ ⧗ ⧗ ▶◁

CHAPTER 07 순서추론영역 적중예상문제

정답 및 해설 p.020

대표유형 1 문자 찾기

※ 제시된 문자와 동일한 문자를 〈보기〉에서 찾아 몇 번째에 위치하는지 고르시오(단, 가장 왼쪽 문자를 시작 지점으로 한다). [1~2]

보기

⧈ ◭ ◙ ★ ⟐ ≒ ∞ ♨ ☞ ◈

01

∞

① 6번째　　② 7번째
③ 8번째　　④ 9번째

| 해설 | ∞은 7번째에 제시된 문자이므로 정답은 ②이다.

정답 ②

02

⧈

① 1번째　　② 2번째
③ 3번째　　④ 4번째

| 해설 | ⧈은 1번째에 제시된 문자이므로 정답은 ①이다.

정답 ①

※ 제시된 문자와 동일한 문자를 〈보기〉에서 찾아 몇 번째에 위치하는지 고르시오(단, 가장 왼쪽 문자를 시작 지점으로 한다). [1~5]

보기

㉮ ○ ♪ ♥ ● □ ♤ ⋈

PART 1

01

●

① 1번째　② 2번째
③ 5번째　④ 6번째

02

□

① 2번째　② 3번째
③ 5번째　④ 6번째

03

○

① 1번째　② 2번째
③ 3번째　④ 6번째

04

♪

① 1번째　② 3번째
③ 4번째　④ 8번째

05

♥

① 1번째　② 3번째
③ 4번째　④ 7번째

※ 제시된 문자와 동일한 문자를 〈보기〉에서 찾아 몇 번째에 위치하는지 고르시오(단, 가장 왼쪽 문자를 시작 지점으로 한다). [6~10]

보기
♡ ♭ ☺ ⚴ ♈ ⦶ ♉ 🔔 ☯ ✹

06

☺

① 1번째 ② 2번째
③ 3번째 ④ 4번째

07

🔔

① 7번째 ② 8번째
③ 9번째 ④ 10번째

08

♡

① 1번째 ② 2번째
③ 3번째 ④ 4번째

09

♈

① 4번째 ② 5번째
③ 6번째 ④ 7번째

10

✹

① 7번째 ② 8번째
③ 9번째 ④ 10번째

※ 제시된 문자와 동일한 문자를 〈보기〉에서 찾아 몇 번째에 위치하는지 고르시오(단, 가장 왼쪽 문자를 시작 지점으로 한다). [11~15]

보기

◇ ■ ▼ ♤ ◑ ♬ Ø ➘ ∋ ⊞

11

■

① 1번째
② 2번째
③ 3번째
④ 4번째

12

◑

① 2번째
② 3번째
③ 4번째
④ 5번째

13

♬

① 4번째
② 5번째
③ 6번째
④ 7번째

14

◇

① 1번째
② 2번째
③ 3번째
④ 4번째

15

∋

① 7번째
② 8번째
③ 9번째
④ 10번째

PART 1

※ 제시된 문자와 동일한 문자를 〈보기〉에서 찾아 몇 번째에 위치하는지 고르시오(단, 가장 왼쪽 문자를 시작 지점으로 한다). [16~20]

보기

▣ ⌖ 😐 👓 & ⁋ ∀ ◉ ↕ ∂

16

▣

① 1번째 ② 2번째
③ 3번째 ④ 4번째

17

∀

① 6번째 ② 7번째
③ 8번째 ④ 9번째

18

&

① 3번째 ② 4번째
③ 5번째 ④ 6번째

19

👓

① 3번째 ② 4번째
③ 5번째 ④ 6번째

20

↕

① 6번째 ② 7번째
③ 8번째 ④ 9번째

※ 제시된 문자와 동일한 문자를 〈보기〉에서 찾아 몇 번째에 위치하는지 고르시오(단, 가장 왼쪽 문자를 시작 지점으로 한다). [21~25]

보기

☎ ♧ ◑ ▩ ⎆ ⋗ ⧑ ⌶ ☼ ☪

21

⌶

① 6번째 ② 7번째
③ 8번째 ④ 9번째

22

▩

① 2번째 ② 3번째
③ 4번째 ④ 5번째

23

♧

① 2번째 ② 3번째
③ 4번째 ④ 5번째

24

☪

① 7번째 ② 8번째
③ 9번째 ④ 10번째

25

⎆

① 4번째 ② 5번째
③ 6번째 ④ 7번째

※ 제시된 문자와 동일한 문자를 〈보기〉에서 찾아 몇 번째에 위치하는지 고르시오(단, 가장 왼쪽 문자를 시작 지점으로 한다). [26~30]

보기
Σ ◁ ∞ ★ ☞ ↗ ▧ ℃

26

▧

① 1번째
② 2번째
③ 6번째
④ 7번째

27

☞

① 1번째
② 2번째
③ 3번째
④ 5번째

28

↗

① 4번째
② 6번째
③ 7번째
④ 8번째

29

℃

① 2번째
② 3번째
③ 4번째
④ 8번째

30

∞

① 1번째
② 2번째
③ 3번째
④ 4번째

PART 2

최종점검 모의고사

제1회 최종점검 모의고사

제2회 최종점검 모의고사

삼성 제조직무적성검사	
도서 동형 온라인 실전연습 서비스	ATCZ-00000-F2DD9

제1회 최종점검 모의고사

☑ 응시시간 : 15분 ☑ 문항 수 : 160문항 정답 및 해설 p.024

01 기본계산영역

※ 다음 식을 계산한 값으로 옳은 것을 구하시오. [1~10]

01

$$7.2 \div 1.2$$

① 3 ② 4
③ 5 ④ 6

02

$$493 - 24 \times 5$$

① 276 ② 373
③ 390 ④ 474

03

$$303 \div 3 + 7$$

① 30 ② 33
③ 108 ④ 117

04

$$84 \div 4 + 2$$

① 20 ② 21
③ 22 ④ 23

05

$$0.28 + 2.4682$$

① 2.8482 ② 2.7482
③ 2.6482 ④ 2.5482

06

$$315 \times 69 \div 5$$

① 3,215 ② 4,007
③ 4,155 ④ 4,347

07

$$8 + 13 \times 4 - 12$$

① 48 ② 64
③ 72 ④ 86

08

$$\frac{5}{3} \div \frac{15}{21} \times \frac{9}{4}$$

① $\frac{3}{5}$ ② $\frac{5}{4}$
③ $\frac{21}{4}$ ④ $\frac{7}{5}$

09

$$63 \div 21 \times 4$$

① 9 ② 12
③ 16 ④ 24

10

$$\frac{4}{7} \times \frac{5}{6} + \frac{4}{7} \div \frac{3}{22}$$

① $\frac{97}{21}$ ② $\frac{95}{21}$
③ $\frac{16}{3}$ ④ $\frac{14}{3}$

PART 2

02 주의집중영역

※ 다음 중 제시된 도형과 같은 것을 고르시오(단, 도형은 회전이 가능하다). [1~5]

01

① 

② 

③ 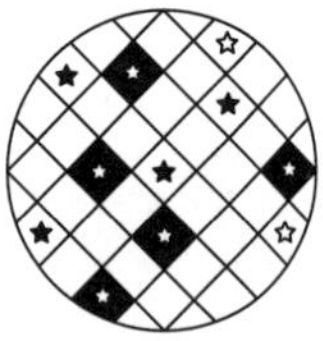

④ 

02

① 

② 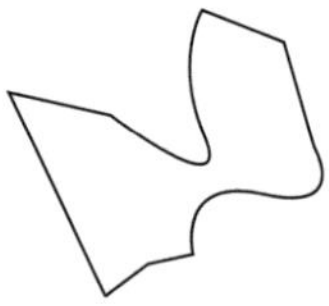

③ 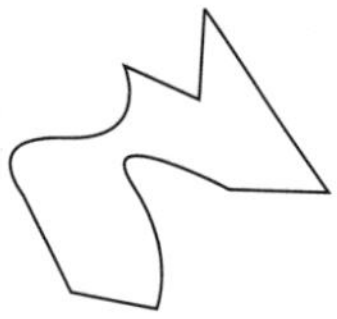

④ 

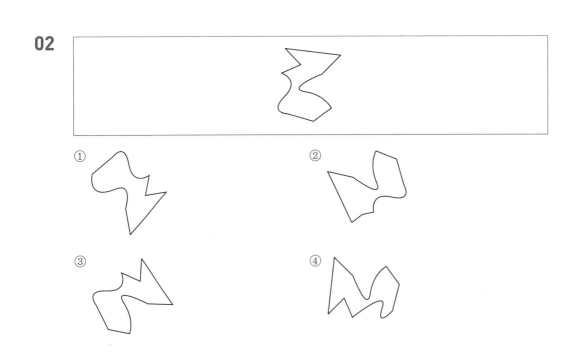

03

① 

② 

③ 

④ 

04

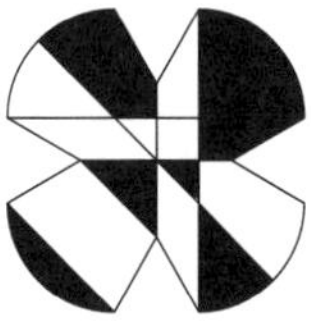

① 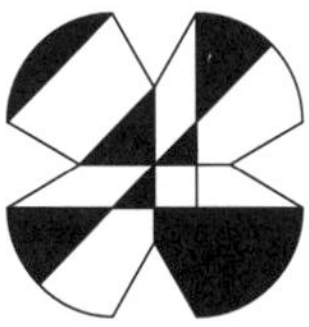

② 

③ 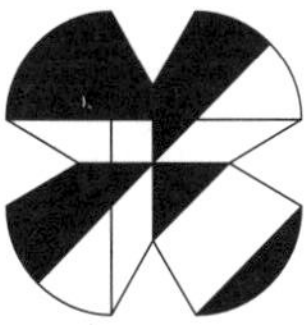

④ 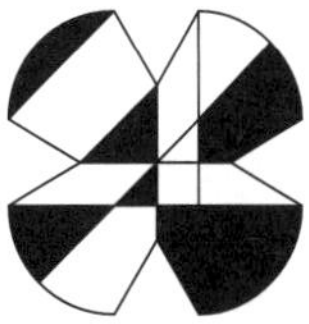

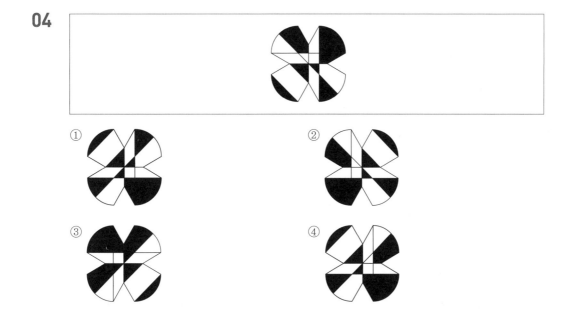

05

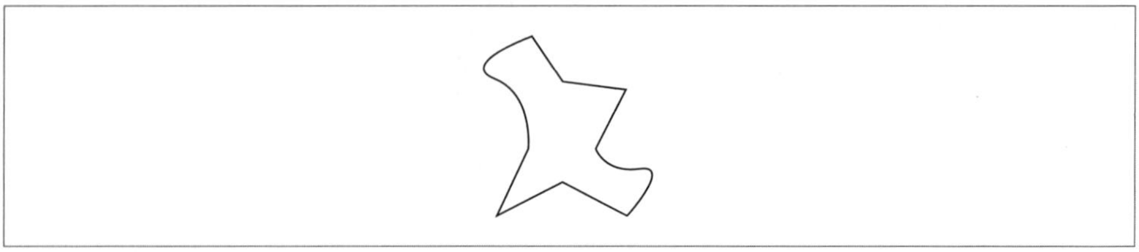

① 

② 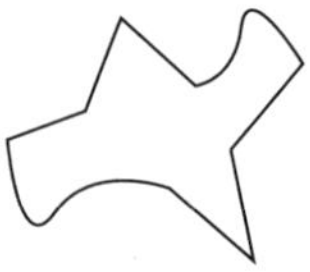

③ 

④ 

※ 다음 중 나머지 도형과 다른 것을 고르시오(단, 도형은 회전이 가능하다). **[6~10]**

06

① 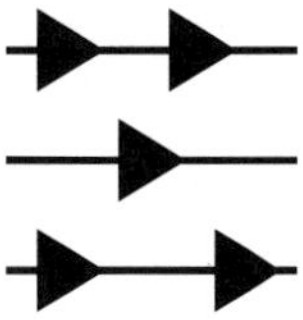

② 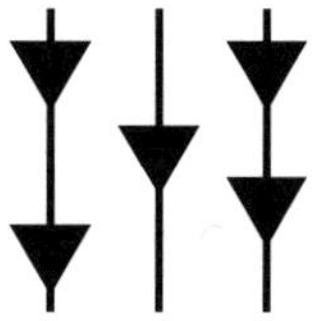

③ 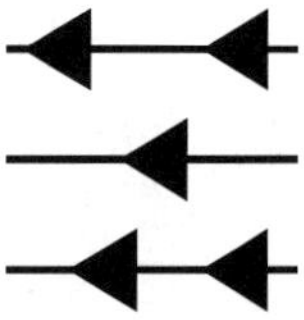

④ 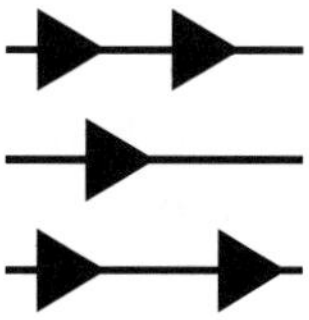

07

① 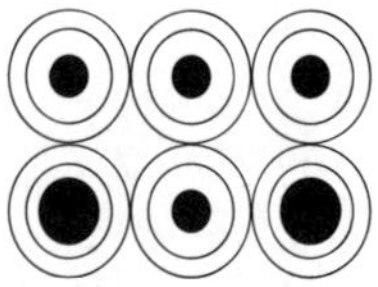

② 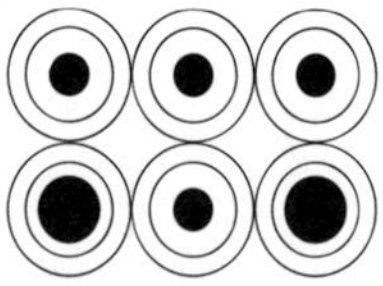

③ 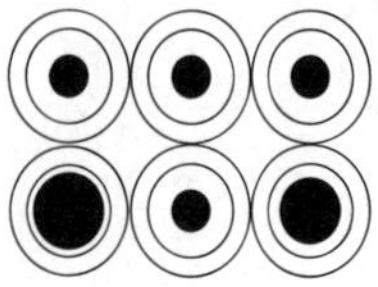

④ 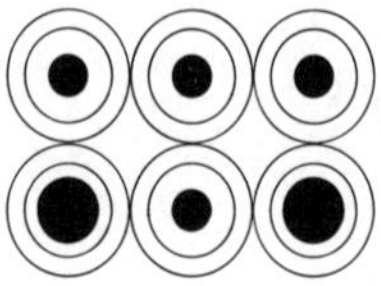

08

① 

② 

③ 

④ 

09

① 

② 

③ 

④ 

10

① 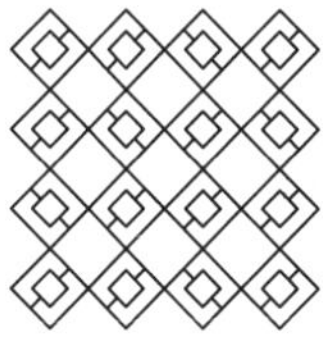

② 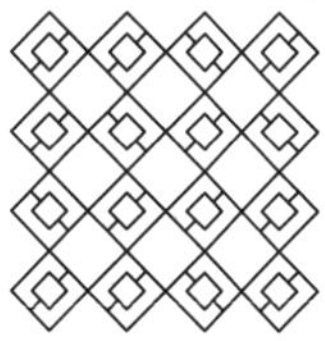

③ 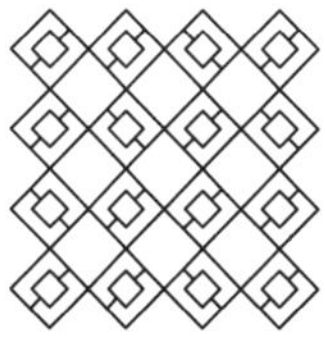

④ 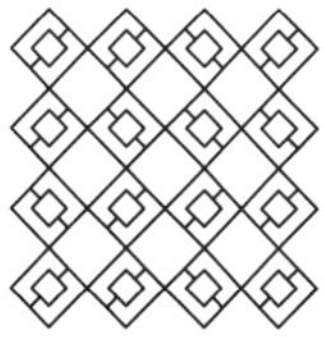

03 시각지각영역

※ 다음 중 제시된 그림에 포함된 조각을 고르시오. [1~5]

01

① 

② 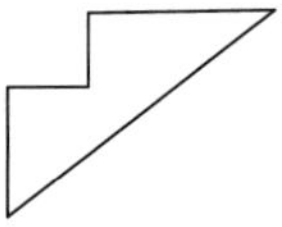

③ 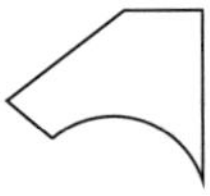

④ 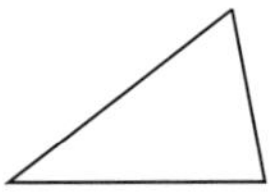

02

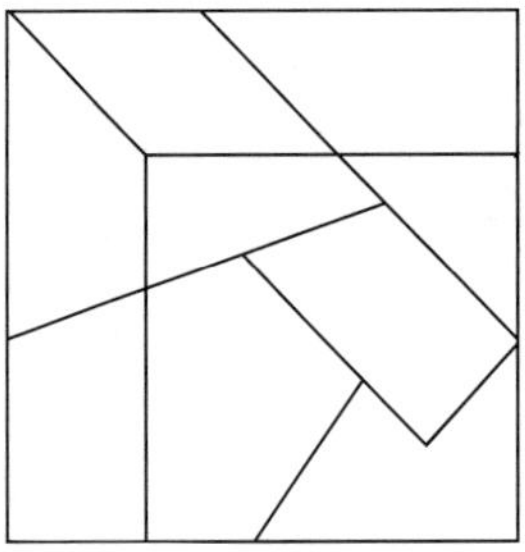

① 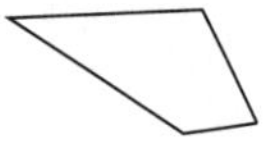

② 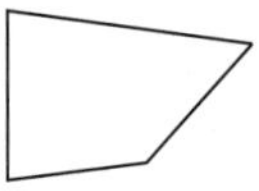

③ 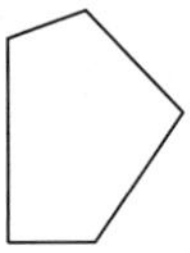

④ 

03

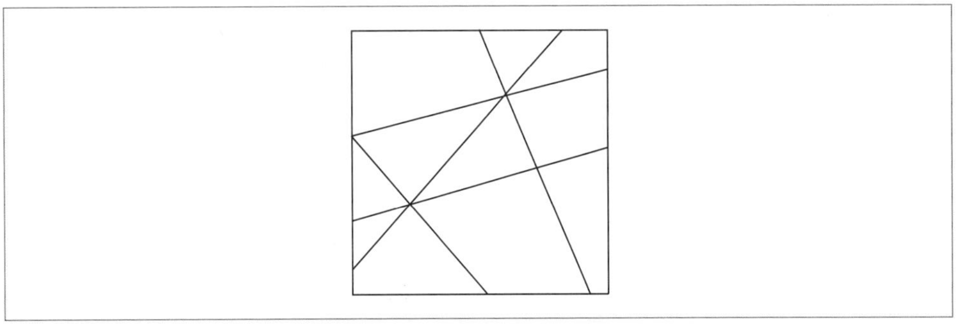

① 

② 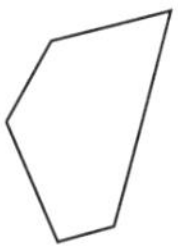

③ 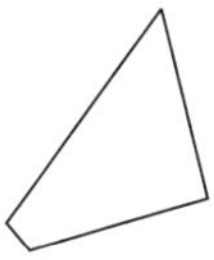

④ 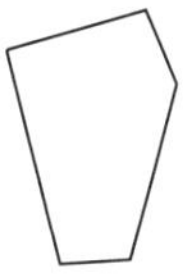

04

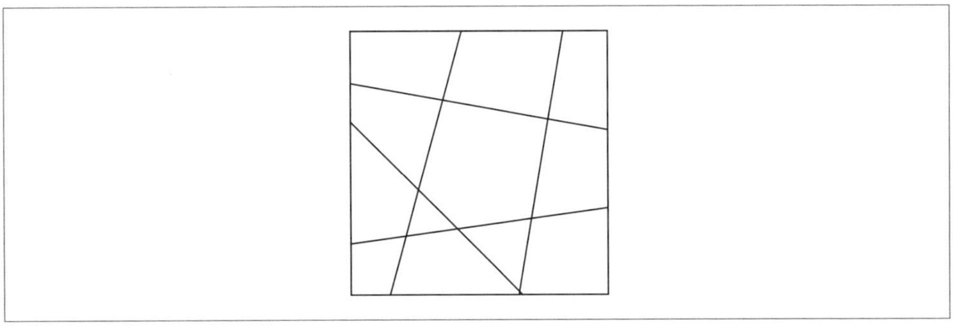

① 

② 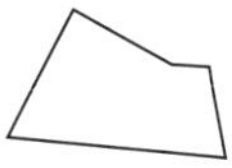

③ 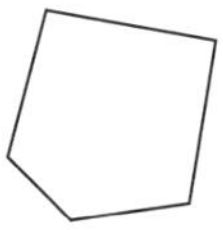

④ 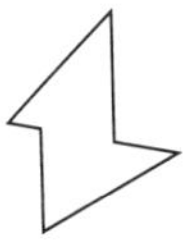

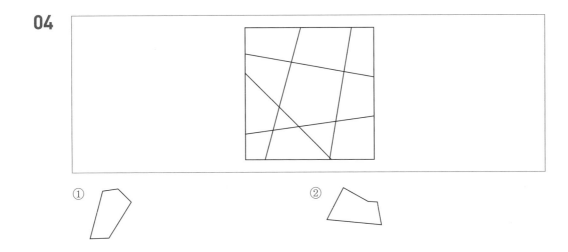

05

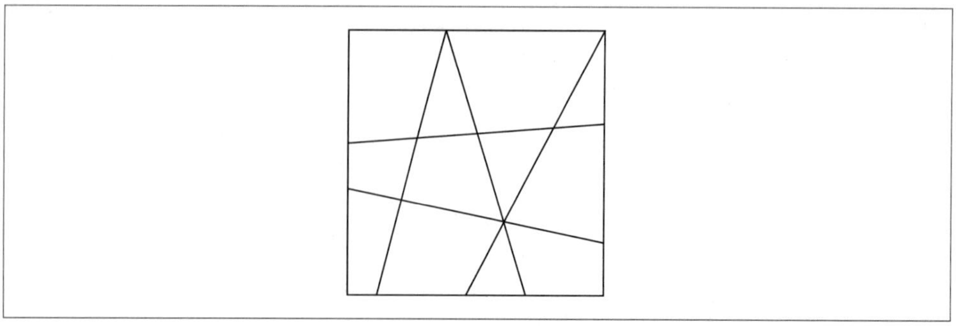

① 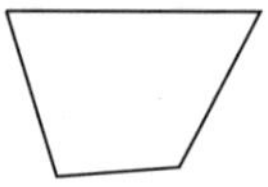

② 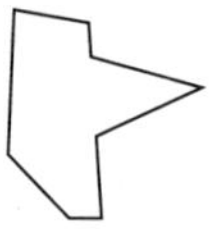

③ 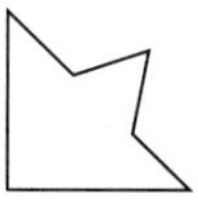

④ 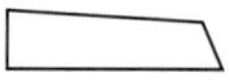

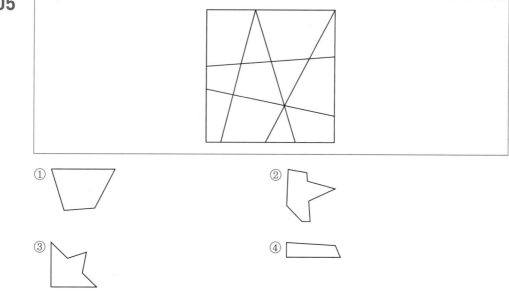

※ 다음 중 제시된 그림에 포함되지 않은 조각을 고르시오. [6~10]

06

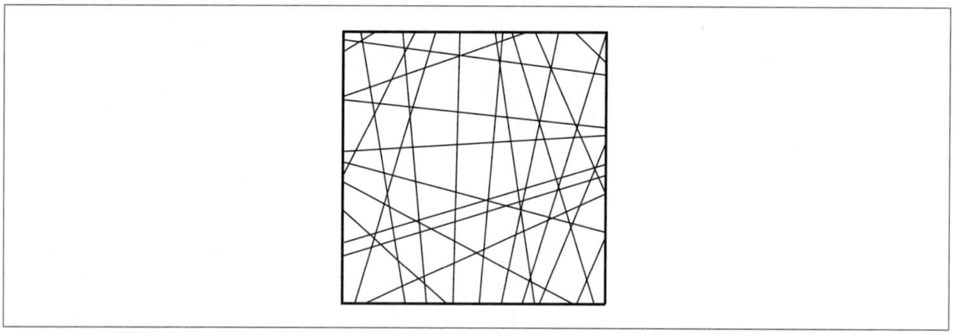

① 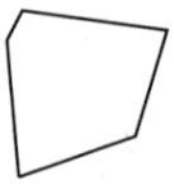

② 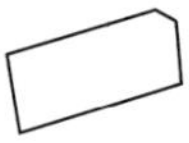

③ 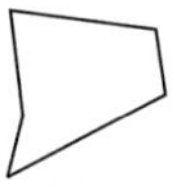

④ 

07

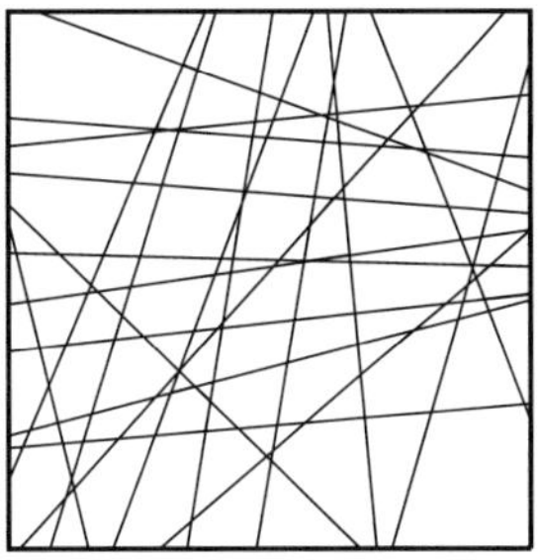

① 

② 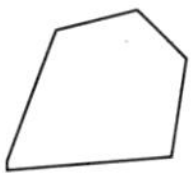

③ 

④ 

08

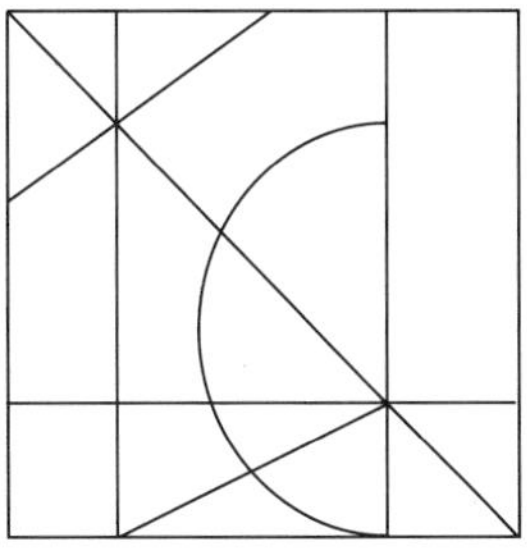

① 

② 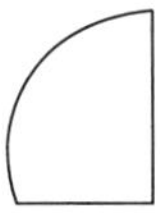

③ 

④ 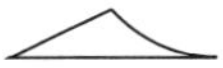

09

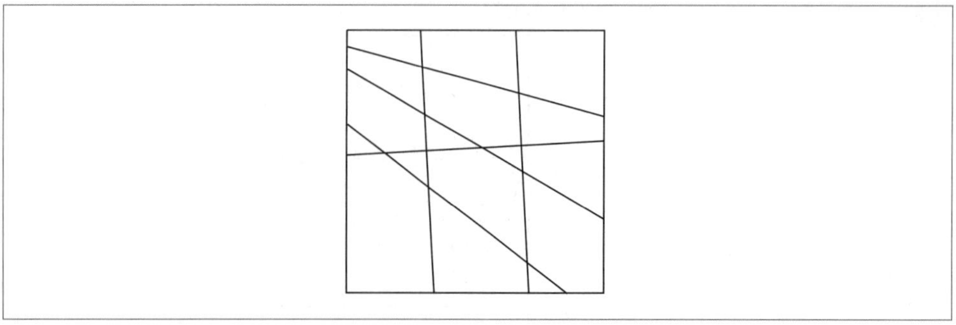

① 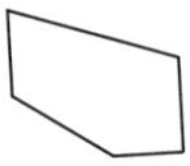

② 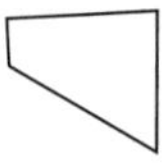

③ 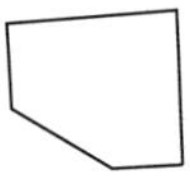

④ 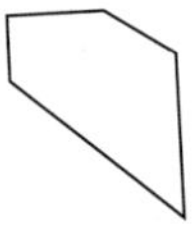

10

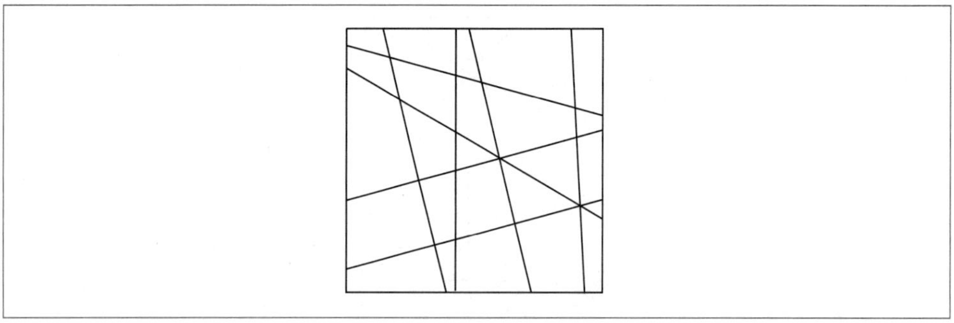

① 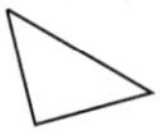

② 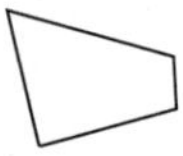

③ 

④ 

04 이해력영역

01 다음 그림을 좌우 반전한 후, 시계 방향으로 270° 회전한 모양은?

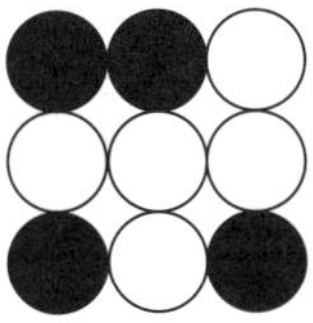

① 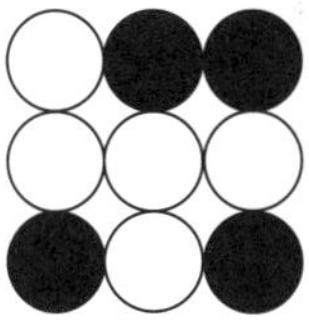

② 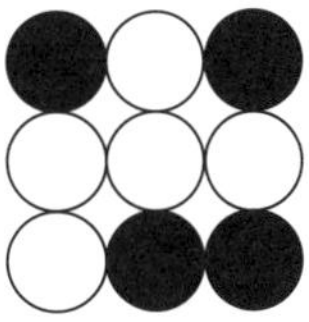

③ 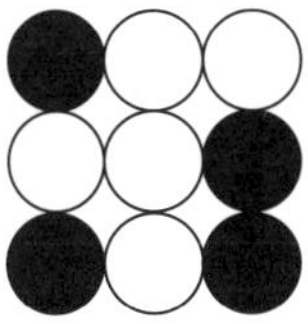

④ 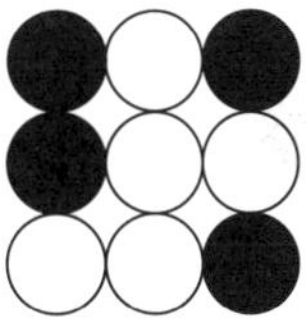

02 다음 그림을 시계 방향으로 45° 회전한 후, 시계 반대 방향으로 90° 회전한 모양은?

①

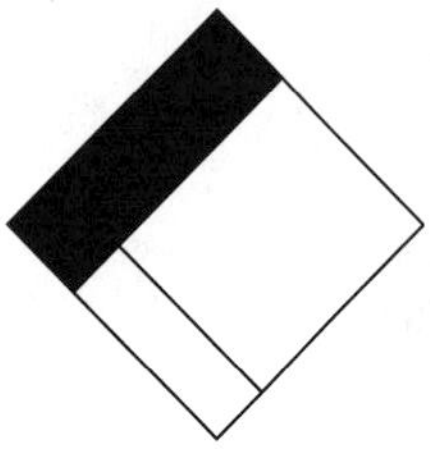

②

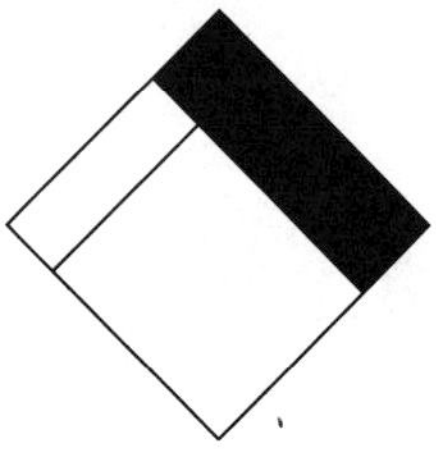

③

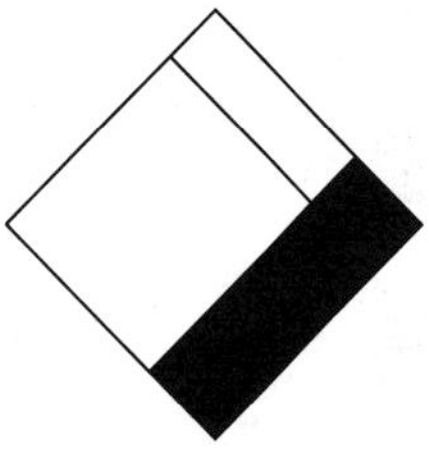

④

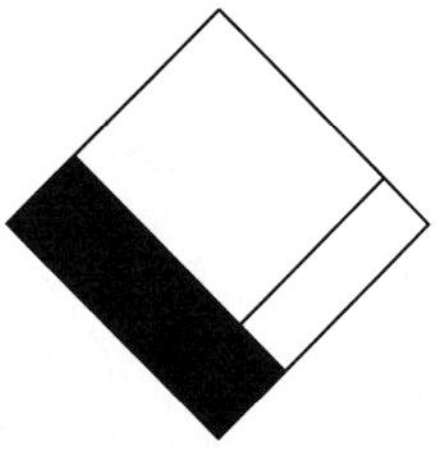

03 다음 그림을 시계 방향으로 90° 회전한 후, 시계 반대 방향으로 45° 회전한 모양은?

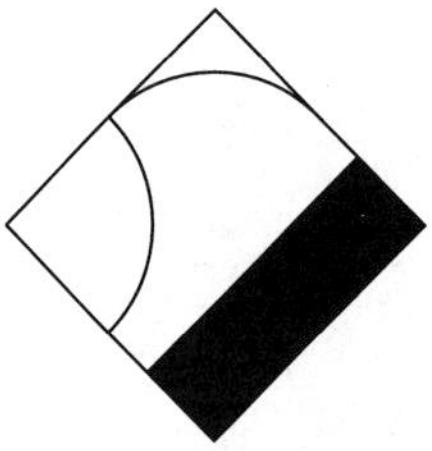

①

②

③

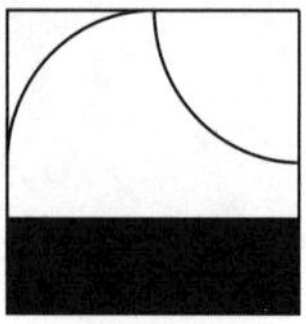

④

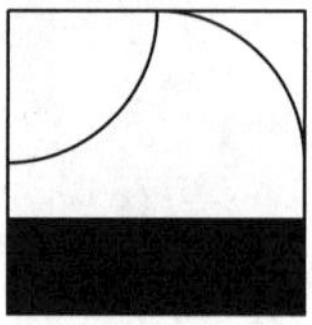

04 다음 그림을 시계 방향으로 270° 회전한 후, 시계 반대 방향으로 90° 회전한 모양은?

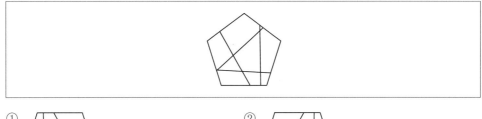

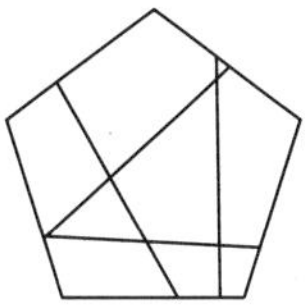

① 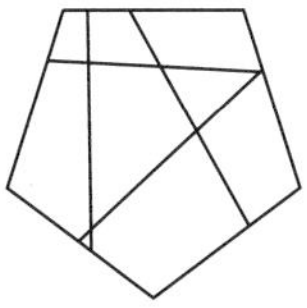

② 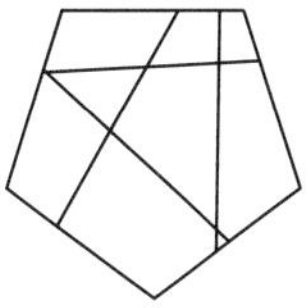

③ 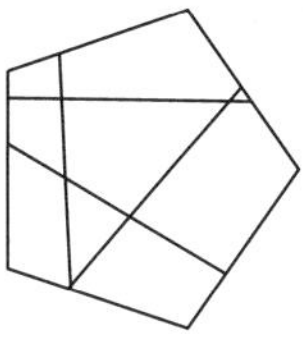

④ 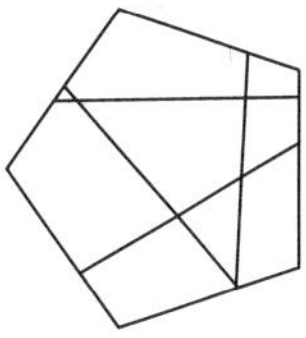

05 다음 그림을 시계 반대 방향으로 45° 회전한 후, 시계 반대 방향으로 270° 회전한 모양은?

① 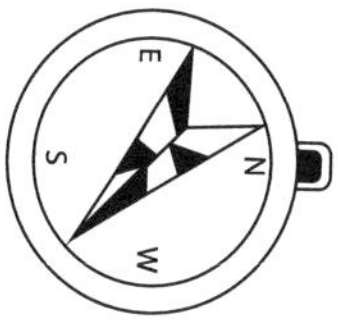

② 

③ 

④ 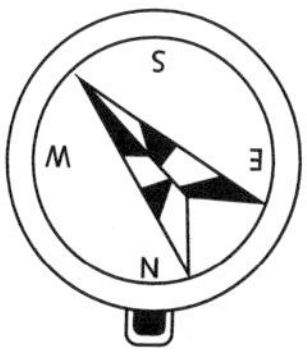

06 다음 그림을 시계 반대 방향으로 90° 회전한 후, 시계 방향으로 45° 회전한 모양은?

①

②

③

④

07 다음 그림을 상하 반전한 후, 180° 회전한 모양은?

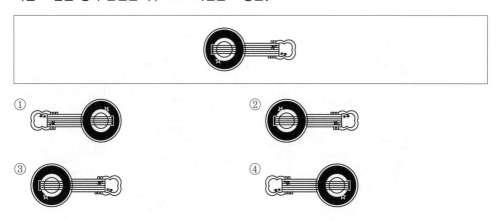

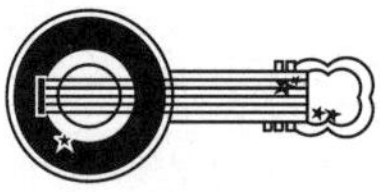

①

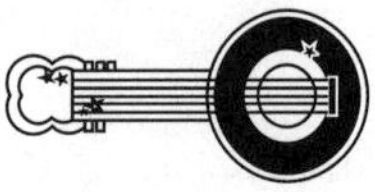

②

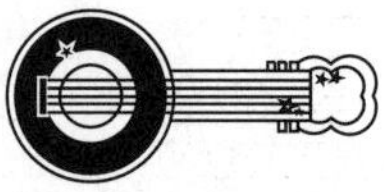

③

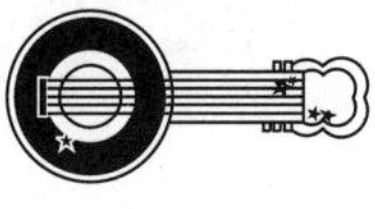

④

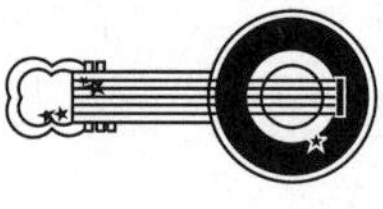

08 다음 그림을 좌우 반전한 후, 시계 반대 방향으로 45° 회전한 모양은?

①

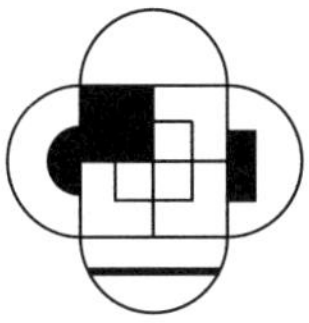

②

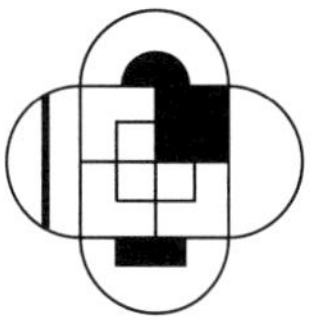

③

④

09 다음 그림을 시계 방향으로 90° 회전한 후, 좌우 반전한 모양은?

①

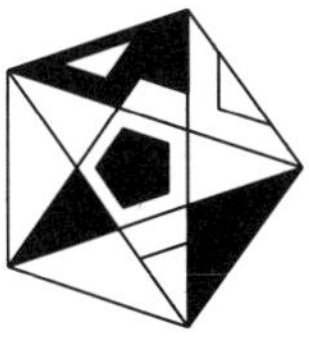

②

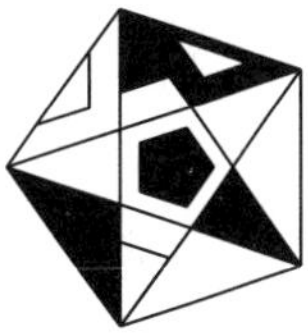

③

④

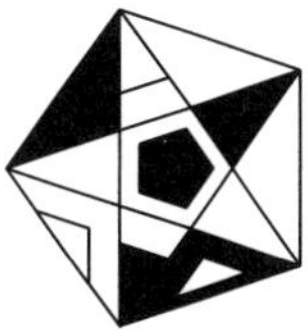

10 다음 그림을 180° 회전한 후, 좌우 반전한 모양은?

① 

② 

③ 

④ 

05 유추추론영역

※ 다음과 같이 일정한 규칙으로 수를 나열할 때, 빈칸에 들어갈 알맞은 수를 고르시오. [1~5]

01

17 −51 153 −459 ( ) −4,131

① 1,377 ② 1,576
③ 1,722 ④ −2,456

02

3 4 5 11 7 18 9 25 11 ( )

① 32 ② 34
③ 35 ④ 38

03

1 2 4 7 8 10 13 14 ( )

① 14.5 ② 15
③ 15.5 ④ 16

04

18 20 40 42 84 86 ( )

① 172 ② 182
③ 192 ④ 202

05

3 14 25 36 ( ) 58 69

① 44 ② 45
③ 46 ④ 47

※ 다음과 같이 일정한 규칙으로 문자를 나열할 때, 빈칸에 들어갈 알맞은 것을 고르시오. [6~10]

06

ㅋ ㅎ ㅅ ㅊ ㅁ ㅇ ( )

① ㅁ
② ㅂ
③ ㄹ
④ ㅊ

07

F H J L N ( ) R

① B
② P
③ J
④ K

08

A A B C E H M ( )

① O
② R
③ U
④ W

09

N ㅅ R ㅈ T ㅊ ( )

① ㅁ
② U
③ K
④ ㅎ

10

A B D H P ( )

① G
② E
③ F
④ Z

06 신체반응영역

※ 다음 〈조건〉을 보고 ?에 들어갈 문자를 고르시오. [1~2]

조건

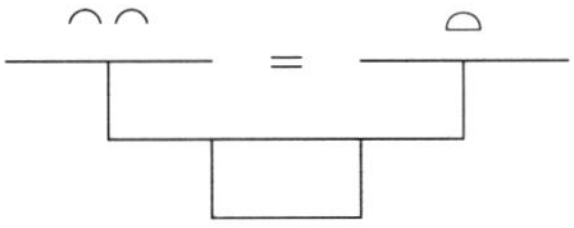

01

① 
② 
③ 
④ 

02

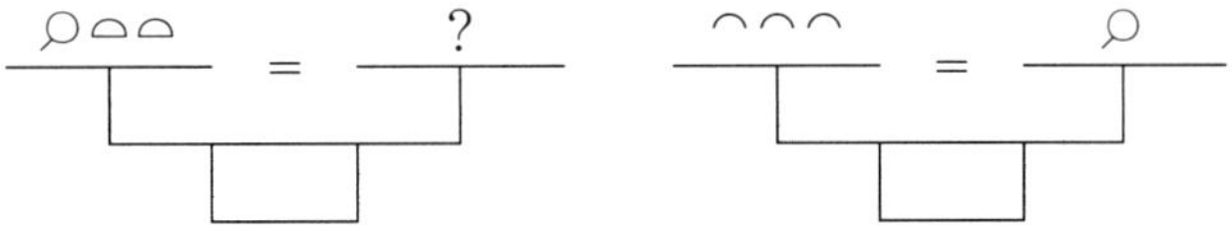

① 
② 
③ 
④

※ 다음 〈조건〉을 보고 ?에 들어갈 문자를 고르시오. **[3~4]**

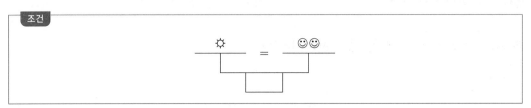

조건

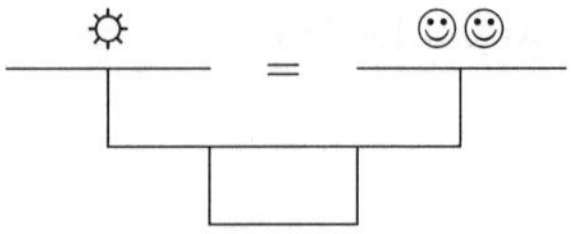

03

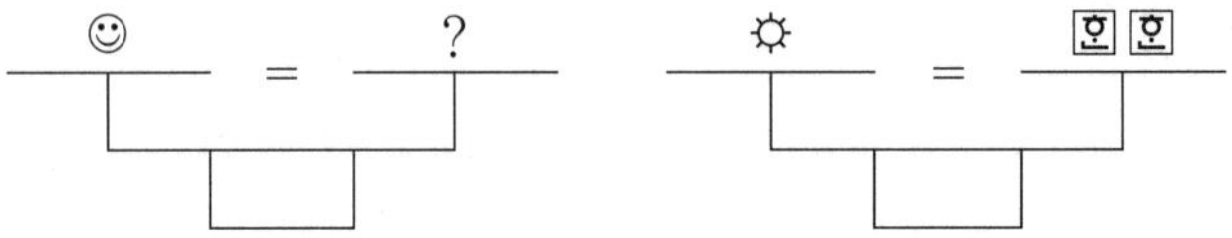

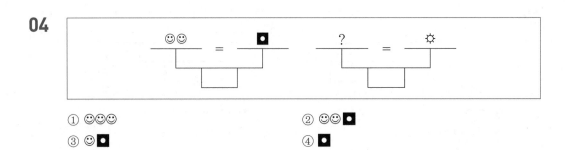

① [호]
② [호][호]
③ [호][호][호]
④ ☼[호]

04

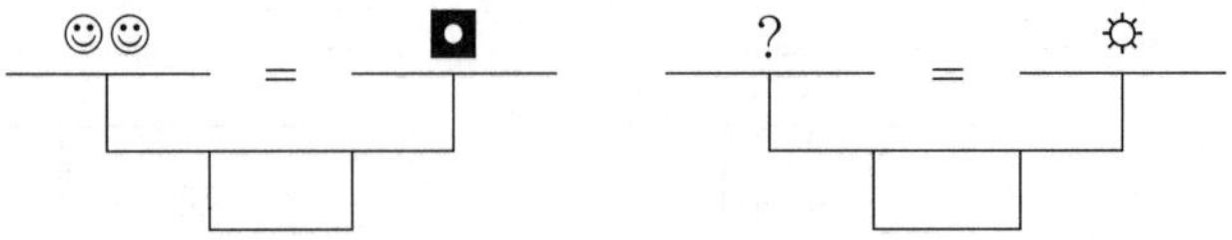

① ☺☺☺
② ☺☺◘
③ ☺◘
④ ◘

※ 다음 〈조건〉을 보고 ?에 들어갈 문자를 고르시오. [5~6]

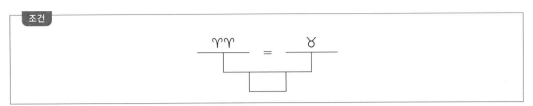

조건

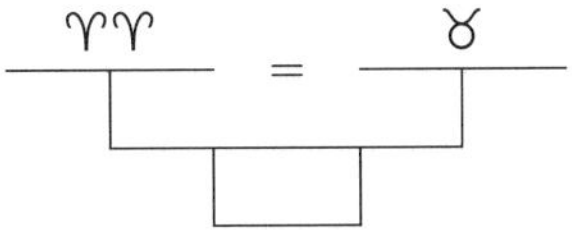

05

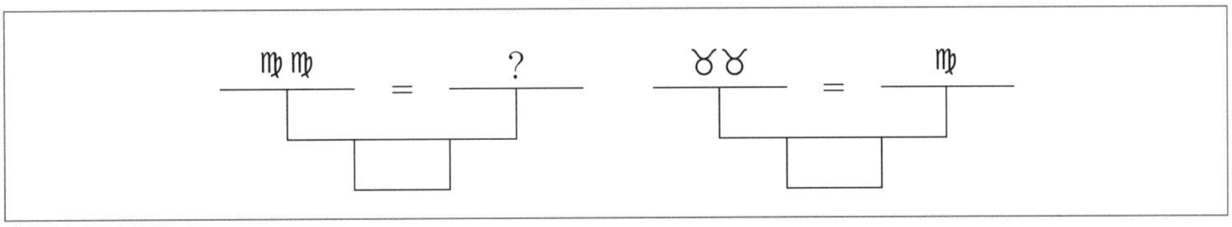

① ♈♈♈
② ♍♍♈♈
③ ♈♈♉♈♈♉
④ ♉♉♉♈♈♈

06

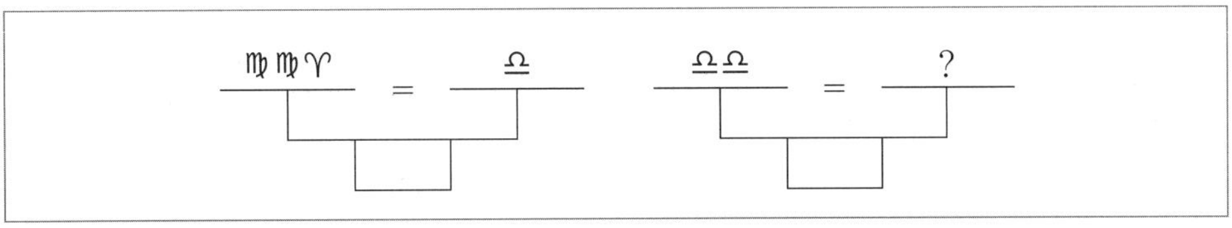

① ♍♍♍♍♈♈
② ♍♍♈♈♈♈
③ ♍♈♈♈♈♈♈
④ ♈♈♈♈♈♈♈♈

※ 다음 〈조건〉을 보고 ?에 들어갈 문자를 고르시오. **[7~8]**

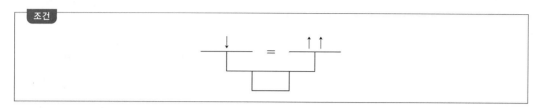

조건

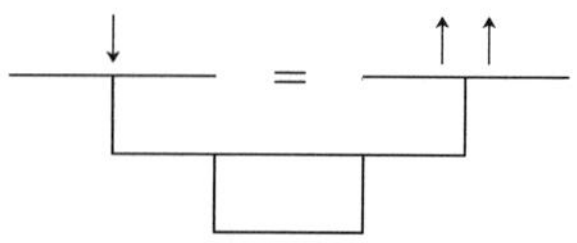

07

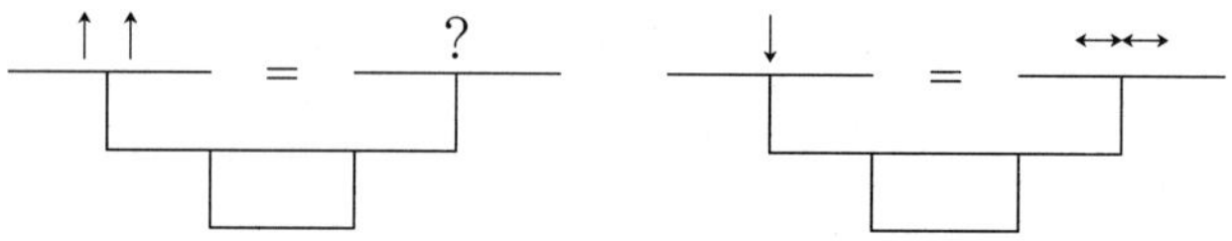

① ↓↔↔
② ↓↓
③ ↔↔↑↑
④ ↔↔

08

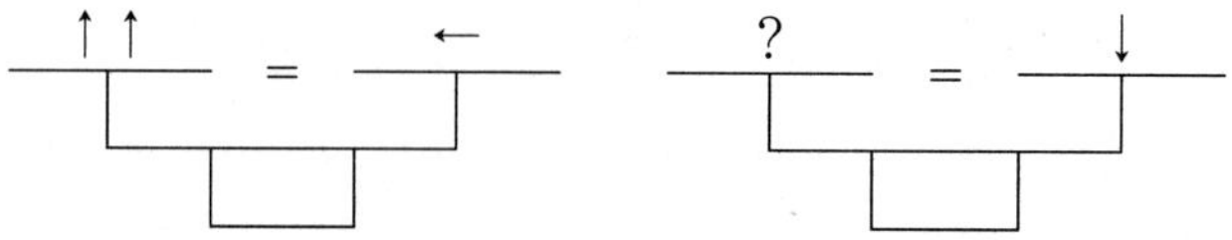

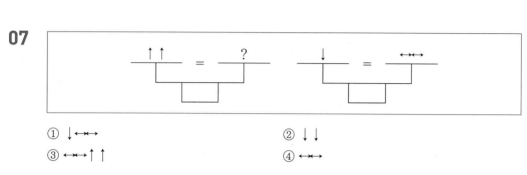

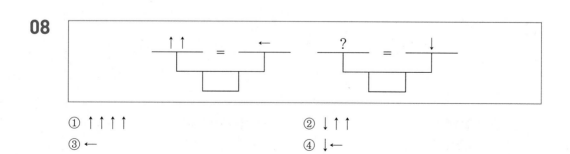

① ↑↑↑↑
② ↓↑↑
③ ←
④ ↓←

※ 다음 〈조건〉을 보고 ?에 들어갈 문자를 고르시오. [9~10]

조건

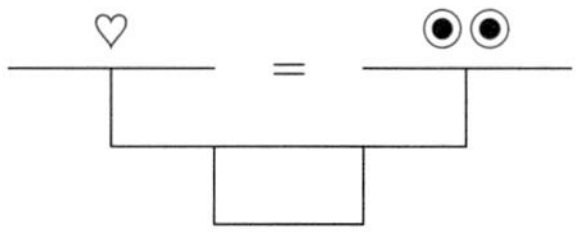

09

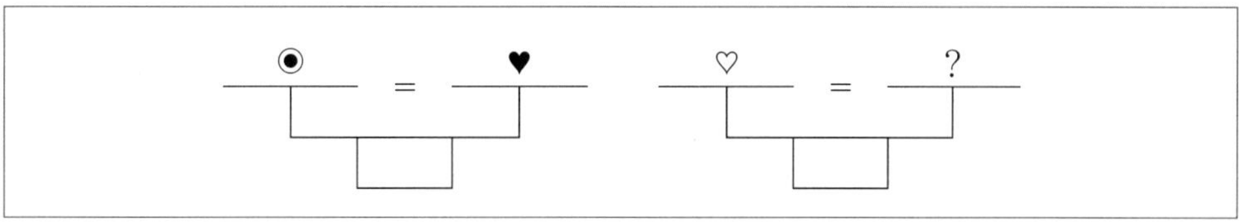

① ◉♥♥
② ♥♥♥♥
③ ♥♥
④ ♥

10

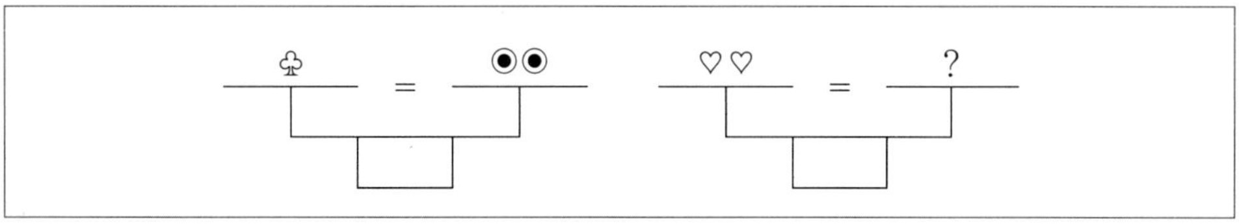

① ◉◉♧♧
② ♧♧
③ ♧♧◉♡
④ ♧♧♧♧

07 순서추론영역

※ 제시된 문자와 동일한 문자를 〈보기〉에서 찾아 몇 번째에 위치하는지 고르시오(단, 가장 왼쪽 문자를 시작 지점으로 한다). [1~10]

보기

♡ ¥ ₡ ︾ ﹁ ሡ ☺ 💣 ★ ※

01

ሡ

① 2번째 ② 4번째
③ 6번째 ④ 7번째

02

︾

① 1번째 ② 3번째
③ 4번째 ④ 5번째

03

♡

① 1번째 ② 5번째
③ 6번째 ④ 8번째

04

¥

① 1번째 ② 2번째
③ 3번째 ④ 6번째

05

💣

① 4번째 ② 6번째
③ 8번째 ④ 9번째

06

😐

① 3번째　② 5번째
③ 7번째　④ 10번째

07

※

① 3번째　② 6번째
③ 9번째　④ 10번째

08

₵

① 2번째　② 3번째
③ 5번째　④ 6번째

09

╗

① 2번째　② 4번째
③ 5번째　④ 8번째

10

★

① 7번째　② 8번째
③ 9번째　④ 10번째

PART 2

※ 제시된 문자와 동일한 문자를 〈보기〉에서 찾아 몇 번째에 위치하는지 고르시오(단, 가장 왼쪽 문자를 시작 지점으로 한다). [11~20]

보기

☯ ♈ 📪 🕮 🗐 ☼ ♋ ♍ ▩ ✉

11

☼

① 5번째　② 6번째
③ 7번째　④ 8번째

12

♈

① 2번째　② 3번째
③ 7번째　④ 8번째

13

🕮

① 3번째　② 4번째
③ 5번째　④ 6번째

14

☯

① 1번째　② 4번째
③ 5번째　④ 9번째

15

♋

① 4번째　② 5번째
③ 6번째　④ 7번째

16

🗐

① 1번째 ② 4번째
③ 5번째 ④ 10번째

17

🖂

① 5번째 ② 6번째
③ 9번째 ④ 10번째

18

① 4번째 ② 7번째
③ 9번째 ④ 10번째

19

📪

① 2번째 ② 3번째
③ 6번째 ④ 8번째

20

♍

① 4번째 ② 5번째
③ 7번째 ④ 8번째

※ 제시된 문자와 동일한 문자를 〈보기〉에서 찾아 몇 번째에 위치하는지 고르시오(단, 가장 왼쪽 문자를 시작 지점으로 한다). [21~30]

보기
℉ ¿ ♧ ♨ ▨ ◑ ㅠ ㏇ ✆ ❀

21

◑

① 2번째 ② 3번째
③ 4번째 ④ 6번째

22

㏇

① 5번째 ② 6번째
③ 7번째 ④ 8번째

23

ㅠ

① 4번째 ② 6번째
③ 7번째 ④ 8번째

24

♧

① 1번째 ② 2번째
③ 3번째 ④ 7번째

25

¿

① 2번째 ② 4번째
③ 8번째 ④ 10번째

26

♨

① 1번째 ② 4번째
③ 7번째 ④ 10번째

27

❀

① 3번째 ② 4번째
③ 7번째 ④ 10번째

28

◑

① 2번째 ② 4번째
③ 6번째 ④ 8번째

29

℉

① 1번째 ② 2번째
③ 3번째 ④ 4번째

30

✆

① 7번째 ② 8번째
③ 9번째 ④ 10번째

PART 2

※ **제시된 문자와 동일한 문자를 〈보기〉에서 찾아 몇 번째에 위치하는지 고르시오(단, 가장 왼쪽 문자를 시작 지점으로 한다). [31~40]**

보기

= ℃ ≠ ∧ … ≤ ☆ ∂ ⍟ ⎗

31

≠

① 1번째 ② 3번째
③ 4번째 ④ 6번째

32

∧

① 2번째 ② 4번째
③ 6번째 ④ 7번째

33

≤

① 2번째 ② 3번째
③ 6번째 ④ 7번째

34

=

① 1번째 ② 4번째
③ 5번째 ④ 8번째

35

⎗

① 7번째 ② 8번째
③ 9번째 ④ 10번째

36

…

① 4번째
② 5번째
③ 9번째
④ 10번째

37

☆

① 3번째
② 5번째
③ 7번째
④ 9번째

38

⍟

① 2번째
② 4번째
③ 9번째
④ 9번째

39

∂

① 7번째
② 8번째
③ 9번째
④ 10번째

40

℃

① 1번째
② 2번째
③ 7번째
④ 8번째

※ 제시된 문자와 동일한 문자를 〈보기〉에서 찾아 몇 번째에 위치하는지 고르시오(단, 가장 왼쪽 문자를 시작 지점으로 한다). [41~50]

보기

ᅁ ㅞ } ⌒ ♂ ▽ ♠ ™ ❞ ❄

41

ㅞ

① 1번째　② 2번째
③ 3번째　④ 5번째

42

♂

① 5번째　② 6번째
③ 7번째　④ 8번째

43

⌒

① 4번째　② 5번째
③ 7번째　④ 8번째

44

™

① 1번째　② 2번째
③ 3번째　④ 8번째

45

♠

① 1번째　② 5번째
③ 7번째　④ 9번째

46

❄

① 5번째　② 6번째
③ 9번째　④ 10번째

47

ㆁㅅ

① 1번째　② 2번째
③ 3번째　④ 4번째

48

}

① 2번째　② 3번째
③ 4번째　④ 5번째

49

❞

① 1번째　② 3번째
③ 4번째　④ 9번째

50

▽

① 4번째　② 5번째
③ 6번째　④ 7번째

PART 2

※ **제시된 문자와 동일한 문자를 〈보기〉에서 찾아 몇 번째에 위치하는지 고르시오(단, 가장 왼쪽 문자를 시작 지점으로 한다). [51~60]**

보기
Щ が Ǣ ⓨ ⅝ ㈜ ㏅ Ⅱ ⊔ ☝

51

㈜

① 1번째　② 5번째
③ 6번째　④ 8번째

52

Щ

① 1번째　② 5번째
③ 6번째　④ 7번째

53

㏅

① 1번째　② 4번째
③ 7번째　④ 8번째

54

が

① 2번째　② 4번째
③ 5번째　④ 6번째

55

Ⅱ

① 6번째　② 7번째
③ 8번째　④ 9번째

56

👍

① 7번째

② 8번째

③ 9번째

④ 10번째

57

Æ

① 1번째

② 2번째

③ 3번째

④ 4번째

58

⊔

① 1번째

② 4번째

③ 7번째

④ 9번째

59

ⓨ

① 1번째

② 2번째

③ 3번째

④ 4번째

60

⅝

① 2번째

② 5번째

③ 9번째

④ 10번째

※ 제시된 문자와 동일한 문자를 〈보기〉에서 찾아 몇 번째에 위치하는지 고르시오(단, 가장 왼쪽 문자를 시작 지점으로 한다). **[61~70]**

보기

共 ⊡ ꓘ & $ ® ½ Ẅ ☠ %

61

$

① 2번째　　② 5번째
③ 6번째　　④ 7번째

62

®

① 2번째　　② 3번째
③ 5번째　　④ 6번째

63

ꓘ

① 1번째　　② 2번째
③ 3번째　　④ 4번째

64

&

① 1번째　　② 2번째
③ 4번째　　④ 5번째

65

%

① 4번째　　② 6번째
③ 8번째　　④ 10번째

66

⍂

① 1번째 ② 2번째
③ 3번째 ④ 4번째

67

Ẅ

① 3번째 ② 5번째
③ 8번째 ④ 10번째

68

½

① 1번째 ② 3번째
③ 5번째 ④ 7번째

69

共

① 1번째 ② 4번째
③ 6번째 ④ 10번째

70

☠

① 4번째 ② 5번째
③ 8번째 ④ 9번째

※ **제시된 문자와 동일한 문자를 〈보기〉에서 찾아 몇 번째에 위치하는지 고르시오(단, 가장 왼쪽 문자를 시작 지점으로 한다). [71~80]**

보기
⇹ ✥ 🡅 ⦶ ✡ ₩ ‽ ぽ N ⇣

71

✥

① 1번째 ② 2번째
③ 3번째 ④ 4번째

72

⇹

① 1번째 ② 2번째
③ 3번째 ④ 4번째

73

🡅

① 3번째 ② 4번째
③ 5번째 ④ 8번째

74

‽

① 2번째 ② 3번째
③ 7번째 ④ 8번째

75

⇣

① 4번째 ② 6번째
③ 8번째 ④ 10번째

76

⊕

① 1번째 ② 2번째
③ 4번째 ④ 9번째

77

ぽ

① 6번째 ② 7번째
③ 8번째 ④ 9번째

78

N

① 2번째 ② 4번째
③ 7번째 ④ 9번째

79

✡

① 1번째 ② 5번째
③ 6번째 ④ 8번째

80

₩

① 3번째 ② 6번째
③ 9번째 ④ 10번째

※ 제시된 문자와 동일한 문자를 〈보기〉에서 찾아 몇 번째에 위치하는지 고르시오(단, 가장 왼쪽 문자를 시작 지점으로 한다). [81~90]

보기

⌧ ⌡ ⌚ ⌘ 23 ⋯ ⋇ ∰ ➰ ‼

81

⋇

① 3번째　　② 4번째
③ 5번째　　④ 7번째

82

⋯

① 2번째　　② 6번째
③ 7번째　　④ 8번째

83

⌚

① 2번째　　② 3번째
③ 4번째　　④ 7번째

84

23

① 3번째　　② 5번째
③ 7번째　　④ 8번째

85

∰

① 4번째　　② 6번째
③ 8번째　　④ 10번째

86

‼

① 1번째　② 3번째
③ 7번째　④ 10번째

87

⌫

① 1번째　② 2번째
③ 3번째　④ 4번째

88

⌡

① 2번째　② 5번째
③ 6번째　④ 7번째

89

👓

① 3번째　② 5번째
③ 7번째　④ 9번째

90

⌘

① 2번째　② 4번째
③ 8번째　④ 9번째

※ 제시된 문자와 동일한 문자를 〈보기〉에서 찾아 몇 번째에 위치하는지 고르시오(단, 가장 왼쪽 문자를 시작 지점으로 한다). [91~100]

보기

∞ ≤ ♀ ⊇ § ℃ ∬ ¥ ℧ ∂

91

⊇

① 2번째 ② 3번째
③ 4번째 ④ 5번째

92

≤

① 2번째 ② 3번째
③ 4번째 ④ 8번째

93

∂

① 5번째 ② 6번째
③ 7번째 ④ 10번째

94

¥

① 1번째 ② 6번째
③ 7번째 ④ 8번째

95

§

① 2번째 ② 5번째
③ 6번째 ④ 9번째

96

℧

① 3번째
② 4번째
③ 9번째
④ 10번째

97

♀

① 2번째
② 3번째
③ 4번째
④ 7번째

98

∞

① 1번째
② 2번째
③ 3번째
④ 6번째

99

℃

① 6번째
② 7번째
③ 8번째
④ 10번째

100

∬

① 7번째
② 8번째
③ 9번째
④ 10번째

제2회 최종점검 모의고사

☑ 응시시간 : 15분 ☑ 문항 수 : 160문항

정답 및 해설 p.036

01 기본계산영역

※ 다음 식의 계산 값을 구하시오. [1~10]

01

35,400−12,400

① 20,000
② 22,000
③ 23,000
④ 23,400

02

206+644+677

① 1,447
② 1,467
③ 1,517
④ 1,527

03

14+4×3

① 24
② 25
③ 26
④ 27

04

4,650+8,450

① 12,000
② 12,100
③ 13,100
④ 14,000

05

$$5,200 \div 200 + 4$$

① 24　② 26
③ 28　④ 30

06

$$49 \times 8 + 168$$

① 468　② 560
③ 568　④ 580

07

$$(3,000 - 1,008) \div 664$$

① 1　② 2
③ 3　④ 4

08

$$206 + 310 + 214$$

① 720　② 730
③ 740　④ 750

09

$$1,430 \times 6$$

① 8,580　② 8,680
③ 8,780　④ 8,880

10

$$4 \times 5 \div 4$$

① 3　② 4
③ 5　④ 6

02 주의집중영역

※ 다음 중 제시된 도형과 같은 것을 고르시오(단, 도형은 회전이 가능하다). [1~5]

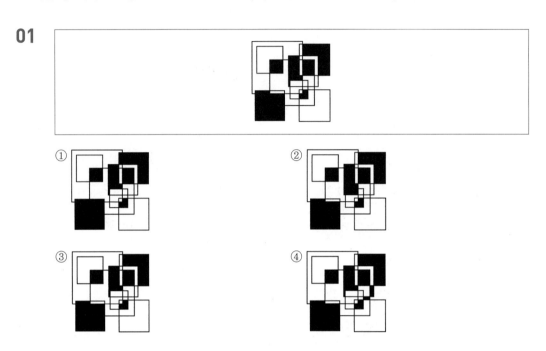

01

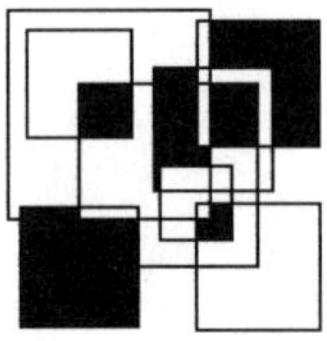

①

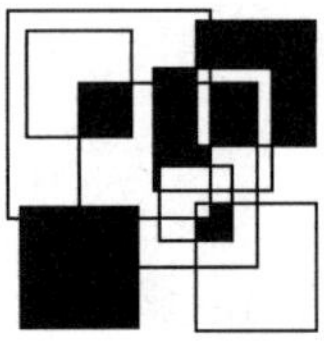

②

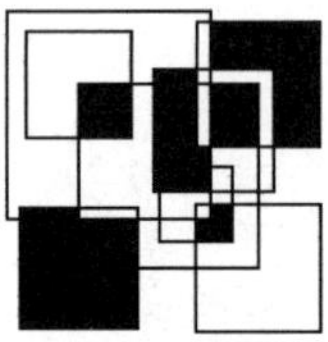

③

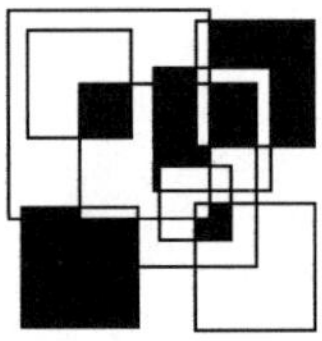

④

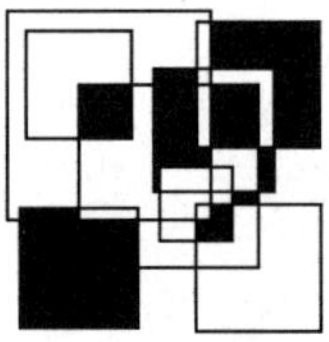

02

①

②

③

④

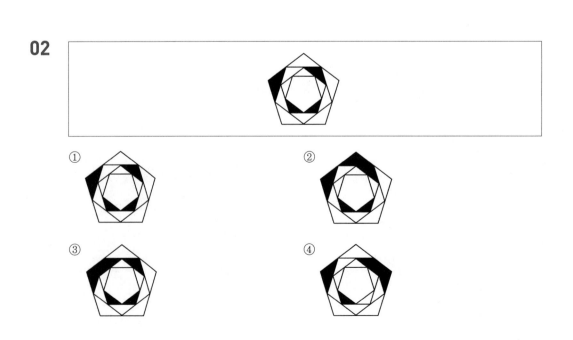

03

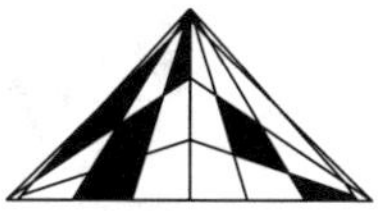

①

②
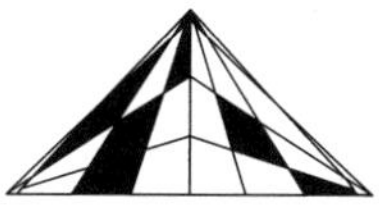

③
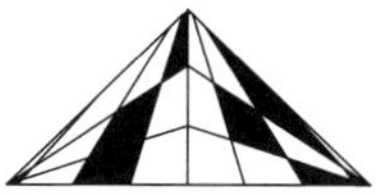

④
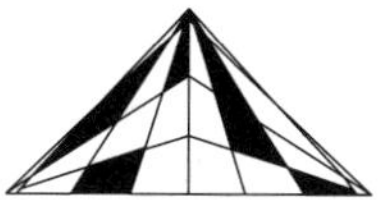

04

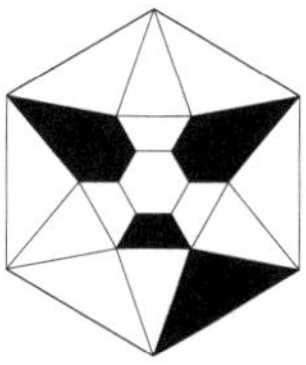

①
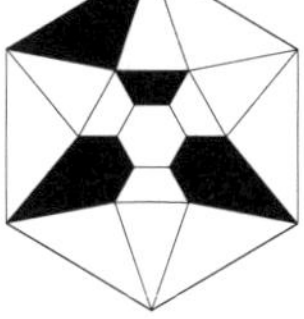

②
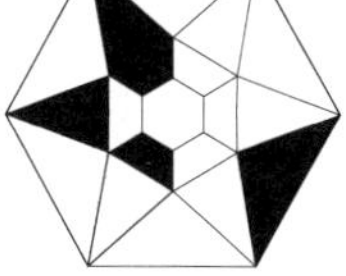

③
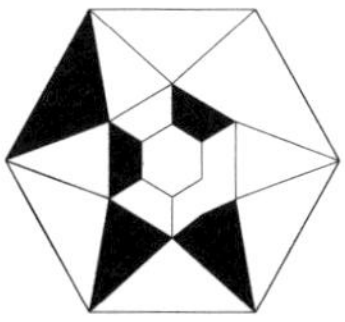

④
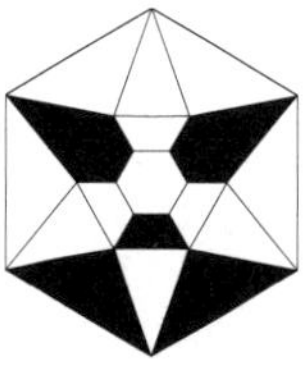

05

① 

② 

③ 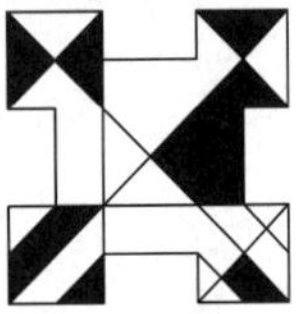

④ 

※ 다음 중 나머지 도형과 다른 것을 고르시오(단, 도형은 회전이 가능하다). **[6~10]**

06

① 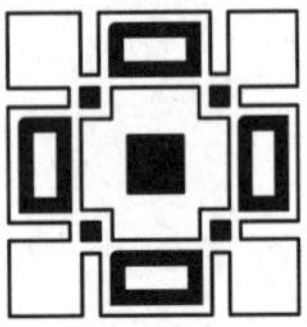

② 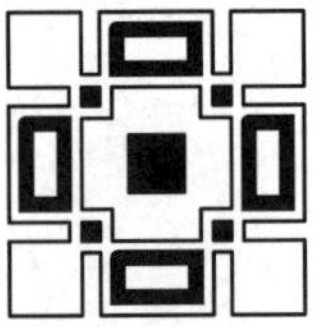

③ 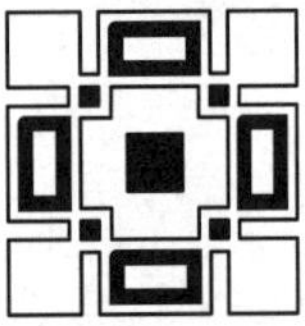

④ 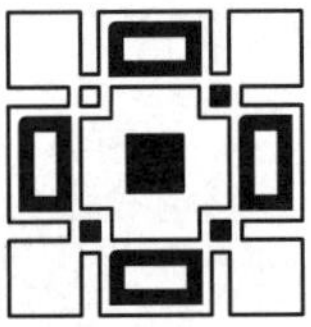

07

① 

② 

③ 

④ 

08

① 

② 

③ 

④ 

09

① 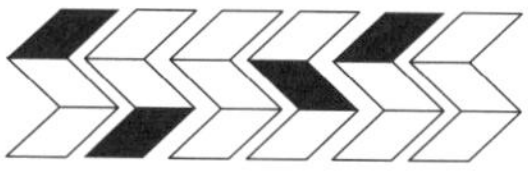

② 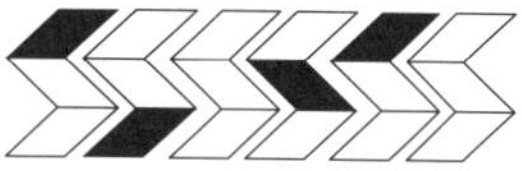

③ 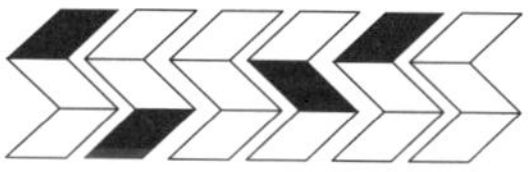

④ 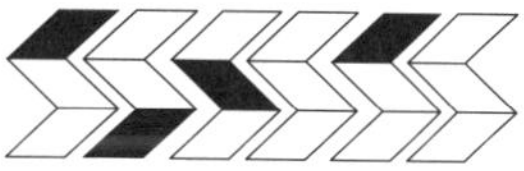

10

① 

② 

③ 

④ 

03 시각지각영역

※ 다음 중 제시된 그림에 포함된 조각을 고르시오. [1~5]

01

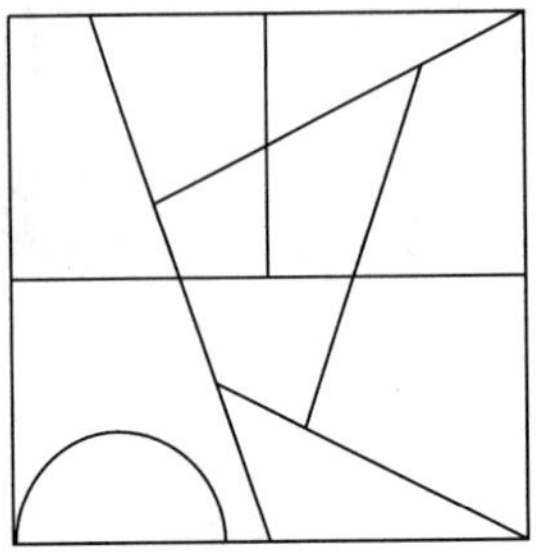

① 

② 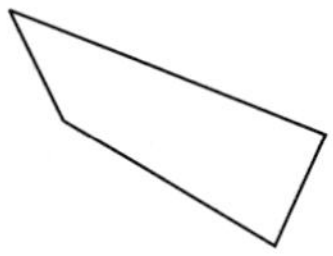

③ 

④ 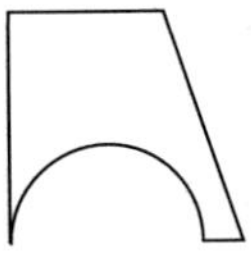

02

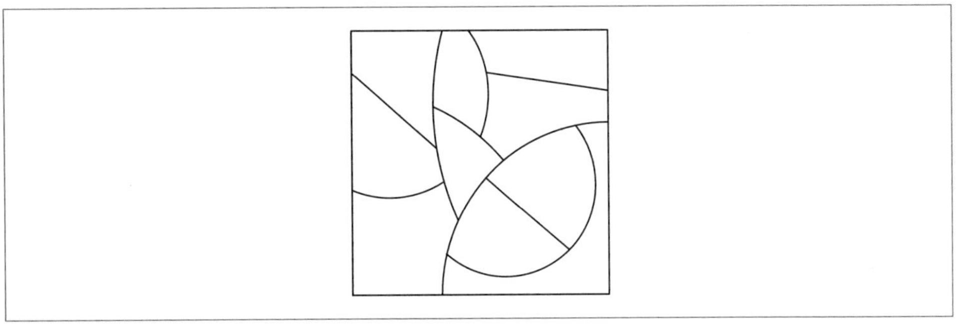

① 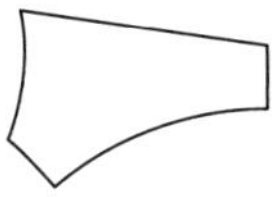

② 

③ 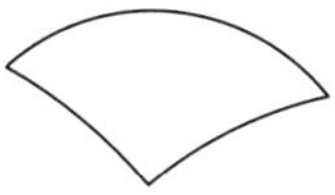

④ 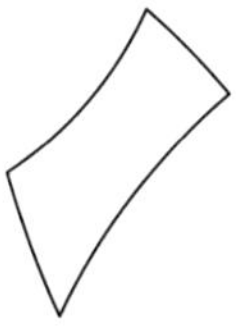

03

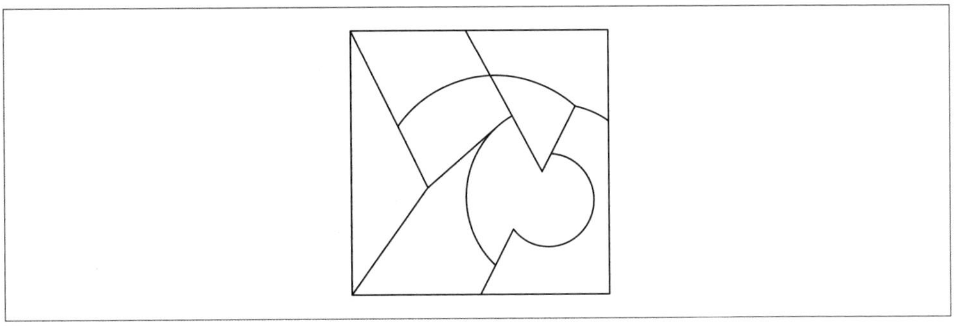

① 

② 

③ 

④ 

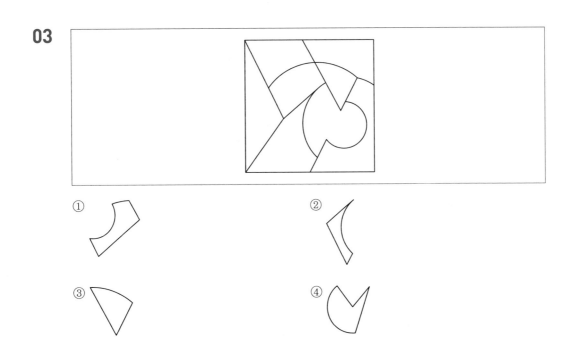

04

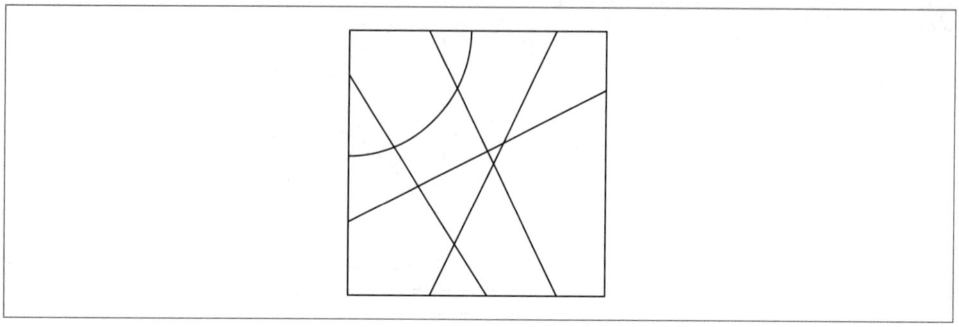

①
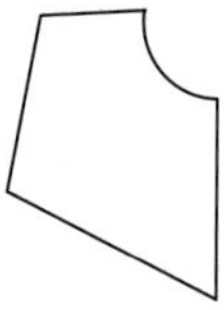

②
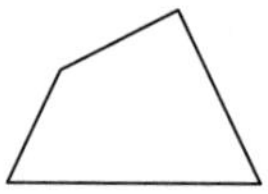

③
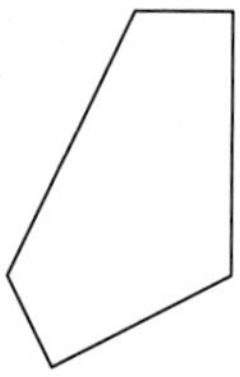

④
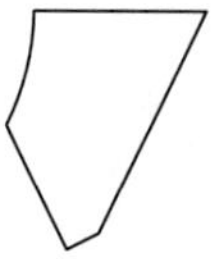

05

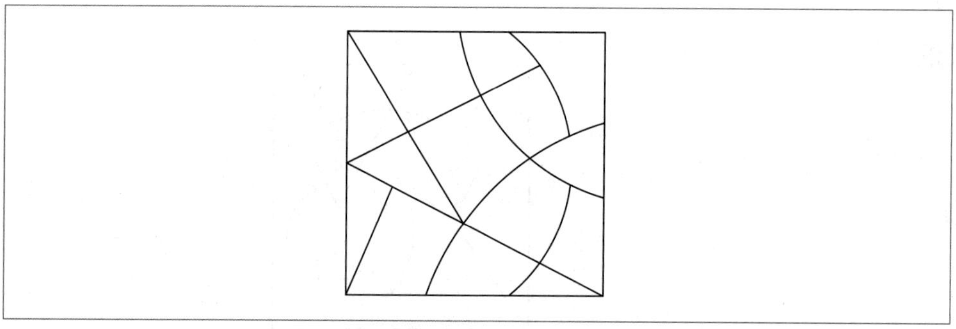

①

②
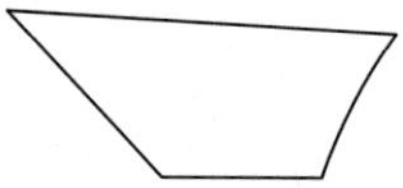

③
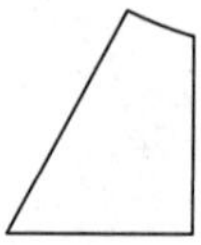

④
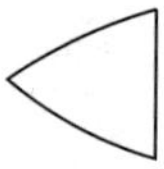

※ 다음 중 제시된 그림에 포함되지 않은 조각을 고르시오. [6~10]

06

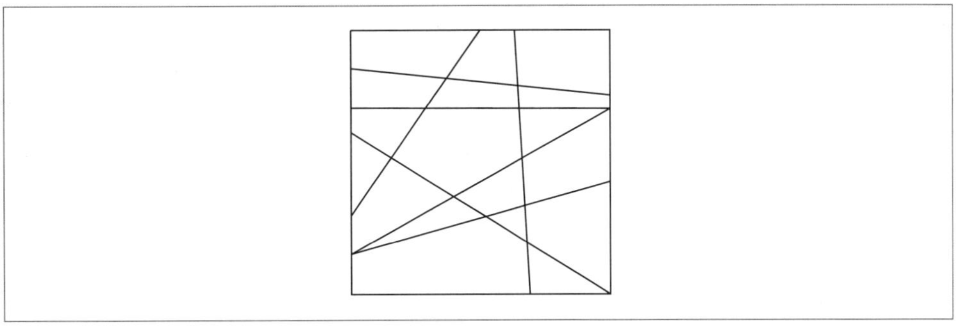

① 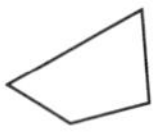

② 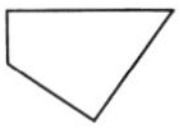

③ 

④ 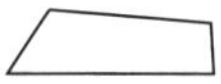

07

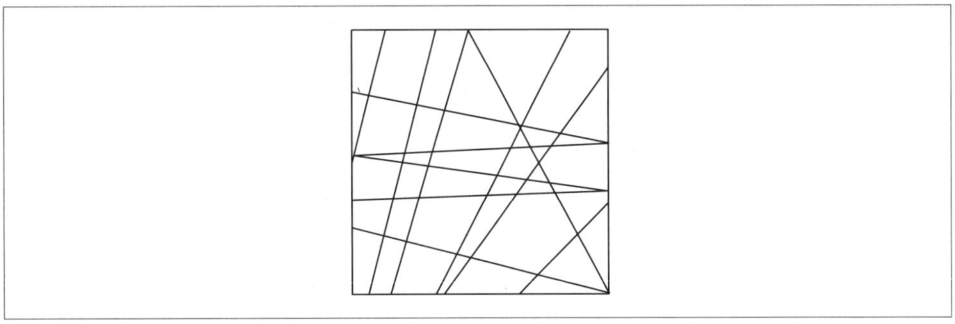

① 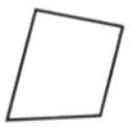

② 

③ 

④ 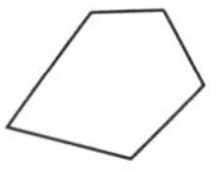

08

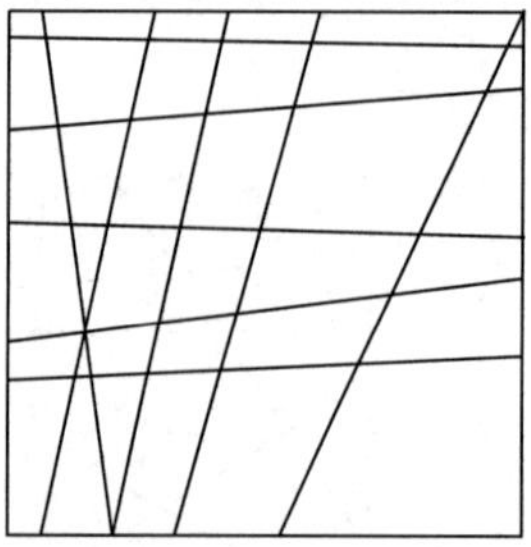

① 

② 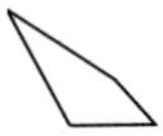

③ 

④ 

09

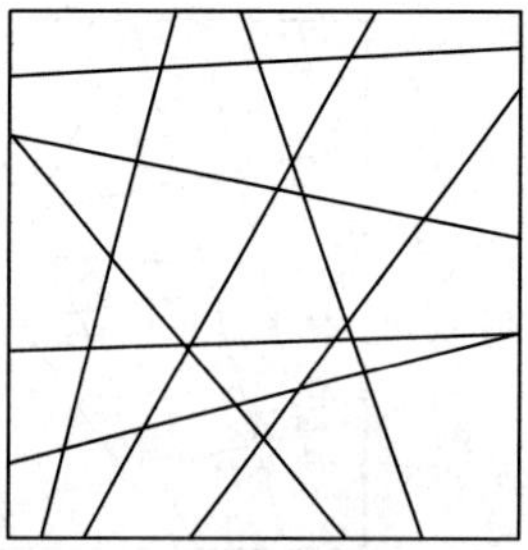

① 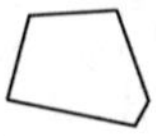

② 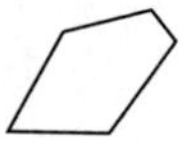

③ 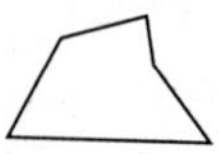

④ 

10

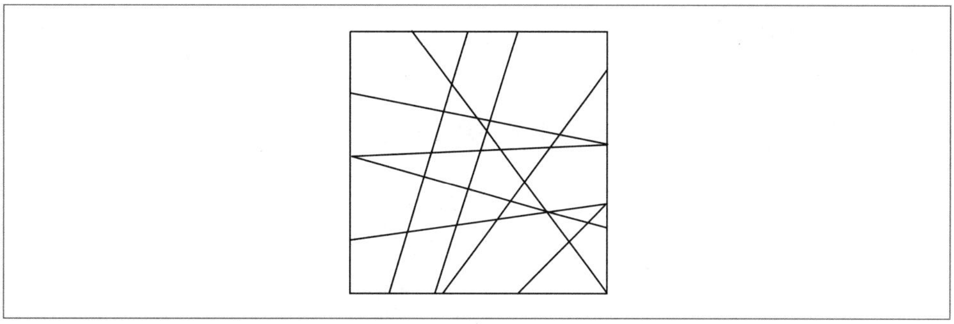

① 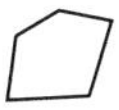

② 

③ 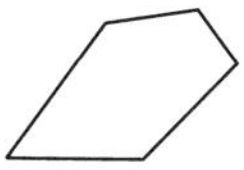

④ 

PART 2

04 이해력영역

01 다음 그림을 좌우 반전한 후, 상하 반전한 모양은?

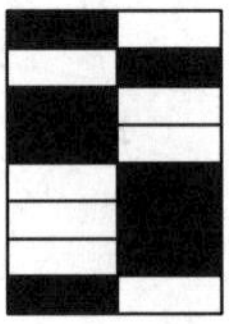

①

②

③
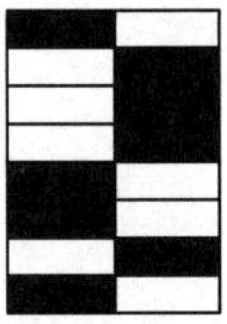

④
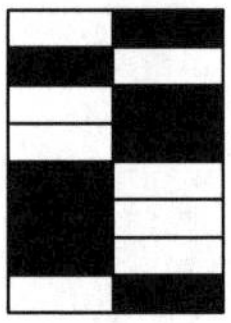

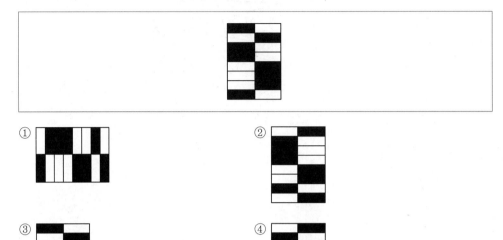

02 다음 그림을 시계 방향으로 90° 회전한 후, 좌우 반전한 모양은?

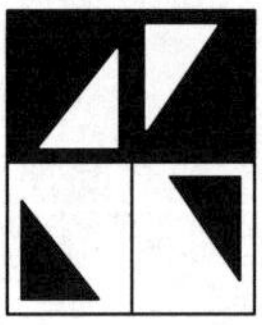

①
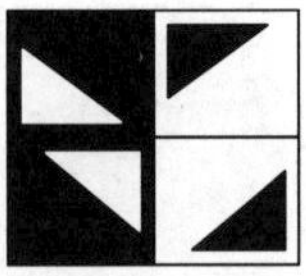

②
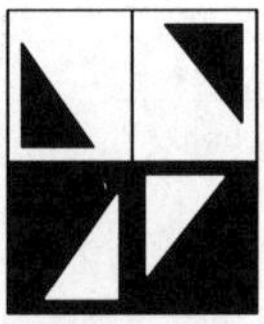

③
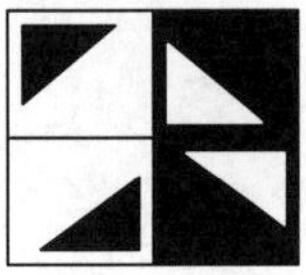

④
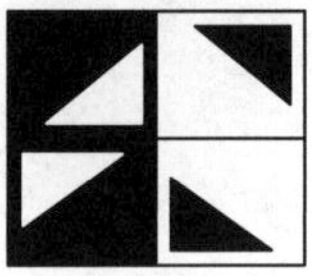

03 다음 그림을 시계 방향으로 270° 회전한 후, 180° 회전한 모양은?

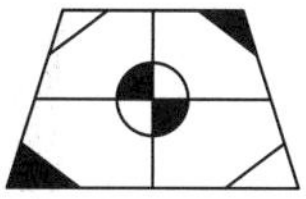

① 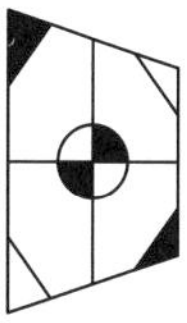

② 

③ 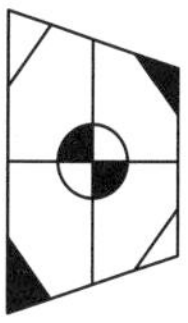

④ 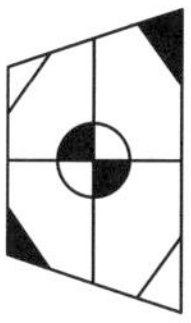

04 다음 그림을 180° 회전한 모양은?

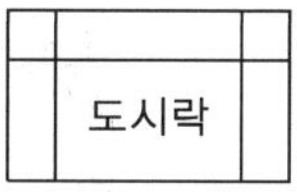

① 

② 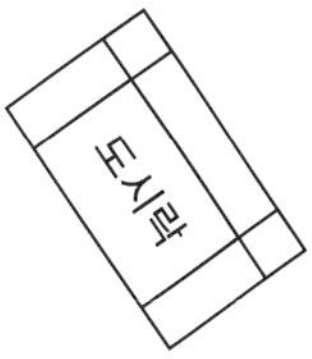

③ 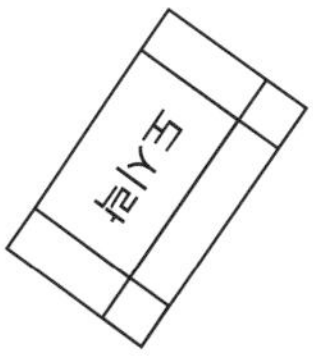

④ 

05 다음 그림을 좌우 반전한 후, 시계 반대 방향으로 45° 회전한 모양은?

① 

② 

③ 

④ 

06 다음 그림을 시계 방향으로 90° 회전한 후, 상하 반전한 모양은?

① 

② 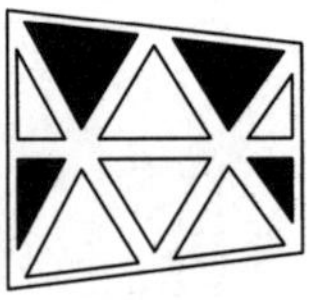

③ 

④ 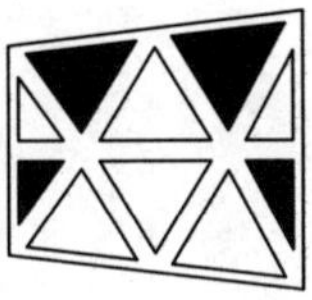

07 다음 그림을 180° 회전한 후, 좌우 반전한 모양은?

① 

② 

③ 

④ 

08 다음 그림을 시계 반대 방향으로 90° 회전한 후, 좌우 반전한 모양은?

① 

② 

③ 

④ 

09 다음 그림을 시계 반대 방향으로 270° 회전한 후, 시계 방향으로 45° 회전한 모양은?

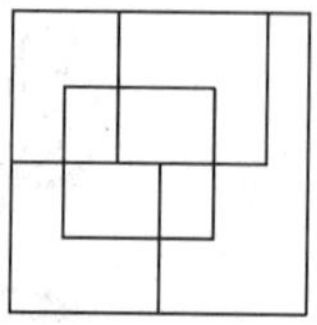

① 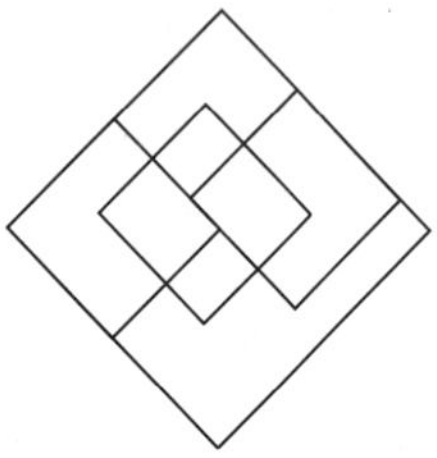

② 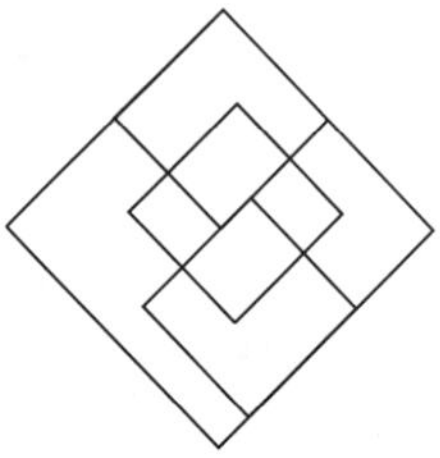

③ 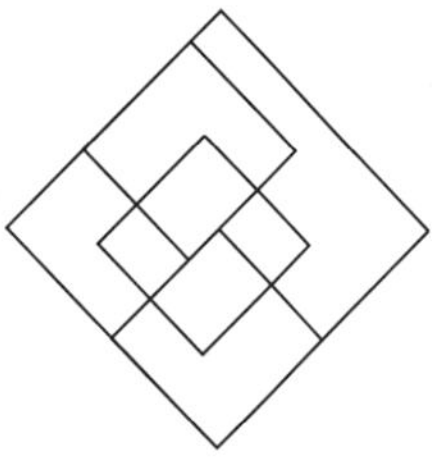

④ 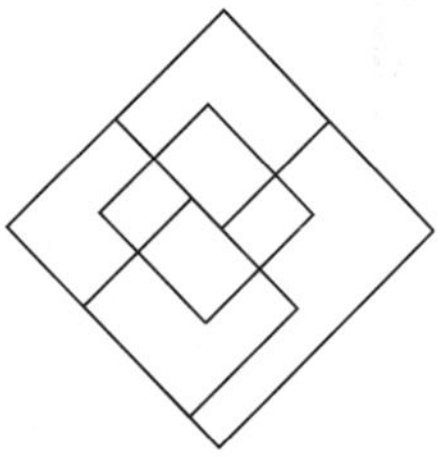

10 다음 그림을 상하 반전한 후, 시계 방향으로 90° 회전한 모양은?

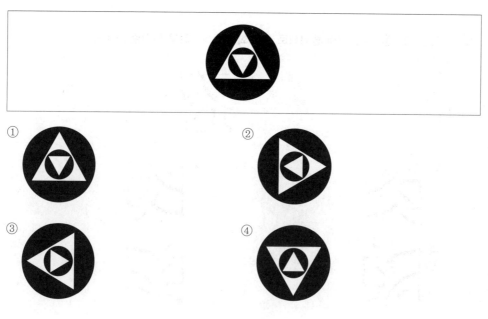

① 

② 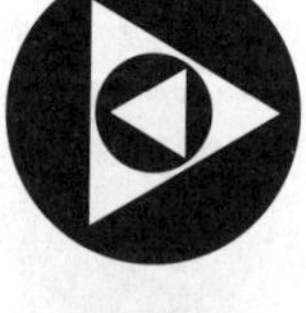

③ 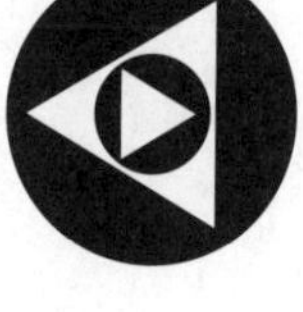

④ 

05 유추추론영역

※ 다음과 같이 일정한 규칙으로 수를 나열할 때, 빈칸에 들어갈 알맞은 수를 고르시오. [1~5]

01

17 23 37 10 57 −3 77 ( ) 97 −29 117

① −8 ② −10
③ −14 ④ −16

02

5 3 4 −2 ( ) −28

① 12 ② −14
③ 17 ④ −20

03

3 12 6 24 12 48 ( ) 96

① 16 ② 20
③ 24 ④ 28

04

2 4 6 10 16 26 ( )

① 34 ② 38
③ 42 ④ 46

05

174 ( ) 203 216 228 239 249

① 177 ② 183
③ 189 ④ 200

※ 다음과 같이 일정한 규칙에 따라 문자를 나열할 때, 빈칸에 들어갈 알맞은 것을 고르시오. [6~10]

06

ㄹ ㄷ ㅁ ㄹ ㅂ ( )

① ㄴ
② ㄷ
③ ㄹ
④ ㅁ

07

B X D L H F P ( )

① C
② W
③ X
④ Z

08

B ㄷ E ㅅ ( )

① I
② K
③ L
④ M

09

ㄴ ㅁ ㅈ ㅎ ㅂ ( )

① ㄱ
② ㅂ
③ ㅈ
④ ㅍ

10

( ) X U R O L

① A
② C
③ D
④ E

06 신체반응영역

※ 다음 〈조건〉을 보고 ?에 들어갈 문자를 고르시오. [1~2]

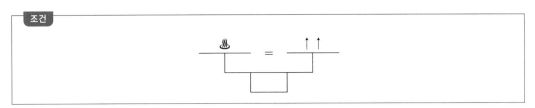

조건

♨ = ↑↑

01

∮∮↑↑ = ?　　∮∮ = ♨↑

① ∮∮∮
② ∮∮♨♨
③ ♨♨↑
④ ♨♨♨♨

02

◒◒ = ?　　↑↑↑↑↑ = ◒

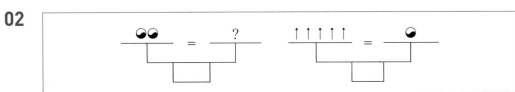

① ♨♨♨♨
② ♨♨♨♨♨
③ ◒↑↑↑↑
④ ♨♨♨↑↑

※ 다음 〈조건〉을 보고 ?에 들어갈 문자를 고르시오. [3~4]

조건

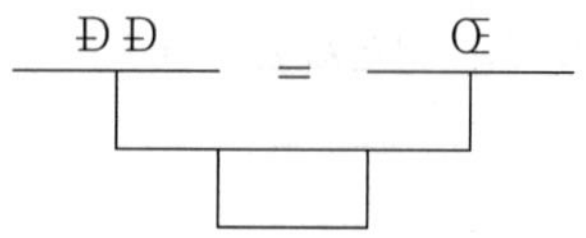

03

① ĐĐĐĐ　　② ĐĐĐ

③ ĐĐ　　④ Đ

04

① ŦŦŦŦŦ　　② ŦŦĐĐ

③ ŦŦŦĐ　　④ ŦŦĐ

※ 다음 〈조건〉을 보고 ?에 들어갈 문자를 고르시오. **[5~6]**

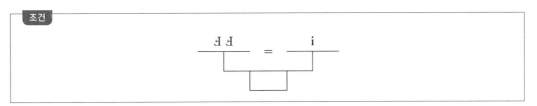

조건

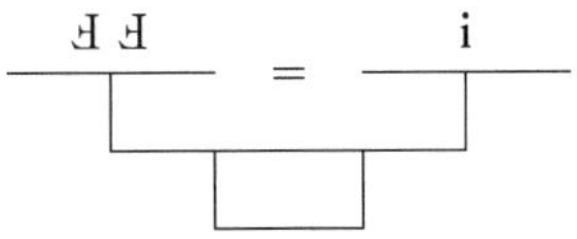

05

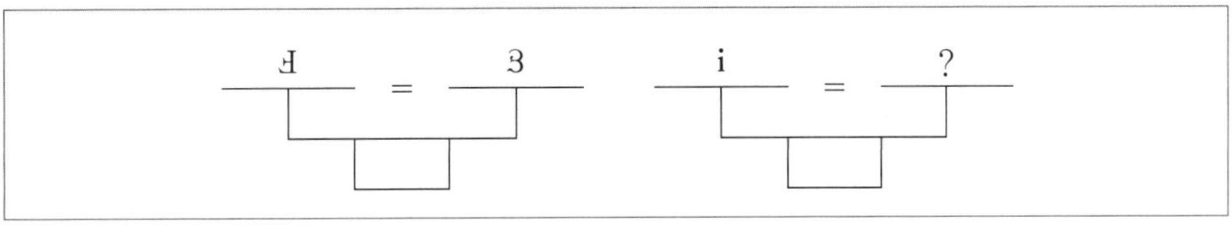

06

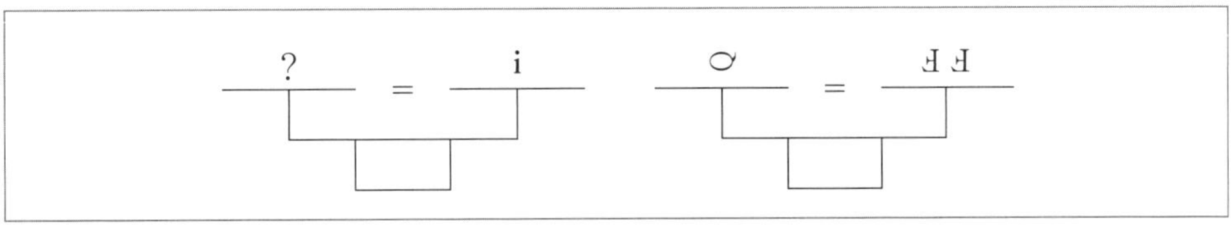

※ 다음 〈조건〉을 보고 ?에 들어갈 문자를 고르시오. **[7~8]**

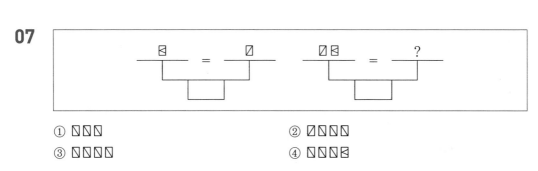

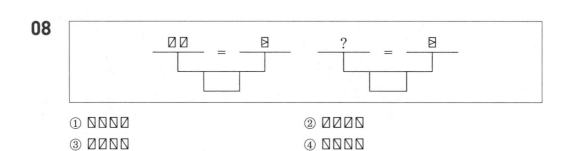

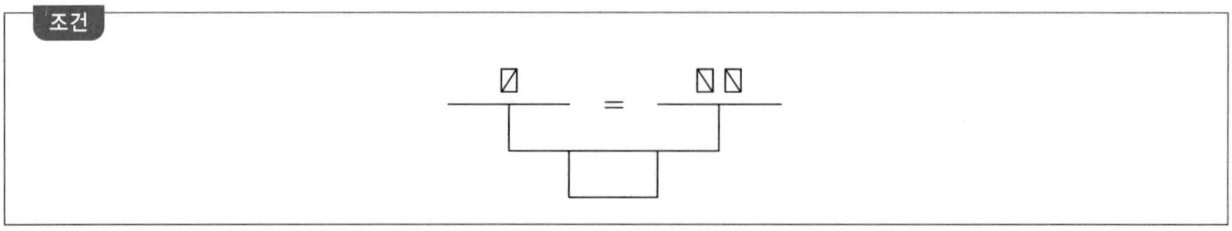

07

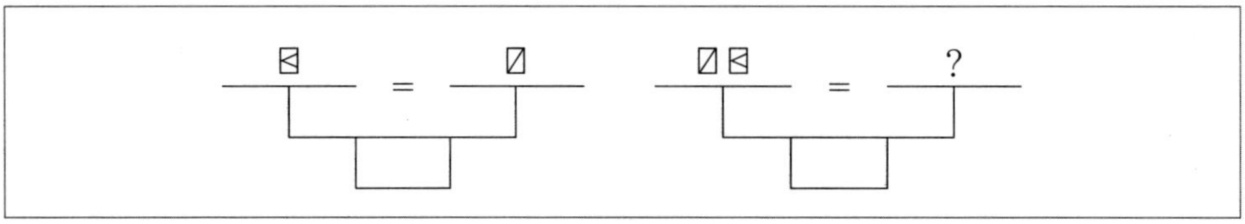

① ⧅⧅⧅

② ⧄⧅⧅⧅

③ ⧅⧅⧅⧅

④ ⧅⧅⧅⍃

08

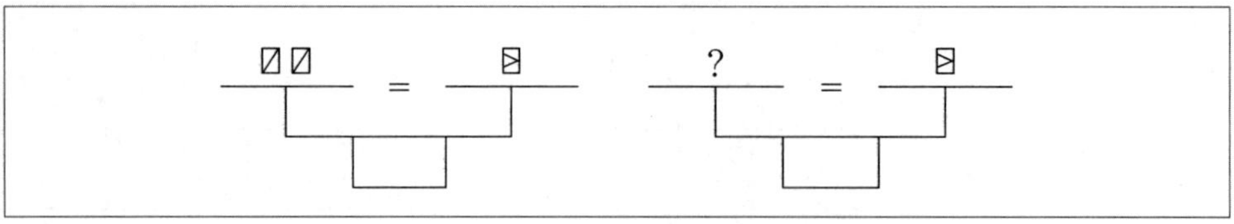

① ⧅⧅⧅⧄

② ⧄⧄⧄⧅

③ ⧄⧄⧅⧅

④ ⧅⧅⧅⧅

※ 다음 〈조건〉을 보고 ?에 들어갈 문자를 고르시오. [9~10]

조건

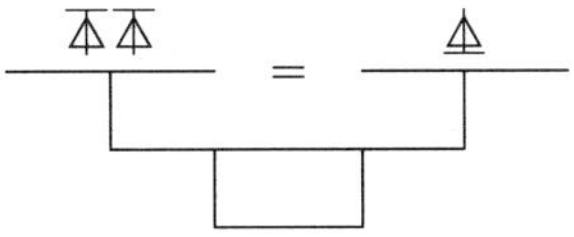

09

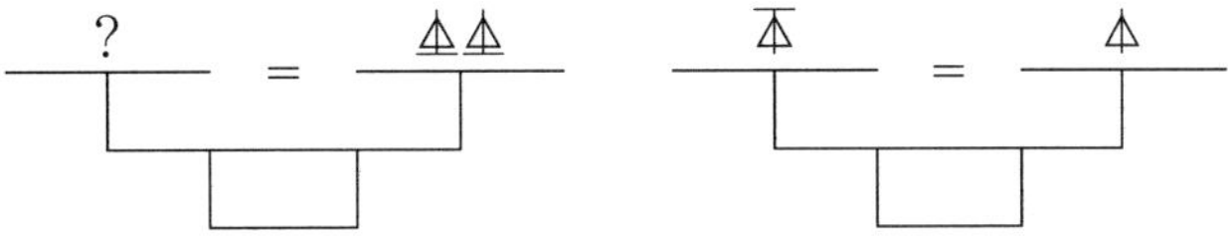

① 

② 

③ 

④ 

10

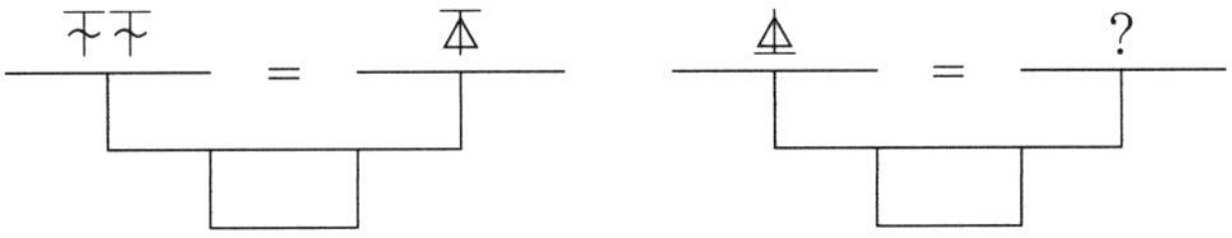

① 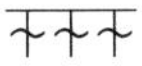

② 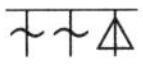

③ 

④ 

07 순서추론영역

※ 제시된 문자와 동일한 문자를 〈보기〉에서 찾아 몇 번째에 위치하는지 고르시오(단, 가장 왼쪽 문자를 시작 지점으로 한다). [1~10]

보기

ま θ ∠ ∅ ♧ ♪ ÷ 🗀 ● り

01

∅

① 3번째 ② 4번째
③ 5번째 ④ 6번째

02

り

① 2번째 ② 4번째
③ 7번째 ④ 10번째

03

●

① 1번째 ② 5번째
③ 6번째 ④ 9번째

04

ま

① 1번째 ② 3번째
③ 8번째 ④ 10번째

05

θ

① 1번째 ② 2번째
③ 4번째 ④ 6번째

06

♧

① 2번째
② 3번째
③ 5번째
④ 7번째

07

🗀

① 4번째
② 5번째
③ 8번째
④ 9번째

08

÷

① 4번째
② 5번째
③ 6번째
④ 7번째

09

♪

① 3번째
② 5번째
③ 6번째
④ 7번째

10

∠

① 2번째
② 3번째
③ 6번째
④ 9번째

PART 2

※ 제시된 문자와 동일한 문자를 〈보기〉에서 찾아 몇 번째에 위치하는지 고르시오(단, 가장 왼쪽 문자를 시작 지점으로 한다). [11~20]

보기
↘ ψ 🖰 ☪ ⌘ ➴ 🕯 Ж ▥ ∮

11

ψ

① 1번째 ② 2번째
③ 3번째 ④ 4번째

12

∮

① 7번째 ② 8번째
③ 9번째 ④ 10번째

13

Ж

① 7번째 ② 8번째
③ 9번째 ④ 10번째

14

🖰

① 1번째 ② 2번째
③ 3번째 ④ 4번째

15

⌘

① 3번째 ② 4번째
③ 5번째 ④ 6번째

16

↘

① 1번째　② 2번째
③ 3번째　④ 4번째

17

🕯

① 6번째　② 7번째
③ 8번째　④ 9번째

18

▥

① 7번째　② 8번째
③ 9번째　④ 10번째

19

☪

① 3번째　② 4번째
③ 5번째　④ 6번째

20

➴

① 6번째　② 7번째
③ 8번째　④ 9번째

PART 2

※ **제시된 문자와 동일한 문자를 〈보기〉에서 찾아 몇 번째에 위치하는지 고르시오(단, 가장 왼쪽 문자를 시작 지점으로 한다). [21~30]**

보기

🕗 ◎ ⮳ 🙵 ⮝ ⊞ ☆ ♒ § ▷

21

⊞

① 3번째 ② 6번째
③ 7번째 ④ 8번째

22

⮳

① 1번째 ② 3번째
③ 5번째 ④ 7번째

23

🙵

① 1번째 ② 2번째
③ 4번째 ④ 7번째

24

⮝

① 1번째 ② 2번째
③ 3번째 ④ 5번째

25

§

① 7번째 ② 8번째
③ 9번째 ④ 10번째

26

◴

① 1번째　　② 3번째
③ 5번째　　④ 7번째

27

▷

① 7번째　　② 8번째
③ 9번째　　④ 10번째

28

♒

① 5번째　　② 6번째
③ 7번째　　④ 8번째

29

☆

① 4번째　　② 5번째
③ 7번째　　④ 9번째

30

◎

① 1번째　　② 2번째
③ 3번째　　④ 4번째

※ 제시된 문자와 동일한 문자를 〈보기〉에서 찾아 몇 번째에 위치하는지 고르시오(단, 가장 왼쪽 문자를 시작 지점으로 한다). [31~40]

보기
Ⅲ Ⓜ ゔ Δ ▦ ✦ ∴ α ㈎ ☠

31

▦

① 4번째 ② 5번째
③ 7번째 ④ 8번째

32

Ⓜ

① 1번째 ② 2번째
③ 3번째 ④ 4번째

33

∴

① 1번째 ② 2번째
③ 5번째 ④ 7번째

34

㈎

① 1번째 ② 6번째
③ 8번째 ④ 9번째

35

☠

① 4번째 ② 6번째
③ 8번째 ④ 10번째

36

α

① 5번째 ② 6번째
③ 7번째 ④ 8번째

37

う

① 3번째 ② 6번째
③ 8번째 ④ 10번째

38

Δ

① 4번째 ② 7번째
③ 8번째 ④ 9번째

39

Ⅲ

① 1번째 ② 3번째
③ 4번째 ④ 5번째

40

✦

① 5번째 ② 6번째
③ 9번째 ④ 10번째

※ 제시된 문자와 동일한 문자를 〈보기〉에서 찾아 몇 번째에 위치하는지 고르시오(단, 가장 왼쪽 문자를 시작 지점으로 한다). **[41~50]**

보기
👍 ☹ ☠ ⚐ ✈ ✠ ॐ ♈ ⋈ ▩

41

⚐

① 4번째 ② 6번째
③ 7번째 ④ 8번째

42

☹

① 2번째 ② 5번째
③ 6번째 ④ 8번째

43

👍

① 1번째 ② 2번째
③ 6번째 ④ 7번째

44

✠

① 2번째 ② 3번째
③ 4번째 ④ 6번째

45

♈

① 4번째 ② 6번째
③ 8번째 ④ 10번째

46

ॐ

① 6번째　② 7번째
③ 8번째　④ 9번째

47

☠

① 3번째　② 6번째
③ 8번째　④ 9번째

48

▩

① 7번째　② 8번째
③ 9번째　④ 10번째

49

✈

① 3번째　② 4번째
③ 5번째　④ 6번째

50

⋈

① 2번째　② 3번째
③ 4번째　④ 9번째

PART 2

※ 제시된 문자와 동일한 문자를 〈보기〉에서 찾아 몇 번째에 위치하는지 고르시오(단, 가장 왼쪽 문자를 시작 지점으로 한다). [51~60]

보기
Ⓚ 🖂 ✂ ✏ 🗁 🗄 ⌛ ⌨ ▣ ⇧

51

✂

① 1번째　② 2번째
③ 3번째　④ 7번째

52

🗁

① 2번째　② 4번째
③ 5번째　④ 8번째

53

⌛

① 2번째　② 4번째
③ 6번째　④ 7번째

54

⌨

① 2번째　② 5번째
③ 6번째　④ 8번째

55

▣

① 6번째　② 7번째
③ 8번째　④ 9번째

56

Ⓚ

① 1번째　　② 3번째
③ 4번째　　④ 6번째

57

✐

① 2번째　　② 4번째
③ 9번째　　④ 10번째

58

✉

① 1번째　　② 2번째
③ 3번째　　④ 4번째

59

⇯

① 7번째　　② 8번째
③ 9번째　　④ 10번째

60

🗄

① 4번째　　② 5번째
③ 6번째　　④ 8번째

※ 제시된 문자와 동일한 문자를 〈보기〉에서 찾아 몇 번째에 위치하는지 고르시오(단, 가장 왼쪽 문자를 시작 지점으로 한다). [61~70]

보기

☏ * = ￥ ■ ₡ ξ ϑ ÷ ♯

61

■

① 3번째
② 5번째
③ 6번째
④ 7번째

62

￥

① 1번째
② 2번째
③ 4번째
④ 6번째

63

₡

① 3번째
② 6번째
③ 7번째
④ 8번째

64

☏

① 1번째
② 2번째
③ 4번째
④ 5번째

65

*

① 2번째
② 4번째
③ 8번째
④ 10번째

66

ϑ

① 2번째 ② 4번째
③ 6번째 ④ 8번째

67

♯

① 7번째 ② 8번째
③ 9번째 ④ 10번째

68

=

① 1번째 ② 2번째
③ 3번째 ④ 4번째

69

ξ

① 1번째 ② 4번째
③ 6번째 ④ 7번째

70

÷

① 7번째 ② 8번째
③ 9번째 ④ 10번째

※ 제시된 문자와 동일한 문자를 〈보기〉에서 찾아 몇 번째에 위치하는지 고르시오(단, 가장 왼쪽 문자를 시작 지점으로 한다). **[71~80]**

보기

⊁ ⟭ ∔ √ ⇒ ♥ ◉ ▦ Ω ☆

71

⟭

① 2번째 ② 3번째
③ 4번째 ④ 5번째

72

√

① 1번째 ② 2번째
③ 3번째 ④ 4번째

73

♥

① 2번째 ② 3번째
③ 5번째 ④ 6번째

74

⊁

① 1번째 ② 3번째
③ 4번째 ④ 5번째

75

◉

① 5번째 ② 6번째
③ 7번째 ④ 8번째

76

Ω

① 7번째　② 8번째
③ 9번째　④ 10번째

77

∔

① 3번째　② 5번째
③ 6번째　④ 9번째

78

☆

① 7번째　② 8번째
③ 9번째　④ 10번째

79

▦

① 6번째　② 7번째
③ 8번째　④ 9번째

80

⇒

① 2번째　② 4번째
③ 5번째　④ 9번째

※ 제시된 문자와 동일한 문자를 〈보기〉에서 찾아 몇 번째에 위치하는지 고르시오(단, 가장 왼쪽 문자를 시작 지점으로 한다). [81~90]

보기

ɯ ⅗ ﬆ « ⇱ ⟲ ︾ ⋕ ↺ ⧑

81

︾

① 1번째
② 2번째
③ 3번째
④ 7번째

82

⇱

① 2번째
② 3번째
③ 5번째
④ 6번째

83

ﬆ

① 3번째
② 5번째
③ 6번째
④ 7번째

84

⟲

① 5번째
② 6번째
③ 7번째
④ 8번째

85

⧑

① 4번째
② 6번째
③ 8번째
④ 10번째

86

ɯ

① 1번째　② 4번째
③ 7번째　④ 8번째

87

《

① 2번째　② 4번째
③ 6번째　④ 10번째

88

⊀

① 1번째　② 5번째
③ 8번째　④ 9번째

89

↺

① 3번째　② 5번째
③ 7번째　④ 9번째

90

⅗

① 1번째　② 2번째
③ 3번째　④ 4번째

PART 2

※ 제시된 문자와 동일한 문자를 〈보기〉에서 찾아 몇 번째에 위치하는지 고르시오(단, 가장 왼쪽 문자를 시작 지점으로 한다). [91~100]

보기

@ # ㄴ ㎢ ⓝ グ ħ ვ ⌕ ◔

91

@

① 1번째 ② 3번째
③ 4번째 ④ 7번째

92

ㄴ

① 3번째 ② 5번째
③ 6번째 ④ 8번째

93

ⓝ

① 1번째 ② 2번째
③ 3번째 ④ 5번째

94

㎢

① 2번째 ② 4번째
③ 7번째 ④ 8번째

95

ħ

① 3번째 ② 5번째
③ 7번째 ④ 10번째

96

◔

① 1번째
② 6번째
③ 8번째
④ 10번째

97

#

① 2번째
② 5번째
③ 8번째
④ 9번째

98

ℑ

① 3번째
② 6번째
③ 8번째
④ 9번째

99

⚲

① 6번째
② 7번째
③ 8번째
④ 9번째

100

グ

① 3번째
② 4번째
③ 5번째
④ 6번째

진실은 반드시 따르는 자가 있고, 정의는 반드시 이루는 날이 있다.

– 안창호 –

PART

3

인성검사

CHAPTER 01 인성검사

업무를 수행하면서 능률적인 성과물을 만들기 위해서는 개인의 능력과 경험 그리고 회사의 교육 및 훈련 등이 필요하지만, 개인의 성격이나 성향 역시 중요하다. 여러 직무분석 연구에서 나온 결과에 따르면, 직무에서의 성공과 관련된 특성 중 최고 70% 이상이 능력보다는 성격과 관련이 있다고 한다. 따라서 최근 기업들은 인성검사의 비중을 높이고 있는 추세다.

현재 기업들은 인성검사를 KIRBS(한국행동과학연구소)나 SHR(에스에이치알) 등의 전문기관에 의뢰해서 시행하고 있다. 전문기관에 따라서 인성검사 방법에 차이가 있고, 보안을 위해서 인성검사를 의뢰한 기업을 공개하지 않을 수 있기 때문에 특정 기업의 인성검사를 정확하게 판단할 수 없지만, 지원자들이 후기에 올린 문제를 통해 유형을 예상할 수 있다.

여기에서는 삼성그룹의 인성검사와 수검요령 및 검사 시 유의사항에 대해 간략하게 정리하였으며, 인성검사 모의연습을 통해 실제 시험 유형을 확인할 수 있도록 하였다.

1. 삼성그룹 인성검사

삼성그룹의 인재상과 적합한 인재인지 평가하는 테스트로, 지원자의 개인 성향이나 인성에 관한 질문으로 구성되어 있다.

(1) 문항 수 : 250문항

(2) 시간 : 30분

(3) 유형 : 한 문항에 5개의 보기가 있으며, 그중 자신의 성격에 가장 가까운 것을 선택하는 문제가 출제된다.

2. 인성검사 수검요령

인성검사는 특별한 수검요령이 없다. 다시 말하면 모범답안이 없고, 정답이 없다는 이야기다. 국어문제처럼 말뜻을 풀이하는 것도 아니다. 굳이 수검요령을 말하자면, 진실하고 솔직한 내 생각이 답변이라고 할 수 있을 것이다.

인성검사에서 가장 중요한 것은 첫째, 솔직한 답변이다. 지금까지의 경험을 통해 축적된 내 생각과 행동을 허구 없이 솔직하게 기재해야 한다. 예를 들어, "나는 타인의 물건을 훔치고 싶은 충동을 느껴본 적이 있다."라는 질문에 피검사자들은 많은 생각을 하게 된다. 생각해 보라. 유년기에 또는 성인이 되어서도 타인의 물건을 훔친 적은 없다 해도 마음속에서 훔치고 싶은 충동은 누구나 조금은 느껴보았을 것이다. 그런데 이 질문에 고민하는 사람이 간혹 있다. 이 질문에 "예"라고 대답하면 담당 검사관들이 나를 사회적으로 문제가 있는 사람으로 여기지는 않을까 하는 생각에 "아니요"라는 답을 기재하게 된다. 이런 솔직하지 않은 답변은 답변의 신뢰와 솔직함을 나타내는 타당성 척도에 좋지 않은 점수를 준다.

둘째, 일관성 있는 답변이다. 인성검사의 수많은 질문 문항 중에는 비슷한 뜻의 질문이 여러 개 숨어 있는 경우가 많다. 그 질문들은 피검사자의 솔직한 답변과 심리적인 상태를 알아보기 위해 내포되어 있는 문항들이다. 가령 "나는 유년시절 타인의 물건을 훔친 적이 있다."라는 질문에 "예"라고 대답했는데, "나는 유년시절 타인의 물건을 훔쳐보고 싶은 충동을 느껴본 적이 있다."라는 질문에는 "아니요"라는 답을 기재한다면 어떻겠는가. 일관성 없이 '대충 기재하자'라는 식의 심리적 무성의성 답변이 되거나, 정신적으로 문제가 있는 사람으로 보일 수 있다.

인성검사는 많은 문항 수를 풀어나가기 때문에 피검사자들은 지루함과 따분함, 반복된 뜻의 질문으로 인해 인내 상실 등이 나타날 수 있다. 인내하면서 솔직하게 내 생각을 대답하는 것이 무엇보다 중요한 요령이 될 것이다.

3. 인성검사 시 유의사항

(1) 충분한 휴식으로 불안을 없애고 정서적인 안정을 취한다. 심신이 안정되어야 자신의 마음을 표현할 수 있다.

(2) 생각나는 대로 솔직하게 응답한다. 자신을 너무 과대포장하지도, 너무 비하시키지도 마라. 답변을 꾸며서 하면 앞뒤가 맞지 않게끔 구성돼 있어 불리한 평가를 받게 되므로 솔직하게 답하도록 한다.

(3) 검사문항에 대해 지나치게 생각해서는 안 된다. 지나치게 몰두하면 엉뚱한 답변이 나올 수 있으므로 불필요한 생각은 삼간다.

(4) 검사시간에 너무 신경 쓸 필요는 없다. 인성검사는 시간제한이 없는 경우가 많으며 있다 해도 시간은 충분하다.

(5) 인성검사는 대개 문항 수가 많기에 자칫 건너뛰는 경우가 있는데, 가능한 한 모든 문항에 답해야 한다. 응답하지 않은 문항이 많을 경우 평가자가 정확한 평가를 내리지 못해 불리한 평가를 내릴 수 있기 때문이다.

PART 3

4. 인성검사 모의연습

※ 다음 질문을 읽고, ①~⑤ 중 자신에게 해당하는 것을 고르시오(① 전혀 그렇지 않다 ② 약간 그렇지 않다 ③ 보통이다 ④ 약간 그렇다 ⑤ 매우 그렇다). [1~250]

번호	질문	응답
1	결점을 지적받아도 아무렇지 않다.	① ② ③ ④ ⑤
2	피곤할 때도 명랑하게 행동한다.	① ② ③ ④ ⑤
3	실패했던 경험을 생각하면서 고민하는 편이다.	① ② ③ ④ ⑤
4	언제나 생기가 있다.	① ② ③ ④ ⑤
5	선배의 지적을 순수하게 받아들일 수 있다.	① ② ③ ④ ⑤
6	매일 목표가 있는 생활을 하고 있다.	① ② ③ ④ ⑤
7	열등감으로 자주 고민한다.	① ② ③ ④ ⑤
8	남에게 무시당하면 화가 난다.	① ② ③ ④ ⑤
9	무엇이든지 하면 된다고 생각하는 편이다.	① ② ③ ④ ⑤

번호	질문	응답
10	자신의 존재를 과시하고 싶다.	① ② ③ ④ ⑤
11	사람을 많이 만나는 것을 좋아한다.	① ② ③ ④ ⑤
12	사람들이 당신에게 말수가 적다고 하는 편이다.	① ② ③ ④ ⑤
13	특정한 사람과 교제를 하는 편이다.	① ② ③ ④ ⑤
14	친구에게 먼저 말을 하는 편이다.	① ② ③ ④ ⑤
15	친구만 있으면 된다고 생각한다.	① ② ③ ④ ⑤
16	많은 사람 앞에서 말하는 것이 서툴다.	① ② ③ ④ ⑤
17	반 편성과 교실 이동을 싫어한다.	① ② ③ ④ ⑤
18	다과회 등에서 자주 책임을 맡는다.	① ② ③ ④ ⑤
19	새 팀 분위기에 쉽게 적응하지 못하는 편이다.	① ② ③ ④ ⑤
20	누구하고나 친하게 교제한다.	① ② ③ ④ ⑤
21	충동구매는 절대 하지 않는다.	① ② ③ ④ ⑤
22	컨디션에 따라 기분이 잘 변한다.	① ② ③ ④ ⑤
23	옷 입는 취향이 오랫동안 바뀌지 않고 그대로이다.	① ② ③ ④ ⑤
24	남의 물건이 좋아 보인다.	① ② ③ ④ ⑤
25	광고를 보면 그 물건을 사고 싶다.	① ② ③ ④ ⑤
26	자신이 낙천주의자라고 생각한다.	① ② ③ ④ ⑤
27	에스컬레이터에서 걷지 않는다.	① ② ③ ④ ⑤
28	꾸물대는 것을 싫어한다.	① ② ③ ④ ⑤
29	고민이 생겨도 심각하게 생각하지 않는다.	① ② ③ ④ ⑤
30	반성하는 일이 거의 없다.	① ② ③ ④ ⑤
31	남의 말을 호의적으로 받아들인다.	① ② ③ ④ ⑤
32	혼자 있을 때가 편안하다.	① ② ③ ④ ⑤
33	친구에게 불만이 있다.	① ② ③ ④ ⑤
34	남의 말을 좋은 쪽으로 해석한다.	① ② ③ ④ ⑤
35	남의 의견을 절대 참고하지 않는다.	① ② ③ ④ ⑤
36	기분 나쁜 일은 금세 잊는 편이다.	① ② ③ ④ ⑤
37	선배와 쉽게 친해진다.	① ② ③ ④ ⑤
38	슬럼프에 빠지면 좀처럼 헤어나지 못한다.	① ② ③ ④ ⑤
39	자신의 소문에 관심을 기울인다.	① ② ③ ④ ⑤
40	주위 사람에게 인사하는 것이 귀찮다.	① ② ③ ④ ⑤
41	기호에 맞지 않으면 거절하는 편이다.	① ② ③ ④ ⑤
42	여간해서 흥분하지 않는 편이다.	① ② ③ ④ ⑤
43	옳다고 생각하면 밀고 나간다.	① ② ③ ④ ⑤
44	항상 무슨 일이든지 해야만 한다.	① ② ③ ④ ⑤
45	휴식시간에도 일하고 싶다.	① ② ③ ④ ⑤

번호	질문	응답
46	걱정거리가 생기면 머릿속에서 떠나지 않는 편이다.	① ② ③ ④ ⑤
47	매일 힘든 일이 너무 많다.	① ② ③ ④ ⑤
48	시험 전에도 노는 계획을 세운다.	① ② ③ ④ ⑤
49	슬픈 일만 머릿속에 남는다.	① ② ③ ④ ⑤
50	사는 것이 힘들다고 느낀 적은 없다.	① ② ③ ④ ⑤
51	처음 만난 사람과 이야기하는 것이 피곤하다.	① ② ③ ④ ⑤
52	비난을 받으면 신경이 쓰인다.	① ② ③ ④ ⑤
53	실패해도 또 다시 도전한다.	① ② ③ ④ ⑤
54	남에게 비판을 받으면 불쾌하다.	① ② ③ ④ ⑤
55	다른 사람의 지적을 순수하게 받아들일 수 있다.	① ② ③ ④ ⑤
56	자신의 프라이드가 높다고 생각한다.	① ② ③ ④ ⑤
57	자신의 입장을 잊어버릴 때가 있다.	① ② ③ ④ ⑤
58	남보다 쉽게 우위에 서는 편이다.	① ② ③ ④ ⑤
59	목적이 없으면 마음이 불안하다.	① ② ③ ④ ⑤
60	일을 할 때에 자신이 없다.	① ② ③ ④ ⑤
61	상대방이 말을 걸어오기를 기다리는 편이다.	① ② ③ ④ ⑤
62	친구 말을 듣는 편이다.	① ② ③ ④ ⑤
63	싸움으로 친구를 잃은 경우가 있다.	① ② ③ ④ ⑤
64	모르는 사람과 말하는 것은 귀찮다.	① ② ③ ④ ⑤
65	아는 사람이 많아지는 것이 즐겁다.	① ② ③ ④ ⑤
66	신호대기 중에도 조바심이 난다.	① ② ③ ④ ⑤
67	매사를 심각하게 생각하는 것을 싫어한다.	① ② ③ ④ ⑤
68	자신이 경솔하다고 자주 느낀다.	① ② ③ ④ ⑤
69	상대방이 통화 중이어도 자꾸 전화를 건다.	① ② ③ ④ ⑤
70	충동적인 행동을 하지 않는 편이다.	① ② ③ ④ ⑤
71	칭찬도 나쁘게 받아들이는 편이다.	① ② ③ ④ ⑤
72	자신이 손해를 보고 있다고 생각한다.	① ② ③ ④ ⑤
73	어떤 상황에서나 만족할 수 있다.	① ② ③ ④ ⑤
74	무슨 일이든지 자신의 생각대로 하지 못한다.	① ② ③ ④ ⑤
75	부모님에게 불만을 느낀다.	① ② ③ ④ ⑤
76	깜짝 놀라면 당황하는 편이다.	① ② ③ ④ ⑤
77	주위의 평판이 좋다고 생각한다.	① ② ③ ④ ⑤
78	자신이 소문에 휘말려도 좋다.	① ② ③ ④ ⑤
79	긴급사태에도 당황하지 않고 행동할 수 있다.	① ② ③ ④ ⑤
80	윗사람과 이야기하는 것이 불편하다.	① ② ③ ④ ⑤
81	정색하고 화내기 쉬운 화제를 올릴 때가 있다.	① ② ③ ④ ⑤

번호	질문	응답
82	남들이 자신이 좋아하는 연예인을 욕해도 화가 나지 않는다.	① ② ③ ④ ⑤
83	남을 비판할 때가 있다.	① ② ③ ④ ⑤
84	주체할 수 없을 만큼 여유가 많은 것은 싫어한다.	① ② ③ ④ ⑤
85	의견이 어긋날 때는 한 발 양보한다.	① ② ③ ④ ⑤
86	싫은 사람과도 협력할 수 있다.	① ② ③ ④ ⑤
87	사람은 너무 고통거리가 많다고 생각한다.	① ② ③ ④ ⑤
88	걱정거리가 있으면 잠을 잘 수가 없다.	① ② ③ ④ ⑤
89	즐거운 일보다는 괴로운 일이 더 많다.	① ② ③ ④ ⑤
90	싫은 사람이라도 인사를 한다.	① ② ③ ④ ⑤
91	사소한 일에도 신경을 많이 쓰는 편이다.	① ② ③ ④ ⑤
92	누가 나에게 말을 걸기 전에 내가 먼저 말을 걸지는 않는다.	① ② ③ ④ ⑤
93	이따금 결심을 빨리 하지 못하기 때문에 손해 보는 경우가 많다.	① ② ③ ④ ⑤
94	사람들은 누구나 곤경을 벗어나기 위해 거짓말을 할 수 있다.	① ② ③ ④ ⑤
95	어떤 일을 실패하면 두고두고 생각한다.	① ② ③ ④ ⑤
96	비교적 말이 없는 편이다.	① ② ③ ④ ⑤
97	기왕 일을 한다면 꼼꼼하게 하는 편이다.	① ② ③ ④ ⑤
98	지나치게 깔끔한 척을 하는 편에 속한다.	① ② ③ ④ ⑤
99	나를 기분 나쁘게 한 사람을 쉽게 잊지 못하는 편이다.	① ② ③ ④ ⑤
100	수줍음을 많이 타서 많은 사람 앞에 나서길 싫어한다.	① ② ③ ④ ⑤
101	혼자 지내는 시간이 즐겁다.	① ② ③ ④ ⑤
102	내 주위 사람이 잘되는 것을 보면 상대적으로 내가 실패한 것 같다.	① ② ③ ④ ⑤
103	어떤 일을 시도하다가 잘 안되면 금방 포기한다.	① ② ③ ④ ⑤
104	이성 친구와 웃고 떠드는 것을 별로 좋아하지 않는다.	① ② ③ ④ ⑤
105	낯선 사람과 만나는 것을 꺼리는 편이다.	① ② ③ ④ ⑤
106	밤낮없이 같이 다닐만한 친구들이 거의 없다.	① ② ③ ④ ⑤
107	연예인이 되고 싶은 마음은 조금도 가지고 있지 않다.	① ② ③ ④ ⑤
108	여럿이 모여서 얘기하는 데 잘 끼어들지 못한다.	① ② ③ ④ ⑤
109	사람들은 이득이 된다면 옳지 않은 방법이라도 쓸 것이다.	① ② ③ ④ ⑤
110	사람들이 정직하게 행동하는 건 다른 사람의 비난이 두렵기 때문이다.	① ② ③ ④ ⑤
111	처음 보는 사람들과 쉽게 얘기하거나 친해지는 편이다.	① ② ③ ④ ⑤
112	모르는 사람들이 많이 모여 있는 곳에서도 활발하게 행동하는 편이다.	① ② ③ ④ ⑤
113	여기저기에 친구나 아는 사람들이 많이 있다.	① ② ③ ④ ⑤
114	모임에서 말을 많이 하고 적극적으로 행동한다.	① ② ③ ④ ⑤
115	슬프거나 기쁜 일이 생기면 부모나 친구에게 얘기하는 편이다.	① ② ③ ④ ⑤
116	활발하고 적극적이라는 말을 자주 듣는다.	① ② ③ ④ ⑤
117	시간이 걸리는 일이나 놀이에 싫증을 내고, 새로운 놀이나 활동을 원한다.	① ② ③ ④ ⑤

번호	질문	응답
118	혼자 조용히 있거나 책을 읽는 것보다는 사람들과 어울리는 것을 좋아한다.	① ② ③ ④ ⑤
119	새로운 유행이 시작되면 다른 사람보다 먼저 시도해 보는 편이다.	① ② ③ ④ ⑤
120	기분을 잘 드러내기 때문에 남들이 본인의 기분을 금방 알게 된다.	① ② ③ ④ ⑤
121	비유적이고 상징적 표현보다는 구체적이고 정확한 표현을 더 잘 이해한다.	① ② ③ ④ ⑤
122	주변 사람들의 외모나 다른 특징들을 자세히 기억한다.	① ② ③ ④ ⑤
123	꾸준하고 참을성이 있다는 말을 자주 듣는다.	① ② ③ ④ ⑤
124	공부할 때 세부적인 내용을 암기할 수 있다.	① ② ③ ④ ⑤
125	손으로 직접 만지거나 조작하는 것을 좋아한다.	① ② ③ ④ ⑤
126	상상 속에서 이야기를 잘 만들어 내는 편이다.	① ② ③ ④ ⑤
127	종종 물건을 잃어버리거나 어디에 두었는지 기억을 못하는 때가 있다.	① ② ③ ④ ⑤
128	창의력과 상상력이 풍부하다는 이야기를 자주 듣는다.	① ② ③ ④ ⑤
129	다른 사람들이 생각하지도 않는 엉뚱한 행동이나 생각을 할 때가 종종 있다.	① ② ③ ④ ⑤
130	이것저것 새로운 것에 관심이 많고 새로운 것을 배우고 싶어 한다.	① ② ③ ④ ⑤
131	'왜'라는 질문을 자주 한다.	① ② ③ ④ ⑤
132	의지와 끈기가 강한 편이다.	① ② ③ ④ ⑤
133	궁금한 점이 있으면 꼬치꼬치 따져서 궁금증을 풀고 싶어 한다.	① ② ③ ④ ⑤
134	참을성이 있다는 말을 자주 듣는다.	① ② ③ ④ ⑤
135	남의 비난에도 잘 견딘다.	① ② ③ ④ ⑤
136	다른 사람의 감정에 민감하다.	① ② ③ ④ ⑤
137	자신의 잘못을 쉽게 인정하는 편이다.	① ② ③ ④ ⑤
138	싹싹하고 연하다는 소리를 잘 듣는다.	① ② ③ ④ ⑤
139	쉽게 양보를 하는 편이다.	① ② ③ ④ ⑤
140	음식을 선택할 때 쉽게 결정을 못 내릴 때가 많다.	① ② ③ ④ ⑤
141	계획표를 세밀하게 짜 놓고 그 계획표에 따라 생활하는 것을 좋아한다.	① ② ③ ④ ⑤
142	대체로 먼저 할 일을 해 놓고 나서 노는 편이다.	① ② ③ ④ ⑤
143	시험보기 전에 미리 여유 있게 공부 계획표를 짜 놓는다.	① ② ③ ④ ⑤
144	마지막 순간에 쫓기면서 일하는 것을 싫어한다.	① ② ③ ④ ⑤
145	계획에 따라 규칙적인 생활을 하는 편이다.	① ② ③ ④ ⑤
146	자기 것을 잘 나누어주는 편이다.	① ② ③ ④ ⑤
147	자신의 소지품을 덜 챙기는 편이다.	① ② ③ ④ ⑤
148	신발이나 옷이 떨어져도 무관심한 편이다.	① ② ③ ④ ⑤
149	자기 것을 덜 주장하고, 덜 고집하는 편이다.	① ② ③ ④ ⑤
150	활동이 많으면서도 무난하고 점잖다는 말을 듣는 편이다.	① ② ③ ④ ⑤
151	몇 번이고 생각하고 검토한다.	① ② ③ ④ ⑤
152	여러 번 생각한 끝에 결정을 내린다.	① ② ③ ④ ⑤
153	어떤 일이든 따지려 든다.	① ② ③ ④ ⑤

번호	질문	응답
154	일단 결정하면 행동으로 옮긴다.	① ② ③ ④ ⑤
155	앞에 나서기를 꺼린다.	① ② ③ ④ ⑤
156	규칙을 잘 지킨다.	① ② ③ ④ ⑤
157	나의 주장대로 행동한다.	① ② ③ ④ ⑤
158	지시나 충고를 받는 것이 싫다.	① ② ③ ④ ⑤
159	급진적인 변화를 좋아한다.	① ② ③ ④ ⑤
160	규칙은 반드시 지킬 필요가 없다.	① ② ③ ④ ⑤
161	혼자서 일하기를 좋아한다.	① ② ③ ④ ⑤
162	미래에 대해 별로 염려를 하지 않는다.	① ② ③ ④ ⑤
163	새로운 변화를 싫어한다.	① ② ③ ④ ⑤
164	조용한 분위기를 좋아한다.	① ② ③ ④ ⑤
165	도전적인 직업보다는 안정된 직업이 좋다.	① ② ③ ④ ⑤
166	친구를 잘 바꾸지 않는다.	① ② ③ ④ ⑤
167	남의 명령을 듣기 싫어한다.	① ② ③ ④ ⑤
168	모든 일에 앞장서는 편이다.	① ② ③ ④ ⑤
169	다른 사람이 하는 일을 보면 답답하다.	① ② ③ ④ ⑤
170	남을 지배하는 사람이 되고 싶다.	① ② ③ ④ ⑤
171	규칙적인 것이 싫다.	① ② ③ ④ ⑤
172	매사에 감동을 자주 받는다.	① ② ③ ④ ⑤
173	새로운 물건과 일에 대한 생각을 자주 한다.	① ② ③ ④ ⑤
174	창조적인 일을 하고 싶다.	① ② ③ ④ ⑤
175	나쁜 일은 오래 생각하지 않는다.	① ② ③ ④ ⑤
176	사람들의 이름을 잘 기억하는 편이었다.	① ② ③ ④ ⑤
177	외딴 곳보다는 사람들이 북적거리는 곳에 살고 싶었다.	① ② ③ ④ ⑤
178	제조업보다는 서비스업이 마음에 들었다.	① ② ③ ④ ⑤
179	농사를 지으면서 자연과 더불어 살고 싶었다.	① ② ③ ④ ⑤
180	예절 같은 것은 별로 신경 쓰지 않았다.	① ② ③ ④ ⑤
181	거칠고 반항적인 사람보다 예의바른 사람들과 어울리고 싶었다.	① ② ③ ④ ⑤
182	대인관계에서 상황을 빨리 파악하는 편이었다.	① ② ③ ④ ⑤
183	계산에 밝은 사람은 꺼려졌다.	① ② ③ ④ ⑤
184	친구들과 노는 것보다 혼자 노는 것이 편했다.	① ② ③ ④ ⑤
185	교제범위가 넓은 편이라 사람을 만나는 데 많은 시간을 소비한다.	① ② ③ ④ ⑤
186	손재주는 비교적 있는 편이다.	① ② ③ ④ ⑤
187	기획과 섭외 중 기획을 더 잘할 수 있을 것 같다.	① ② ③ ④ ⑤
188	도서실 등에서 책을 정리하고 관리하는 일을 싫어하지 않는다.	① ② ③ ④ ⑤
189	선입견으로 판단하지 않고 이론적으로 판단하는 편이다.	① ② ③ ④ ⑤

번호	질문	응답
190	예술제나 미술전 등에 관심이 많다.	① ② ③ ④ ⑤
191	행사의 사회나 방송 등 마이크를 사용하는 분야에 관심이 많다.	① ② ③ ④ ⑤
192	하루 종일 방에 틀어 박혀 연구하거나 몰두해야 하는 일은 싫다.	① ② ③ ④ ⑤
193	공상이나 상상을 많이 하는 편이다.	① ② ③ ④ ⑤
194	모르는 사람과도 마음이 맞으면 쉽게 마음을 터놓고 바로 친해진다.	① ② ③ ④ ⑤
195	물건을 만들거나 도구를 사용하는 일이 싫지는 않다.	① ② ③ ④ ⑤
196	새로운 아이디어를 생각해내는 일이 좋다.	① ② ③ ④ ⑤
197	회의에서 사회나 서기를 맡는다면 서기 쪽이 맞을 것 같다.	① ② ③ ④ ⑤
198	사건 뒤에 숨은 본질을 생각해 보기를 좋아한다.	① ② ③ ④ ⑤
199	색채감각이나 미적 센스가 풍부한 편이다.	① ② ③ ④ ⑤
200	다른 사람들의 눈길을 끌고 주목을 받는 것이 아무렇지도 않다.	① ② ③ ④ ⑤
201	문화재 위원과 체육대회 위원 중 체육대회 위원을 하고 싶다.	① ② ③ ④ ⑤
202	보고 들은 것을 문장으로 옮기기를 좋아한다.	① ② ③ ④ ⑤
203	남에게 뭔가 가르쳐주는 일이 좋다.	① ② ③ ④ ⑤
204	많은 사람과 장시간 함께 있으면 피곤하다.	① ② ③ ④ ⑤
205	엉뚱한 일을 하기 좋아하고 발상도 개성적이다.	① ② ③ ④ ⑤
206	전표 계산 또는 장부 기입 같은 일을 싫증내지 않고 할 수 있다.	① ② ③ ④ ⑤
207	책이나 신문을 열심히 읽는 편이다.	① ② ③ ④ ⑤
208	신경이 예민한 편이며 감수성도 예민하다.	① ② ③ ④ ⑤
209	연회석에서 망설임 없이 노래를 부르거나 장기를 보이는 편이다.	① ② ③ ④ ⑤
210	즐거운 캠프를 위해 계획 세우기를 좋아한다.	① ② ③ ④ ⑤
211	데이터를 분류하거나 통계내는 일을 싫어하지는 않는다.	① ② ③ ④ ⑤
212	드라마나 소설 속의 등장인물의 생활과 사고방식에 흥미가 있다.	① ② ③ ④ ⑤
213	자신의 미적 표현력을 살리면 상당히 좋은 작품이 나올 것 같다.	① ② ③ ④ ⑤
214	화려한 것을 좋아하며 주위의 평판에 신경을 쓰는 편이다.	① ② ③ ④ ⑤
215	여럿이서 여행할 기회가 있다면 즐겁게 참가한다.	① ② ③ ④ ⑤
216	여행 소감을 쓰기를 좋아한다.	① ② ③ ④ ⑤
217	상품전시회에서 상품설명을 한다면 잘할 수 있을 것 같다.	① ② ③ ④ ⑤
218	변화가 적고 손이 많이 가는 일도 꾸준히 하는 편이다.	① ② ③ ④ ⑤
219	신제품 홍보에 흥미가 있다.	① ② ③ ④ ⑤
220	열차시간표 한 페이지 정도라면 정확하게 옮겨 쓸 자신이 있다.	① ② ③ ④ ⑤
221	자신의 장래에 대해 자주 생각해본다.	① ② ③ ④ ⑤
222	혼자 있는 것에 익숙하다.	① ② ③ ④ ⑤
223	별 근심이 없다.	① ② ③ ④ ⑤
224	나의 환경에 아주 만족한다.	① ② ③ ④ ⑤
225	상품을 고를 때 디자인과 색에 신경을 많이 쓴다.	① ② ③ ④ ⑤

번호	질문	응답
226	극단이나 연예인 양성소에서 공부해보고 싶다는 생각을 한 적 있다.	① ② ③ ④ ⑤
227	외출할 때 날씨가 좋지 않아도 그다지 신경을 쓰지 않는다.	① ② ③ ④ ⑤
228	손님을 불러들이는 호객행위도 마음만 먹으면 할 수 있을 것 같다.	① ② ③ ④ ⑤
229	신중하고 주의 깊은 편이다.	① ② ③ ④ ⑤
230	하루 종일 책상 앞에 앉아 있어도 지루해하지 않는 편이다.	① ② ③ ④ ⑤
231	알기 쉽게 요점을 정리한 다음 남에게 잘 설명하는 편이다.	① ② ③ ④ ⑤
232	생물 시간보다는 미술 시간에 흥미가 있다.	① ② ③ ④ ⑤
233	남이 자신에게 상담을 해오는 경우가 많다.	① ② ③ ④ ⑤
234	친목회나 송년회 등의 총무 역할을 좋아하는 편이다.	① ② ③ ④ ⑤
235	실패하든 성공하든 그 원인은 꼭 분석한다.	① ② ③ ④ ⑤
236	실내 장식품이나 액세서리 등에 관심이 많다.	① ② ③ ④ ⑤
237	남에게 보이기 좋아하고 지기 싫어하는 편이다.	① ② ③ ④ ⑤
238	대자연 속에서 마음대로 몸을 움직이는 일이 좋다.	① ② ③ ④ ⑤
239	파티나 모임에서 자연스럽게 돌아다니며 인사하는 성격이다.	① ② ③ ④ ⑤
240	무슨 일에 쉽게 빠져드는 편이며 장인의식도 강하다.	① ② ③ ④ ⑤
241	우리나라 분재를 파리에서 파는 방법 따위를 생각하기 좋아한다.	① ② ③ ④ ⑤
242	하루 종일 거리를 돌아다녀도 그다지 피곤을 느끼지 않는다.	① ② ③ ④ ⑤
243	컴퓨터의 키보드 조작도 연습하면 잘할 수 있을 것 같다.	① ② ③ ④ ⑤
244	자동차나 모터보트 등의 운전에 흥미를 갖고 있다.	① ② ③ ④ ⑤
245	연예인의 인기 비결을 곧 잘 생각해본다.	① ② ③ ④ ⑤
246	과자나 빵을 판매하는 일보다 만드는 일이 나에게 맞을 것 같다.	① ② ③ ④ ⑤
247	대체로 걱정하거나 고민하지 않는다.	① ② ③ ④ ⑤
248	비판적인 말을 들어도 쉽게 상처받지 않았다.	① ② ③ ④ ⑤
249	초등학교 선생님보다는 등대지기가 더 재미있을 것 같았다.	① ② ③ ④ ⑤
250	남의 생일이나 명절 때 선물을 사러 다니는 일이 귀찮게 느껴진다.	① ② ③ ④ ⑤

CHAPTER 02 UK작업태도검사

01 UK작업태도검사

인간은 잠을 잘 때를 제외하곤 항상 어떤 작업을 하고 있으므로 작업 중에 인격적 요인이 반영될 수밖에 없다. 따라서 일정한 조건 아래 단순한 작업을 시키고 나서 그 작업량의 패턴에서 인격을 파악하려고 하는 것이 UK작업태도검사다. 일반적으로 이 방법은 실시가 간단해 집단적으로 실시할 수 있고, 비언어적인 과제를 사용하고 있으므로 언어 이해력을 필요로 하지 않는다는 이점이 있으나 성격 전반에 대한 정보를 얻는 것은 무리다.

작업검사의 대표적인 검사방법으로는 우리나라에서 UK검사라는 약칭으로 통용되는 우치다 - 크레펠린 정신작업검사가 있다. 이 검사의 기초가 된 것은 크레펠린(Kraepelin)이 실험심리학의 연구법으로 개발한 단순가산작업이지만, 이것을 인격검사에 받아들인 것은 우치다 유우자부로(内田勇三郎)다.

우치다 - 크레펠린 정신검사는 1행의 숫자가 가로 91자, 세로 34행으로 된 용지를 사용하는데 1분에 한 행씩 각 행의 숫자를 가산해서 답의 일의 자리 숫자만 쓰는 작업이 주어진다. 현재 삼성에서는 이와 동일하지는 않지만, 비슷한 방식으로 UK작업태도검사를 시행하고 있다. 검사결과의 정리방법은 우선 각 행의 작업이 이루어진 최후의 숫자를 연결하는 것에 의해 작업곡선을 기입한다.

PART 3

1. 측정요인

평균작업량	휴식 후 15분간 작업량의 평균작업량을 측정한다.
초두효과율	작업에 대한 처음의 좋음이나 순조로움을 보이는 요인으로서 작업개시 시의 의지와 긴장 정도를 재는 것이다.
평균오류량	휴식 전후(前後)의 1줄에 대한 평균오류량을 측정한다.
휴식효과율	전반부와 후반부의 작업량을 비교하여 휴식 후의 작업증가율을 나타내는 요인으로서 휴식단계에서 피로가 줄었음에도 불구하고 작업량이 휴식 전보다 낮다면 휴식효과가 낮게 나타난다. 특히 정신분열증 환자의 경우에는 이 휴식효과율이 낮다고 되어 있다.

(1) 양적 측정

휴식 후 15분간 작업량의 평균작업량을 기준으로 측정한다. 일반적으로 UK검사의 작업량은 계산의 연속이기 때문에 피검사자의 IQ(지능지수)와 많은 연관성이 있지만 성격상의 결함이 있는 사람이 많고, 휴식효과율이 낮은 사람이 있기 때문에 직접적으로 지능지수와 연관성을 맺기에는 무리가 있다. 양적 측정은 말 그대로 작업량의 많고 적음을 나타내기도 하고, 휴식효과에 관련해서 정서, 집중력, 가변성 등의 판단결과가 나타난다고 볼 수 있다.

(2) 질적 측정

휴식 전 작업곡선과 휴식 후 작업곡선을 기준으로 초두노력의 결여, 평균오류량, 휴식효과율 등을 판정하여 성격적인 측면을 검사한다.

정형	곡선의 양단이 중앙부보다 높고, 완만하게 하강하고 다시 완만하게 상승하는 형
상승형	전반부가 높고 후반부가 낮아지는 형
중고형	정형과 반대의 형
하강형	전반부가 낮고 후반부가 높아지는 형
수평형	1줄의 작업 최대차가 5 이내로, 상승도 하강도 하지 않는 형
파상형	전체적으로 일정한 규칙이 없이 곡선의 진폭이 크고, 파도치듯이 나타나는 형

2. 검사방법

(1) 검사마다 다르지만 보통 전반 15분, 휴식 5분, 후반 15분의 형태로 실시한다.

(2) 2개의 숫자를 더하여 10의 자리(앞자리)를 제외한 1의 자리(뒷자리)만 숫자와 숫자 사이 아래에 적는다.

(3) 1줄에 1분씩 연속해서 실시한다.

(4) 검사가 끝나면 틀린 부분을 ×표시한다.

(5) ×표시가 있는 부분만큼 기재한 숫자 중 2개씩을 끝부분에서 제외한다.

(6) 끝부분을 연결한다.

02 UK작업태도검사 모의연습

01

2 4 1 5 7 7 8 9 6 5 4 1 2 5 4 7 8 9 6 3 2 1 0 5 4 0 2 5 4 5 5 8 9 6 3 0 1 1
2 4 5 6 6 9 7 6 8 9 7 4 2 3 5 8 4 2 3 6 7 9 4 2 8 3 7 9 5 1 6 8 0 3 7 9 5 4
3 8 6 1 6 7 9 5 3 8 0 4 9 7 5 8 1 2 6 8 1 6 8 5 9 6 4 7 9 5 4 3 6 5 7 7 5 6
3 0 5 7 5 9 7 6 8 5 6 4 9 6 5 1 2 4 5 2 8 6 4 3 5 9 6 5 4 2 8 9 3 5 4 9 3 8
6 2 4 8 2 8 2 4 6 3 8 2 1 6 9 3 7 4 4 2 8 1 8 6 4 9 3 8 6 4 2 5 6 8 2 6 7 5
8 9 6 4 2 6 5 8 7 3 6 3 5 4 7 9 2 3 6 3 2 8 4 3 9 6 4 6 9 2 0 6 5 9 7 5 2 1
9 7 6 3 5 4 0 8 7 9 6 5 4 8 6 3 5 3 3 4 8 4 6 9 2 5 7 1 8 9 6 2 4 8 9 6 8 7
3 5 4 9 1 3 7 6 2 7 4 3 0 4 7 9 5 4 3 8 4 9 6 8 4 2 3 8 4 3 6 8 4 2 6 8 7 4
5 6 1 0 6 8 7 4 9 3 8 7 7 5 1 3 6 8 5 2 8 7 2 4 6 9 5 2 7 8 9 5 2 4 6 9 5 4
7 6 9 8 4 4 8 7 5 3 5 4 7 8 5 4 7 8 5 1 5 7 5 9 6 2 4 4 7 5 6 9 8 7 8 0 2 3
0 1 4 5 7 8 9 9 6 5 4 2 3 5 4 7 7 8 4 5 2 9 8 4 5 6 3 2 4 5 5 7 8 5 6 5 2 4
0 8 2 3 6 5 5 4 1 2 4 1 2 5 4 1 2 5 4 1 2 5 4 1 2 5 4 1 1 2 5 4 5 3 6 6 7 5
2 1 4 9 2 4 5 6 8 7 4 6 5 8 4 2 4 4 2 6 8 2 2 3 3 6 3 8 7 8 5 4 2 6 8 2 1 6
1 5 6 9 7 0 9 9 5 4 3 7 6 1 8 2 7 5 4 9 6 7 3 8 4 2 3 6 7 9 4 2 8 3 7 9 5 1
6 8 0 3 7 9 5 4 3 8 6 1 6 7 9 5 3 8 0 4 9 7 5 8 1 2 6 8 1 6 8 5 9 6 4 7 9 5
4 3 6 5 7 3 4 1 6 9 4 7 1 4 6 3 9 1 0 2 4 0 1 4 8 9 0 1 2 0 2 5 1 4 1 0 4 7
7 6 3 0 4 1 6 9 5 7 5 8 4 2 2 3 6 4 7 5 9 6 3 5 4 9 7 4 2 3 5 6 9 8 4 4 8 7
5 3 5 4 7 8 5 4 7 8 5 1 5 7 5 9 6 2 4 4 7 5 6 9 8 7 8 0 2 3 0 1 4 5 7 8 9 9
6 5 4 2 3 5 4 3 4 1 6 9 4 7 1 4 6 3 9 1 0 2 4 0 1 4 8 9 0 1 2 0 2 5 1 4 1 0
4 7 7 6 3 0 4 1 6 9 5 7 5 8 4 2 2 3 6 4 2 5 8 6 3 5 4 6 9 8 4 4 8 7 5 3 5 4
7 8 5 4 7 8 5 1 5 7 5 9 6 2 4 4 7 5 6 9 8 7 8 0 2 3 0 1 4 5 7 8 9 9 6 5 4 2
3 5 4 7 7 8 4 5 2 9 8 4 5 6 3 2 4 5 5 7 8 5 6 5 2 4 0 8 2 3 6 5 5 4 1 2 4 1
2 5 4 1 2 5 4 1 2 5 4 1 2 5 4 1 1 2 5 4 5 3 6 6 7 5 2 1 4 6 5 4 2 3 8 4 7 9
5 4 2 3 6 5 4 1 2 2 3 6 5 0 7 8 9 4 7 9 2 1 9 7 8 4 2 3 6 7 8 9 4 3 5 7 8 9
5 4 2 3 4 5 7 0 6 7 5 4 7 8 5 9 6 8 8 9 6 2 2 0 5 8 7 5 6 9 8 7 4 5 8 7 4 9
5 7 7 0 3 2 5 6 6 8 7 4 2 4 9 6 2 4 8 6 2 4 7 8 0 6 1 5 6 9 8 3 5 4 7 8 9 5
4 5 1 0 5 4 7 9 6 5 5 4 2 3 6 9 4 5 7 9 2 1 0 2 3 6 0 1 4 7 5 8 8 5 6 0 3 2
4 5 3 0 5 5 4 6 8 2 4 6 2 6 5 7 2 4 9 5 5 1 9 7 3 5 8 4 2 6 8 4 5 7 5 8 4 2
6 9 5 1 3 5 7 1 5 5 6 3 8 7 1 3 1 1 4 7 8 9 6 3 2 4 5 4 7 5 8 5 8 5 4 8 6 3
2 4 1 5 7 7 8 9 6 5 4 1 2 5 4 7 8 9 6 3 2 1 0 5 4 0 2 5 4 5 5 8 9 6 3 0 1 1

PART 3

02

4 3 6 5 7 3 4 1 6 9 4 7 1 4 6 3 9 1 0 2 4 0 1 4 8 9 0 1 2 0 2 5 1 4 1 0 4 7
7 6 3 0 4 1 6 9 5 7 5 8 4 2 2 3 6 4 7 5 9 6 3 5 4 9 7 4 2 3 5 6 9 8 4 4 8 7
5 3 5 4 7 8 5 4 7 8 5 1 5 7 5 9 6 2 4 4 7 5 6 9 8 7 8 0 2 3 0 1 4 5 7 8 9 9
6 5 4 2 3 5 4 3 4 1 6 9 4 7 1 4 6 3 9 1 0 2 4 0 1 4 8 9 0 1 2 0 2 5 1 4 1 0
4 7 7 6 3 0 4 1 6 9 5 7 5 8 4 2 2 3 6 4 2 5 8 6 3 5 4 6 9 8 4 4 8 7 5 3 5 4
7 8 5 4 7 8 5 1 5 7 5 9 6 2 4 4 7 5 6 9 8 7 8 0 2 3 0 1 4 5 7 8 9 9 6 5 4 2
3 5 4 7 7 8 4 5 2 9 8 4 5 6 3 2 4 5 5 7 8 5 6 5 2 4 0 8 2 3 6 5 5 4 1 2 4 1
2 5 4 1 2 5 4 1 2 5 4 1 2 5 4 1 1 2 5 4 5 3 6 6 7 5 2 1 4 6 5 4 2 3 8 4 7 9
5 4 2 3 6 5 4 1 2 2 3 6 5 0 7 8 9 4 7 9 2 1 9 7 8 4 2 3 6 7 8 9 4 3 5 7 8 9
5 4 2 3 4 5 7 0 6 7 5 4 7 8 5 9 6 8 8 9 6 2 2 0 5 8 7 5 6 9 8 7 4 5 8 7 4 9
5 7 7 0 3 2 5 6 6 8 7 4 2 4 9 6 2 4 8 6 2 4 7 8 0 6 1 5 6 9 8 3 5 4 7 8 9 5
4 5 1 0 5 4 7 9 6 5 5 4 2 3 6 9 4 5 7 9 2 1 0 2 3 6 0 1 4 7 5 8 8 5 6 0 3 2
4 5 3 0 5 5 4 6 8 2 4 6 2 6 5 7 2 4 9 5 5 1 9 7 3 5 8 4 2 6 8 4 5 7 5 8 4 2
6 9 5 1 3 5 7 1 5 5 6 3 8 7 1 3 1 1 4 7 8 9 6 3 2 4 5 4 7 5 8 5 8 5 4 8 6 3
2 4 1 5 7 7 8 9 6 5 4 1 2 5 4 7 8 9 6 3 2 1 0 5 4 0 2 5 4 5 5 8 9 6 3 0 1 1
2 4 1 5 7 7 8 9 6 5 4 1 2 5 4 7 8 9 6 3 2 1 0 5 4 0 2 5 4 5 5 8 9 6 3 0 1 1
2 4 5 6 6 9 7 6 8 9 7 4 2 3 5 8 4 2 3 6 7 9 4 2 8 3 7 9 5 1 6 8 0 3 7 9 5 4
3 8 6 1 6 7 9 5 3 8 0 4 9 7 5 8 1 2 6 8 1 6 8 5 9 6 4 7 9 5 4 3 6 5 7 7 5 6
3 0 5 7 5 9 7 6 8 5 6 4 9 6 5 1 2 4 5 2 8 6 4 3 5 9 6 5 4 2 8 9 3 5 4 9 3 8
6 2 4 8 2 8 2 4 6 3 8 2 1 6 9 3 7 4 4 2 8 1 8 6 4 9 3 8 6 4 2 5 6 8 2 6 7 5
8 9 6 4 2 6 5 8 7 3 6 3 5 4 7 9 2 3 6 3 2 8 4 3 9 6 4 6 9 2 0 6 5 9 7 5 2 1
9 7 6 3 5 4 0 8 7 9 6 5 4 8 6 3 5 3 3 4 8 4 6 9 2 5 7 1 8 9 6 2 4 8 9 6 8 7
3 5 4 9 1 3 7 6 2 7 4 3 0 4 7 9 5 4 3 8 4 9 6 8 4 2 3 8 4 3 6 8 4 2 6 8 7 4
5 6 1 0 6 8 7 4 9 3 8 7 7 5 1 3 6 8 5 2 8 7 2 4 6 9 5 2 7 8 9 5 2 4 6 9 5 4
7 6 9 8 4 4 8 7 5 3 5 4 7 8 5 4 7 8 5 1 5 7 5 9 6 2 4 4 7 5 6 9 8 7 8 0 2 3
0 1 4 5 7 8 9 9 6 5 4 2 3 5 4 7 7 8 4 5 2 9 8 4 5 6 3 2 4 5 5 7 8 5 6 5 2 4
0 8 2 3 6 5 5 4 1 2 4 1 2 5 4 1 2 5 4 1 2 5 4 1 2 5 4 1 1 2 5 4 5 3 6 6 7 5
2 1 4 9 2 4 5 6 8 7 4 6 5 8 4 2 4 4 2 6 8 2 2 3 3 6 3 8 7 8 5 4 2 6 8 2 1 6
1 5 6 9 7 0 9 9 5 4 3 7 6 1 8 2 7 5 4 9 6 7 3 8 4 2 3 6 7 9 4 2 8 3 7 9 5 1
6 8 0 3 7 9 5 4 3 8 6 1 6 7 9 5 3 8 0 4 9 7 5 8 1 2 6 8 1 6 8 5 9 6 4 7 9 5

03

0 8 2 3 6 5 5 4 1 2 4 1 2 5 4 1 2 5 4 1 2 5 4 1 2 5 4 1 1 2 5 4 5 3 6 6 7 5
2 1 4 9 2 4 5 6 8 7 4 6 5 8 4 2 4 4 2 6 8 2 2 3 3 6 3 8 7 8 5 4 2 6 8 2 1 6
6 8 0 3 7 9 5 4 3 8 6 1 6 7 9 5 3 8 0 4 9 7 5 8 1 2 6 8 1 6 8 5 9 6 4 7 9 5
1 5 6 9 7 0 9 9 5 4 3 7 6 1 8 2 7 5 4 9 6 7 3 8 4 2 3 6 7 9 4 2 8 3 7 9 5 1
5 3 5 4 7 8 5 4 7 8 5 1 5 7 5 9 6 2 4 4 7 5 6 9 8 7 8 0 2 3 0 1 4 5 7 8 9 9
6 5 4 2 3 5 4 3 4 1 6 9 4 7 1 4 6 3 9 1 0 2 4 0 1 4 8 9 0 1 2 0 2 5 1 4 1 0
4 7 7 6 3 0 4 1 6 9 5 7 5 8 4 2 2 3 6 4 2 5 8 6 3 5 4 6 9 8 4 4 8 7 5 3 5 4
7 8 5 4 7 8 5 1 5 7 5 9 6 2 4 4 7 5 6 9 8 7 8 0 2 3 0 1 4 5 7 8 9 9 6 5 4 2
3 5 4 7 7 8 4 5 2 9 8 4 5 6 3 2 4 5 5 7 8 5 6 5 2 4 0 8 2 3 6 5 5 4 1 2 4 1
4 3 6 5 7 3 4 1 6 9 4 7 1 4 6 3 9 1 0 2 4 0 1 4 8 9 0 1 2 0 2 5 1 4 1 0 4 7
7 6 3 0 4 1 6 9 5 7 5 8 4 2 2 3 6 4 7 5 9 6 3 5 4 9 7 4 2 3 5 6 9 8 4 4 8 7
3 5 4 9 1 3 7 6 2 7 4 3 0 4 7 9 5 4 3 8 4 9 6 8 4 2 3 8 4 3 6 8 4 2 6 8 7 4
2 5 4 1 2 5 4 1 2 5 4 1 2 5 4 1 1 2 5 4 5 3 6 6 7 5 2 1 4 6 5 4 2 3 8 4 7 9
5 4 2 3 6 5 4 1 2 2 3 6 5 0 7 8 9 4 7 9 2 1 9 7 8 4 2 3 6 7 8 9 4 3 5 7 8 9
5 4 2 3 4 5 7 0 6 7 5 4 7 8 5 9 6 8 8 9 6 2 2 0 5 8 7 5 6 9 8 7 4 5 8 7 4 9
2 4 5 6 6 9 7 6 8 9 7 4 2 3 5 8 4 2 3 6 7 9 4 2 8 3 7 9 5 1 6 8 0 3 7 9 5 4
3 8 6 1 6 7 9 5 3 8 0 4 9 7 5 8 1 2 6 8 1 6 8 5 9 6 4 7 9 5 4 3 6 5 7 7 5 6
3 0 5 7 5 9 7 6 8 5 6 4 9 6 5 1 2 4 5 2 8 6 4 3 5 9 6 5 4 2 8 9 3 5 4 9 3 8
6 2 4 8 2 8 2 4 6 3 8 2 1 6 9 3 7 4 4 2 8 1 8 6 4 9 3 8 6 4 2 5 6 8 2 6 7 5
8 9 6 4 2 6 5 8 7 3 6 3 5 4 7 9 2 3 6 3 2 8 4 3 9 6 4 6 9 2 0 6 5 9 7 5 2 1
9 7 6 3 5 4 0 8 7 9 6 5 4 8 6 3 5 3 3 4 8 4 6 9 2 5 7 1 8 9 6 2 4 8 9 6 8 7
5 7 7 0 3 2 5 6 6 8 7 4 2 4 9 6 2 4 8 6 2 4 7 8 0 6 1 5 6 9 8 3 5 4 7 8 9 5
4 5 1 0 5 4 7 9 6 5 5 4 2 3 6 9 4 5 7 9 2 1 0 2 3 6 0 1 4 7 5 8 8 5 6 0 3 2
4 5 3 0 5 5 4 6 8 2 4 6 2 6 5 7 2 4 9 5 5 1 9 7 3 5 8 4 2 6 8 4 5 7 5 8 4 2
6 9 5 1 3 5 7 1 5 5 6 3 8 7 1 3 1 1 4 7 8 9 6 3 2 4 5 4 7 5 8 5 8 5 4 8 6 3
2 4 1 5 7 7 8 9 6 5 4 1 2 5 4 7 8 9 6 3 2 1 0 5 4 0 2 5 4 5 5 8 9 6 3 0 1 1
2 4 1 5 7 7 8 9 6 5 4 1 2 5 4 7 8 9 6 3 2 1 0 5 4 0 2 5 4 5 5 8 9 6 3 0 1 1
5 6 1 0 6 8 7 4 9 3 8 7 7 5 1 3 6 8 5 2 8 7 2 4 6 9 5 2 7 8 9 5 2 4 6 9 5 4
7 6 9 8 4 4 8 7 5 3 5 4 7 8 5 4 7 8 5 1 5 7 5 9 6 2 4 4 7 5 6 9 8 7 8 0 2 3
0 1 4 5 7 8 9 9 6 5 4 2 3 5 4 7 7 8 4 5 2 9 8 4 5 6 3 2 4 5 5 7 8 5 6 5 2 4

04

6 5 4 2 3 5 4 3 4 1 6 9 4 7 1 4 6 3 9 1 0 2 4 0 1 4 8 9 0 1 2 0 2 5 1 4 1 0
4 7 7 6 3 0 4 1 6 9 5 7 5 8 4 2 2 3 6 4 2 5 8 6 3 5 4 6 9 8 4 4 8 7 5 3 5 4
7 8 5 4 7 8 5 1 5 7 5 9 6 2 4 4 7 5 6 9 8 7 8 0 2 3 0 1 4 5 7 8 9 9 6 5 4 2
3 5 4 7 7 8 4 5 2 9 8 4 5 6 3 2 4 5 5 7 8 5 6 5 2 4 0 8 2 3 6 5 5 4 1 2 4 1
6 8 0 3 7 9 5 4 3 8 6 1 6 7 9 5 3 8 0 4 9 7 5 8 1 2 6 8 1 6 8 5 9 6 4 7 9 5
1 5 6 9 7 0 9 9 5 4 3 7 6 1 8 2 7 5 4 9 6 7 3 8 4 2 3 6 7 9 4 2 8 3 7 9 5 1
5 3 5 4 7 8 5 4 7 8 5 1 5 7 5 9 6 2 4 4 7 5 6 9 8 7 8 0 2 3 0 1 4 5 7 8 9 9
4 3 6 5 7 3 4 1 6 9 4 7 1 4 6 3 9 1 0 2 4 0 1 4 8 9 0 1 2 0 2 5 1 4 1 0 4 7
7 6 3 0 4 1 6 9 5 7 5 8 4 2 2 3 6 4 7 5 9 6 3 5 4 9 7 4 2 3 5 6 9 8 4 4 8 7
3 5 4 9 1 3 7 6 2 7 4 3 0 4 7 9 5 4 3 8 4 9 6 8 4 2 3 8 4 3 6 8 4 2 6 8 7 4
2 5 4 1 2 5 4 1 2 5 4 1 2 5 4 1 1 2 5 4 5 3 6 6 7 5 2 1 4 6 5 4 2 3 8 4 7 9
5 4 2 3 6 5 4 1 2 2 3 6 5 0 7 8 9 4 7 9 2 1 9 7 8 4 2 3 6 7 8 9 4 3 5 7 8 9
5 4 2 3 4 5 7 0 6 7 5 4 7 8 5 9 6 8 8 9 6 2 2 0 5 8 7 5 6 9 8 7 4 5 8 7 4 9
2 4 5 6 6 9 7 6 8 9 7 4 2 3 5 8 4 2 3 6 7 9 4 2 8 3 7 9 5 1 6 8 0 3 7 9 5 4
3 8 6 1 6 7 9 5 3 8 0 4 9 7 5 8 1 2 6 8 1 6 8 5 9 6 4 7 9 5 4 3 6 5 7 7 5 6
3 0 5 7 5 9 7 6 8 5 6 4 9 6 5 1 2 4 5 2 8 6 4 3 5 9 6 5 4 2 8 9 3 5 4 9 3 8
6 2 4 8 2 8 2 4 6 3 8 2 1 6 9 3 7 4 4 2 8 1 8 6 4 9 3 8 6 4 2 5 6 8 2 6 7 5
8 9 6 4 2 6 5 8 7 3 6 3 5 4 7 9 2 3 6 3 2 8 4 3 9 6 4 6 9 2 0 6 5 9 7 5 2 1
9 7 6 3 5 4 0 8 7 9 6 5 4 8 6 3 5 3 3 4 8 4 6 9 2 5 7 1 8 9 6 2 4 8 9 6 8 7
0 8 2 3 6 5 5 4 1 2 4 1 2 5 4 1 2 5 4 1 2 5 4 1 2 5 4 1 1 2 5 4 5 3 6 6 7 5
2 1 4 9 2 4 5 6 8 7 4 6 5 8 4 2 4 4 2 6 8 2 2 3 3 6 3 8 7 8 5 4 2 6 8 2 1 6
5 7 7 0 3 2 5 6 6 8 7 4 2 4 9 6 2 4 8 6 2 4 7 8 0 6 1 5 6 9 8 3 5 4 7 8 9 5
4 5 1 0 5 4 7 9 6 5 5 4 2 3 6 9 4 5 7 9 2 1 0 2 3 6 0 1 4 7 5 8 8 5 6 0 3 2
4 5 3 0 5 5 4 6 8 2 4 6 2 6 5 7 2 4 9 5 5 1 9 7 3 5 8 4 2 6 8 4 5 7 5 8 4 2
6 9 5 1 3 5 7 1 5 5 6 3 8 7 1 3 1 1 4 7 8 9 6 3 2 4 5 4 7 5 8 5 8 5 4 8 6 3
2 4 1 5 7 7 8 9 6 5 4 1 2 5 4 7 8 9 6 3 2 1 0 5 4 0 2 5 4 5 5 8 9 6 3 0 1 1
2 4 1 5 7 7 8 9 6 5 4 1 2 5 4 7 8 9 6 3 2 1 0 5 4 0 2 5 4 5 5 8 9 6 3 0 1 1
5 6 1 0 6 8 7 4 9 3 8 7 7 5 1 3 6 8 5 2 8 7 2 4 6 9 5 2 7 8 9 5 2 4 6 9 5 4
7 6 9 8 4 4 8 7 5 3 5 4 7 8 5 4 7 8 5 1 5 7 5 9 6 2 4 4 7 5 6 9 8 7 8 0 2 3
0 1 4 5 7 8 9 9 6 5 4 2 3 5 4 7 7 8 4 5 2 9 8 4 5 6 3 2 4 5 5 7 8 5 6 5 2 4

PART 4

면접

CHAPTER 01 이력서 및 자기소개서 작성요령

1. 이력서 작성하기

이력서는 학력, 경력, 자격 사항 등 구직자에 대한 정보가 간결하게 정리된 문서로, 입사를 위한 첫 단계이기도 하다. 인사 담당자가 한 장의 이력서를 보는 데는 평균 30초가 걸린다. 수많은 지원자의 입사지원서 중에서 눈에 띄는 입사지원서를 작성하기 위해서는 체계적인 전략이 필요하다.

(1) 입사지원서 작성 시 준비할 사항

① 내가 살아온 길 되돌아보기
- 본적 및 가족사항(호주와의 관계)
- 학창시절, 입학 및 졸업예정일 확인
- 경력사항(봉사활동 및 동아리 활동 등)
- 학생생활기록부, 각종 상장 및 수료증, 추천서
- 보유 자격증

② 내가 앞으로 살아갈 방향 생각해보기
- 내가 좋아하는 일이 무엇인지 파악하기
- 내가 잘할 수 있는 일 파악하기
- 내가 희망하는 회사 알아보기
- 지원 분야의 전망 살펴보기

③ 준비사항
- 규격에 맞는 사진
- 주민등록등본과 자격증 사본

(2) 입사지원서 양식 예시

입사지원서

입사구분	신입 / 경력	응시부문		희망연봉	만 원
제목					

사진 (3.5×4.5)	성명	한글) 漢字) 영문)		
	생년월일	년 월 일 (만 세)	성별	남 · 여
	주소	(우편번호 : –)		
	전화번호		국가보훈여부	대상 ( ) 비대상 ( )

학력 사항	기간	학교 / 교육기관	학과명(학점)	졸업구분
	~	고등학교		

경력 사항	기간	근무처	담당업무	세부내용
	~			
	~			
	~			

주요 활동	기간	활동단체명	직책	세부내용

자격 / 면허	자격(면허)명	등급	취득일	발행처

외국어	외국어명		IT능력	S/W 및 언어	
	점수			활용능력	
	구사정도			S/W 및 언어	
	해외연수			활용능력	

수상 경력	수상명	수상일	수상기관	내용

PART 4

(3) 입사지원서 작성 요령

① 두괄식 표현 또는 헤드라인은 읽는 사람을 배려하고 임팩트를 주어 호기심을 유발하는 효과를 준다.

② 사진은 가능한 최근에 찍은 사진을 부착하고, 화려하게 꾸민 모습보다는 단정하고 밝은 인상을 줄 수 있도록 한다.

③ 급하게 연락을 할 수 있기 때문에 연락 가능한 번호를 2개 이상 기재한다.

④ 호주와의 관계는 호주 쪽에서 본 자신의 관계임을 유의한다.

⑤ 학력은 고등학교 졸업부터 적는 것이 일반적이다.

⑥ 오탈자와 인터넷 용어, 이모티콘 등을 사용하지 않는다. 틀린 맞춤법이 있는지 확인하는 것은 필수적이다.

⑦ 종교나 개인적 취향, 건강상태 등 회사에서 요구하지 않은 불필요한 내용을 일일이 적지 않는다.

⑧ 고등학교를 졸업하고 취업을 하는 경우 다른 경력사항이 많지 않기 때문에 아르바이트 경험이나 봉사활동의 경험, 동아리 활동 등의 경험을 기록한다.

⑨ 지원 분야 업무와 관련된 자격증 취득 내용을 우선 기재한다. 또한 국가공인 자격증뿐만 아니라 민간자격증도 모두 기재하여 가능한 공란을 두지 않는다.

⑩ 한 이력서를 여러 회사에 보내다보면 다른 회사의 이름으로 지원하는 실수를 범할 수 있다. 회사 이름이나 지원 분야를 꼭 확인하여 기록한다.

Tip E-mail 접수 시 유의사항

- 회사의 입사지원서 양식이 있다면 반드시 사용한다.
- 긴급 연락처도 추가 기입하는 것이 좋다.
  예 ps. 010-123-4567
- 접수 시, 제목에는 이름과 지원 분야만 간단하게 적는다.
  예 금번 하반기 공채_기술 생산직 파트에 지원하는 OOO입니다. (O)
  귀사의 기술 생산직에서 꼭 뽑히고 싶은 OOO입니다!!! (×)
- Nickname에 주의한다.
- 제출 서류의 파일 첨부를 잊지 않는다(자격증 사본, 증명서 등). 단, 압축은 피한다.

Tip E-mail 접수 본문 예시

인사 담당자님께

안녕하십니까?
저는 귀사의 반도체 생산직에 관한 공고를 보고 입사 지원하는 ○○고등학교 ○○○과 3학년 ○○○입니다.

전자제품 개발에 관심이 많아 귀사의 사보나 기사는 빠뜨리지 않고 모아왔습니다.
또한 3년간 기술실무를 배우고 관련 자격증을 취득하여 처음 일을 시작할 때 빨리 적응하고 정확하게 처리할 것이라고 확신합니다.

채용공고를 보고 이메일로 귀사에 대한 저의 관심을 전해드리며 연락 기다리겠습니다.
그럼 안녕히 계십시오.
감사합니다.

2025. ○. ○

○○○ 드림

2. 합격 자기소개서의 비밀

(1) 좋은 자기소개서란?

① 직무를 먼저 확실하게 정한다.
② 해당 직무를 맡을 인재가 갖추어야 할 능력 몇 가지를 생각해본다.
③ 자기소개서 각 항목에 키워드와 에피소드를 배치한다.
④ 해당 키워드를 드러낼 수 있는 에피소드를 생각해본다.
⑤ 에피소드를 구체화시켜 설득력을 드러낸다.

(2) 자기소개서 작성 요령

① 두서없이 주절주절 쓰지 않는다.
태어나서부터 현재까지의 모든 이야기를 쓰려고 하면 끝도 없을뿐더러 인사 담당자는 모든 성장과정을 궁금해 하지 않는다. 지원 분야를 선택하게 된 동기가 되는 경험을 핵심적으로 쓴다.

② 과장되거나 거짓된 정보를 쓰지 않는다.
동시에 지나친 솔직함도 금물이다. 알릴 필요가 없는 자신의 단점까지 노출할 필요는 없다.

③ 진부한 표현을 쓰지 않는다.
"꼭 뽑히고 싶다.", "뽑아만 주신다면 열심히 하겠다."와 같은 상투적인 표현은 하지 않는다. 왜 선발되어야 하는지, 선발되면 어떤 일을 할 수 있는지에 대한 구체적인 내용을 적는다.

④ 경쟁자와의 차별성을 드러낸다.

수많은 지원자 가운데 돋보이지 않는다면 이미 합격의 가능성은 없어진 것이다. 자신만의 색깔이 두드러질 수 있는 전략을 세워보자.

⑤ 포괄적이고 모호한 표현을 쓰지 않는다.

자신의 역량을 나타낼 수 있는 정확한 데이터나 수치화된 자료를 제시하는 것이 효과적이다.

Tip 자기소개서에 사용하면 안 되는 단어

미국 CNN 인터넷판은 최근 '이력서에 적어서는 안 될 25개 단어들(25 words that hurt your resume)'이라는 제목으로 커리어빌더닷컴 로라 모쉬(Laura Morsch)의 글을 올렸다. 모쉬는 베넷이 제시한 '이력서에 쓰지 말아야 할 멋있지만 모호한 낱말 25개'를 나열했다.

적극적인(Aggressive)
패기 있는(Ambitious)
능력 있는(Competent)
창조적인(Creative)
꼼꼼한(Detail-oriented)
단호한(Etermined)
능률적인(Efficient)
경험 많은(Experienced)
융통성 있는(Flexible)
목표의식이 강한(Goal-oriented)
열심히 일하는(Hard-working)
독립심이 강한(Independent)
혁신적인(Innovative)
아는 게 많은(Knowledgeable)
논리적인(Logical)
자극하는(Motivated)
신중한(Meticulous)
막연한 의미의 사람(People, Person)
전문적인(Professional)
믿을만한(Reliable)
수완이 좋은(Resourceful)
혼자서도 잘하는(Self-motivated)
성공적인(Successful)
팀워크가 좋은(Team Player)
계획적인(Well-organized)

(3) 자기소개서 예시

다음에 제시된 자기소개서들은 각 기업체에서 합격한 자기소개서이다. 인사 담당자에게 합격 점수를 받은 데에는 세 가지 비밀이 있다.

① 에피소드로 설득력을 높였다.

② 두괄식 표현으로 읽는 사람을 배려하였다.

③ 지원하는 직무에 필요한 핵심 역량을 표현하였다.

이와 같은 특징을 살려 인사 담당자에게 합격 점수를 받은 자기소개서를 살펴보자.

자기소개서 예시 1

❖ 성장과정 (핵심키워드 → 봉사심, 빠른 작업속도)
"설거지 속도가 남보다 2배 빠릅니다."
6살 때부터 저와 언니는 친할머니 손에서 성장하였습니다. 손녀 둘을 정성껏 돌봐주시는 할머니의 따뜻한 마음을 배워서 저 또한 봉사심을 기를 수 있었습니다. 가난한 사람들에게 음식을 제공하는 푸드뱅크에서 봉사활동으로 한 달 동안 설거지를 매일 4시간씩 하였는데, 다른 자원봉사자들보다 2배 속도로 셀 수 없을 만큼의 그릇을 닦아냈습니다. 사랑을 받은 사람이 사랑을 베풀 수 있다고 생각합니다. 어려운 환경 속에서 많은 분들의 격려와 사랑을 받으며 자라왔기 때문에 늘 감사하는 마음으로 어떤 직원보다 2배 더 열심히 일할 수 있을 것 같습니다.

❖ 성격의 장단점 (핵심키워드 → 팔로워십, 대인관계능력)
"반장이 예뻐해 주는 학생"
같은 나이에 학급의 리더로 일하는 반장을 보면 참 대단해 보입니다. 저는 앞에서 누군가를 이끌어 가기보다는 뒤에서 서포터해주는 일을 더 좋아하기 때문입니다. 다른 친구들은 동갑내기 반장을 무시하기도 하고 말을 잘 안 들어주는데 저는 반장의 리더 권한을 존중해주고 시키는 대로 잘 따릅니다. 그래서 반장이 저를 너무 예뻐합니다. 이렇게 뒤에서 리더를 지지해 주는 것이 저의 가장 큰 장점입니다. 반면에 앞에 나서서 사람들을 이끄는 것은 부끄러움을 타서 잘 하지 못하는 것이 단점입니다. 그러나 리더는 지지자가 없으면 무용지물이기에 리더를 지켜주는 지지자가 어쩌면 더 중요한 것 같습니다.

❖ 학창시절 및 경험사항 (핵심키워드 → 회계능력)
"전문계고에서 전자상거래과를 전공하면서 회계능력을 키웠습니다."
전자상거래과에 진학하면서 2학년 때부터는 회계와 ERP라는 과목을 배웠습니다. 회계 과목은 흥미가 있어 늘 상위권에 속했습니다. 그리고 현재 전산회계 자격증을 준비하면서 실무에 필요한 지식과 정보를 갖춰 나가고 있습니다. 특히 카임과 더존 프로그램 두 가지 중에 요즘 기업에서 많이 쓴다는 더존 프로그램으로 공부를 더 하고 있습니다. 언제라도 바로 투입되어서 업무를 할 수 있는 준비된 인재입니다.

❖ 지원동기 및 입사 후 포부 (핵심키워드 → 인내심, 체력)
"검단산을 올랐던 인내심과 체력으로"
고등학교는 중학교와 또 다르게 공부하는 과목도 많아지고 야간자율학습도 해야 하는 등 힘든 일이 많았습니다. 그때 제가 선택한 것은 검단산을 오르는 일이었습니다. 처음에는 중턱까지밖에 오르지 못하고 내려와야 했습니다. 등산하는 법을 잘 몰랐고 무엇보다도 길이 잘 보이지 않아 두려웠던 제 마음의 벽을 뛰어넘지 못했던 것 같습니다. 그 후에 다시 올랐습니다. 그리고 또 정상까지 올라가지 못했습니다. 그러나 세 번째 등산에서 결국 정상에 오를 수 있었습니다. 이 경험을 통해서 목표를 분명히 가지고 꾸준히 노력하면 꼭 이루어진다는 것을 배웠습니다. 분명 사회생활도 힘든 일이 많겠지만 그때마다 검단산을 오르며 인내심과 체력을 다져서 맑은 정신을 바탕으로 맡은 일에 최선을 다하는 인재가 되겠습니다.

자기소개서 예시 2

❖ 성장과정 (핵심키워드 → 체력, 신뢰감)
"체력이 국력이다"라는 아버지 뜻에 따라 다양한 운동을 하면서 성장하였습니다. 특히 아버지는 산악자전거를 자주 타시는데 저도 어렸을 때부터 자전거를 타면서 신체를 건강히 하였습니다. '건강한 신체에 건강한 정신이 깃든다.'는 말이 있습니다. 덕분에 주변 어르신들께 늘 예의 바른 학생으로 칭찬을 받았고 이웃집의 아이들을 돌봐줄 수 있는 기회도 많이 얻게 되었습니다. 어린 학생한테 어린아이를 맡긴 것은 '신뢰감'을 쌓은 덕분이라고 생각합니다. 주변 사람들한테 성실한 이미지로 신뢰감을 받으며 성장하였습니다.

❖ 성격의 장단점 (핵심키워드 → 꼼꼼함, 청결함)
"학급의 미화부장을 담당할 정도로 꼼꼼함을 지녔습니다."
매년 학기 초가 되면 모든 학급은 '환경미화대회'라는 큰 행사에 몰두합니다. 게시판을 아름답게 꾸미고 청소를 깨끗이 하는 반이 우승을 하는 것입니다. 고등학교 3학년 때 저는 이 대회를 총괄하는 '미화부장'에 당선되었습니다. 그리고 선생님과 학급 친구들과 협력하여 전체 1등을 수상하였습니다. 손재주가 좋아서 예쁘게 꾸미는 것도 잘하고 성격이 꼼꼼하여 창틀의 먼지까지도 말끔하게 닦는 성격입니다. 주변 친구들은 너무 깔끔한 것을 추구하는 것은 결벽증이라고 저의 단점이라고도 합니다. 그러나 회사생활을 하는 데 청결한 생활 태도는 큰 도움이 될 것이라고 생각합니다.

❖ 학창시절 및 경험사항 (핵심키워드 → 원칙준수, 기본을 지키는 성향)
비누공예 동아리에서 비누를 만들어서 바자회를 했던 경험이 있습니다. 천연비누 재료를 받아 든 모든 친구들은 선생님의 설명을 다 듣지도 않은 채 이것저것 섞고 만들고 하였습니다. 설명서대로 하지 않아서 색과 향기도 좋지 않았습니다. 그러나 저는 모든 설명서를 꼼꼼하게 읽고 천천히 만들었습니다. 결국 바자회에서 제일 잘 팔린 것은 설명서대로 만든 작품들이었습니다. 덕분에 작은 일에도 원칙을 지키는 것이 중요하다는 교훈을 얻을 수 있었습니다. 학교생활과 회사생활의 공통점은 사람이 사는 사회이기 때문에 규칙을 지키는 것이라고 생각합니다. 많은 이들이 규칙을 고리타분하게 여기지만 저는 공동의 목표를 위해 원칙을 잘 지켜야 한다고 생각합니다.

❖ 지원동기 및 입사 후 포부 (핵심키워드 → 다양한 일을 한 번에 처리하는 능력)
"요리, 서빙, 배달, 설거지, 청소 5가지를 한 번에 하는 멀티 플레이어입니다."
제가 태어나기 전부터 어머니는 식당을 운영하셨습니다. 덕분에 어려서부터 요리하기, 손님이 오시면 서빙하기 등 다양한 경험들을 할 수 있었습니다. 초등학교 5학년 때는 처음으로 배달도 했습니다. 어린 나이에 남의 집에 배달하러 가는 것이 쑥스러울 수 있었지만 어머니를 도와드릴 수 있다는 생각에 기쁜 마음으로 했습니다. 이제는 학교 마치고 집에 가서 제가 식당의 거의 모든 일을 다 합니다. 주문을 받으면 요리부터 서빙, 설거지까지 일사천리로 일하는 법을 배웠습니다. 회사에 입사하게 되면 시켜서 하는 사원이 아니라 알아서 일을 찾아서 하는 일꾼이 되겠습니다. 한 번에 다양한 일을 시키셔도 잘 해내는 멀티 플레이어 인재가 되겠습니다.

자기소개서 예시 3

❖ 성장과정 (핵심키워드 → 성실함)

초・중・고 12년의 학창 생활 동안 단 한 번의 결석도 하지 않았습니다. 이런 성실함은 사회인의 기본이라고 생각합니다. 물론 몸이 좋지 않은 날도 있었지만 양호실에서 쉬어가면서도 학교는 빠지지 않았습니다. 결근은 절대 하지 않겠다는 약속은 자신 있게 할 수 있습니다. 사회생활을 하다 보면 많이 지치고 힘들겠지만 스스로 격려하고 동기부여하며 맡은 일에 성실함을 다하여 일하겠습니다.

❖ 성격의 장단점 (핵심키워드 → 정직성, 책임감)

중학교 3학년 때 조별 청소하는 날이었습니다. 다른 친구들이 선생님 몰래 하나둘씩 도망가기 시작하였습니다. 결국 혼자 남아서 열 명의 몫을 청소해야만 했습니다. 친구들은 이렇게 요령을 피우지 못하고 미련하게 일을 하는 것이 저의 단점이라고 합니다. 물론 혼자 큰 교실을 청소하는 것이 버거웠고 저 또한 도망가고 싶었지만 제 스스로에게 떳떳하지 못한 기분이 싫었습니다. 결국 지나가시던 담임선생님께서 제가 혼자 청소하는 것을 보시고 함께 청소해주시며 칭찬해 주셨습니다. 이 일을 계기로 반 대표로 표창장까지 받았습니다. 요령 피우는 것은 짧게 보면 이로울 것 같으나 결국 도망간 학생들은 선생님으로부터 신뢰를 잃었고 한 달 동안 벌로 청소를 해야 했습니다. 원칙을 지키고 책임감을 다해 맡은 일을 끝내면 바보처럼 보일지 몰라도 길게 봤을 때 더 좋다는 것을 배울 수 있었던 계기가 되었습니다. 맡은 일에 책임을 다하는 것이 저의 가장 큰 장점입니다.

❖ 지원동기 및 입사 후 포부 (핵심키워드 → 인내심, 서비스마인드)

고등학교 2학년 때 용돈을 마련하기 위해 배스킨라빈스라는 아이스크림 전문점에서 아르바이트를 하였습니다. 오전 10시부터 오후 4시까지 6시간 동안 서서 딱딱한 아이스크림을 쉴 새 없이 퍼내는 것이 생각보다 지치고 힘들었습니다. 손가락이 후들후들 떨리고 계속 서 있는 것도 힘겨웠습니다. 그러나 고객이 들어오면 늘 밝게 인사를 하였습니다. 고객을 맞이하는 30초라는 짧은 순간이 저희 가게의 이미지를 결정할 것이라 생각했기 때문이었습니다. 결국 방학이 끝나서 아르바이트를 마칠 때 점장님께서 학생 같지 않게 잘해주었다고 칭찬해 주셨습니다. 힘들어도 늘 미소를 잃지 않는 일꾼이 되겠습니다.

CHAPTER 02 면접 유형 및 실전 대책

01 면접 주요사항

면접의 사전적 정의는 면접관이 지원자를 직접 만나보고 인품(人品)이나 언행(言行) 따위를 시험하는 일로, 흔히 필기시험 후에 최종적으로 심사하는 방법이다.

최근 주요 기업의 인사담당자들을 대상으로 채용 시 면접이 차지하는 비중을 설문조사했을 때, 50 ~ 80% 이상이라고 답한 사람이 전체 응답자의 80%를 넘었다. 이와 대조적으로 지원자들을 대상으로 취업시험에서 면접을 준비하는 기간을 물었을 때, 대부분의 응답자가 2 ~ 3일 정도라고 대답했다.

지원자가 일정 수준의 스펙을 갖추기 위해 자격증 시험과 토익을 치르고 이력서와 자기소개서까지 쓰다 보면 면접까지 챙길 여유가 없는 것이 사실이다. 그리고 서류전형과 인적성검사를 통과해야만 면접을 볼 수 있기 때문에 자연스럽게 면접은 취업시험 과정에서 그 비중이 작아질 수밖에 없다. 하지만 아이러니하게도 실제 채용 과정에서 면접이 차지하는 비중은 절대적이라고 해도 과언이 아니다.

기업들은 채용 과정에서 토론 면접, 인성 면접, 프레젠테이션 면접, 역량 면접 등의 다양한 면접을 실시한다. 1차 커트라인이라고 할 수 있는 서류전형을 통과한 지원자들의 스펙이나 능력은 서로 엇비슷하다고 판단되기 때문에 서류상 보이는 자격증이나 토익 성적보다는 지원자의 인성을 파악하기 위해 면접을 더욱 강화하는 것이다. 일부 기업은 의도적으로 압박 면접을 실시하기도 한다. 지원자가 당황할 수 있는 질문을 던져서 그것에 대한 지원자의 반응을 살펴보는 것이다.

면접은 다르게 생각한다면 '나는 누구인가?'에 대한 물음에 해답을 줄 수 있는 가장 현실적이고 미래적인 경험이 될 수 있다. 취업난 속에서 자격증을 취득하고 토익 성적을 올리기 위해 앞만 보고 달려온 지원자들은 자신에 대해서 고민하고 탐구할 수 있는 시간을 평소 쉽게 가질 수 없었을 것이다. 자신을 잘 알고 있어야 자신에 대해서 자신감 있게 말할 수 있다. 대체로 사람들은 자신에게 관대한 편이기 때문에 스스로에 대해서 어떤 기대와 환상을 가지고 있는 경우가 많다. 하지만 면접은 제삼자에 의해 개인의 능력을 객관적으로 평가받는 시험이다. 어떤 지원자들은 다른 사람에게 자신을 표현하는 것을 어려워한다. 평소에 잘 사용하지 않는 용어를 내뱉으면서 거창하게 자신을 포장하는 지원자도 많다. 면접에서 가장 기본은 자기 자신을 면접관에게 알기 쉽게 표현하는 것이다.

이러한 표현을 바탕으로 자신이 앞으로 하고자 하는 것과 그에 대한 이유를 설명해야 한다. 최근에는 자신감을 향상시키거나 말하는 능력을 높이는 학원도 많기 때문에 얼마든지 자신의 단점을 극복할 수 있다.

1. 자기소개의 기술

자기소개를 시키는 이유는 면접자가 지원자의 자기소개서를 압축해서 듣고, 지원자의 첫인상을 평가할 시간을 가질 수 있기 때문이다. 면접을 위한 워밍업이라고 할 수 있으며, 첫인상을 결정하는 과정이므로 매우 중요한 순간이다.

(1) 정해진 시간에 자기소개를 마쳐야 한다.

쉬워 보이지만 의외로 지원자들이 정해진 시간을 넘기거나 혹은 빨리 끝내서 면접관에게 지적을 받는 경우가 많다. 본인이 면접의 마지막 지원자가 아닌 이상, 정해진 시간을 지키지 않는 것은 수많은 지원자를 상대하기에 바쁜 면접관과 대기 시간에 지친 다른 지원자들에게 불쾌감을 줄 수 있다.
또한 회사에서 시간관념은 절대적인 것이므로 반드시 자기소개 시간을 지켜야 한다. 말하기는 1분에 200자 원고지 2장 분량의 글을 읽는 만큼의 속도가 가장 적당하다. 이를 A4 용지에 10point 글자 크기로 작성하면 반 장 분량이 된다.

(2) 간단하지만 신선한 문구로 자기소개를 시작하자.

요즘은 많은 지원자가 이 방법을 사용하고 있기 때문에 웬만한 소재의 문구가 아니면 면접관의 관심을 받을 수 없다. 이러한 문구는 시대적으로 유행하는 광고 카피를 패러디하는 경우와 격언 등을 인용하는 경우 그리고 지원한 회사의 CI나 경영이념, 인재상 등을 사용하는 경우 등이 있다. 지원자는 이러한 여러 문구 중에 자신의 첫인상을 북돋아 줄 수 있는 것을 선택해서 말해야 한다. 자신의 이름을 문구 속에 적절하게 넣어서 말한다면 좀 더 효과적인 자기소개가 될 것이다.

PART 4

(3) 무엇을 먼저 말할 것인지 고민하자.

면접관이 많이 던지는 질문 중 하나가 지원동기이다. 그래서 성장기를 바로 건너뛰고, 지원한 회사에 들어오기 위해 대학에서 어떻게 준비했는지를 설명하는 자기소개가 대세이다.

(4) 면접관의 호기심을 자극해 관심을 불러일으킬 수 있게 말하라.

면접관에게 질문을 많이 받는 지원자의 합격률이 반드시 높은 것은 아니지만, 질문을 전혀 안 받는 것보다는 좋은 평가를 기대할 수 있다. 지원한 분야와 관련된 수상 경력이나 프로젝트 등을 말하는 것도 좋다. 이는 지원자의 업무 능력과 직접 연결되는 것이므로 효과적인 자기 홍보가 될 수 있다. 일부 지원자들은 자신만의 특별한 경험을 이야기하는데, 이때는 그 경험이 보편적으로 사람들의 공감대를 얻을 수 있는 것인지 다시 생각해봐야 한다.

(5) 마지막 고개를 넘기가 가장 힘들다.

첫 단추도 중요하지만 마지막 단추도 중요하다. 하지만 왠지 격식을 따지는 인사말은 지나가는 인사말 같고, 다르게 하자니 예의에 어긋나는 것 같은 기분이 든다. 이때는 처음에 했던 자신만의 문구를 다시 한 번 말하는 것도 좋은 방법이다. 자연스러운 끝맺음이 될 수 있도록 적절한 연습이 필요하다.

2. 1분 자기소개 시 주의사항

(1) 자기소개서와 자기소개가 똑같다면 감점일까?

아무리 자기소개서를 외워서 말한다 해도 자기소개가 자기소개서와 완전히 똑같을 수는 없다. 자기소개서의 분량이 더 많고 회사마다 요구하는 필수 항목들이 있기 때문에 굳이 고민할 필요는 없다. 오히려 자기소개서의 내용을 잘 정리한 자기소개가 더 좋은 결과를 만들 수 있다. 하지만 자기소개서와 상반된 내용을 말하는 것은 적절하지 않다. 지원자의 신뢰성이 떨어진다는 것은 곧 불합격을 의미하기 때문이다.

(2) 말하는 자세를 바르게 익혀라.

지원자가 자기소개를 하는 동안 면접관은 지원자의 동작 하나하나를 관찰한다. 그렇기 때문에 바른 자세가 중요하다는 것은 우리가 익히 알고 있다. 하지만 문제는 무의식적으로 나오는 습관 때문에 자세가 흐트러져 나쁜 인상을 줄 수 있다는 것이다. 이러한 습관을 고칠 수 있는 가장 좋은 방법은 캠코더 등으로 자신의 모습을 담는 것이다. 거울을 사용할 경우에는 시선이 자꾸 자기 눈과 마주치기 때문에 집중하기 힘들다. 하지만 촬영된 동영상은 제삼자의 입장에서 자신을 볼 수 있기 때문에 많은 도움이 된다.

(3) 정확한 발음과 억양으로 자신 있게 말하라.

지원자의 모양새가 아무리 뛰어나도, 목소리가 작고 발음이 부정확하면 큰 감점을 받는다. 이러한 모습은 지원자의 좋은 점에까지 악영향을 끼칠 수 있다. 직장을 흔히 사회생활의 시작이라고 말하는 시대적 정서에서 사람들과 의사소통을 하는 데 문제가 있다고 판단되는 지원자는 부적절한 인재로 평가될 수밖에 없다.

3. 대화법

전문가들이 말하는 대화법의 핵심은 '상대방을 배려하면서 이야기하라.'는 것이다. 대화는 나와 다른 사람의 소통이다. 내용에 대한 공감이나 이해가 없다면 대화는 더 진전되지 않는다.

베스트셀러 『카네기 인간관계론』의 작가인 철학자 카네기가 말하는 최상의 대화법은 자신의 경험을 토대로 이야기하는 것이다. 즉, 살아오면서 직접 겪은 경험이 상대방의 관심을 끌 수 있는 가장 좋은 이야깃거리인 것이다. 특히, 어떤 일을 이루기 위해 노력하는 과정에서 겪은 실패나 희망에 대해 진솔하게 이야기한다면 상대방은 어느새 당신의 편에 서서 그 이야기에 동조할 것이다.

독일의 사업가이자 동기부여 트레이너인 위르겐 힐러의 연설법 중 가장 유명한 것은 '시즐(Sizzle)'을 잡는 것이다. 시즐이란 새우튀김이나 돈가스가 기름에서 지글지글 튀겨질 때 나는 소리이다. 즉, 자신의 말을 듣고 시즐처럼 반응하는 상대방의 감정에 적절하게 대응하라는 것이다.

말을 시작한 지 10～15초 안에 상대방의 시즐을 알아차려야 한다. 자신의 이야기에 대한 상대방의 첫 반응에 따라 말하기 전략도 달라져야 한다. 첫 이야기의 반응이 미지근하다면 가능한 한 그 이야기를 빨리 마무리하고 새로운 이야깃거리를 생각해내야 한다. 길지 않은 면접 시간 내에 몇 번 오지 않는 대답의 기회를 살리기 위해서 보다 전략적이고 냉철해야 하는 것이다.

4. 차림새

(1) 구두

면접에 어떤 옷을 입어야 할지를 며칠 동안 고민하면서 정작 구두는 면접 보는 날 현관을 나서면서 즉흥적으로 신고 가는 지원자들이 많다. 구두를 보면 그 사람의 됨됨이를 알 수 있다고 한다. 면접관 역시 이러한 것을 놓치지 않기 때문에 지원자는 자신의 구두에 더욱 신경을 써야 한다. 스타일의 마무리는 발끝에서 이루어지는 것이다. 아무리 멋진 옷을 입고 있어도 구두가 어울리지 않는다면 전체 스타일이 흐트러지기 때문이다.

정장용 구두는 디자인이 깔끔하고, 에나멜 가공처리를 하여 광택이 도는 페이턴트 가죽 소재 제품이 무난하다. 검정 계열 구두는 회색과 감색 정장에, 브라운 계열의 구두는 베이지나 갈색 정장에 어울린다. 참고로 구두는 오전에 사는 것보다 발이 충분히 부은 상태인 저녁에 사는 것이 좋다. 마지막으로 당연한 일이지만 반드시 면접을 보는 전날 구두 뒤축이 닳지는 않았는지 확인하고 구두에 광을 내 둔다.

(2) 양말

양말은 정장과 구두의 색상을 비교해서 골라야 한다. 특히 검정이나 감색의 진한 색상의 바지에 흰 양말을 신는 것은 시대에 뒤처지는 일이다. 일반적으로 양말의 색깔은 바지의 색깔과 같아야 한다. 또한 양말의 길이도 신경 써야 한다. 바지를 입을 경우, 의자에 바르게 앉거나 다리를 꼬아서 앉을 때 다리털이 보여서는 안 된다. 반드시 긴 정장 양말을 신어야 한다.

(3) 정장

지원자는 평소에 정장을 입을 기회가 많지 않기 때문에 면접을 볼 때 본인 스스로도 옷을 어색하게 느끼는 경우가 많다. 옷을 불편하게 느끼기 때문에 자세마저 불안정한 지원자도 볼 수 있다. 그러므로 면접 전에 정장을 입고 생활해보는 것도 나쁘지는 않다.

일반적으로 면접을 볼 때는 상대방에게 신뢰감을 줄 수 있는 남색 계열의 옷이나 어떤 계절이든 무난하고 깔끔해보이는 회색 계열의 정장을 많이 입는다. 정장은 유행에 따라서 재킷의 디자인이나 버튼의 개수가 바뀌기 때문에 너무 오래된 옷을 입어서 다른 사람의 옷을 빌려 입고 나온 듯한 인상을 주어서는 안 된다.

(4) 헤어스타일과 메이크업

헤어스타일에 자신이 없다면 미용실에 다녀오는 것도 좋은 방법이다. 또한 자신에게 어울리는 메이크업을 하는 것도 괜찮다. 메이크업은 상대에 대한 예의를 갖추는 것이므로 지나치게 화려한 메이크업이 아니라면 보다 준비된 지원자처럼 보일 수 있다.

5. 첫인상

취업을 위해 성형수술을 받는 사람들에 대한 이야기는 더이상 뉴스거리가 되지 않는다. 그만큼 많은 사람이 좁은 취업문을 뚫기 위해 이미지 향상에 신경을 쓰고 있다. 이는 면접관에게 좋은 첫인상을 주기 위한 것으로, 지원서에 올리는 증명사진을 이미지 프로그램을 통해 수정하는 이른바 '사이버 성형'이 유행하는 것과 같은 맥락이다. 실제로 외모가 채용 과정에서 영향을 끼치는가에 대한 설문조사에서도 60% 이상의 인사담당자들이 그렇다고 답변했다.

하지만 외모와 첫인상을 절대적인 관계로 이해하는 것은 잘못된 판단이다. 외모가 첫인상에서 많은 부분을 차지하지만, 외모 외에 다른 결점이 발견된다면 그로 인해 장점들이 가려질 수도 있다. 이러한 현상은 아래에서 다시 논하겠다.

첫인상은 말 그대로 한 번밖에 기회가 주어지지 않으며 몇 초 안에 결정된다. 첫인상을 결정짓는 요소 중 시각적인 요소가 80% 이상을 차지한다. 첫눈에 들어오는 생김새나 복장, 표정 등에 의해서 결정되는 것이다. 면접을 시작할 때 자기소개를 시키는 것도 지원자별로 첫인상을 평가하기 위해서이다. 첫인상이 중요한 이유는 만약 첫인상이 부정적으로 인지될 경우, 지원자의 다른 좋은 면까지 거부당하기 때문이다. 이러한 현상을 심리학에서는 초두효과(Primacy Effect)라고 한다.

그래서 한 번 형성된 첫인상은 여간해서 바꾸기 힘들다. 이는 첫인상이 나중에 들어오는 정보까지 영향을 주기 때문이다. 첫인상의 정보가 나중에 들어오는 정보 처리의 지침이 되는 것을 심리학에서는 맥락효과(Context Effect)라고 한다. 따라서 평소에 첫인상을 좋게 만들기 위한 노력을 꾸준히 해야만 하는 것이다.

좋은 첫인상이 반드시 외모에만 집중되는 것은 아니다. 오히려 깔끔한 옷차림과 부드러운 표정 그리고 말과 행동 등에 의해 전반적인 이미지가 만들어진다. 누구나 이러한 것 중에 한두 가지 단점을 가지고 있다. 요즘은 이미지 컨설팅을 통해서 자신의 단점들을 보완하는 지원자도 있다. 특히, 표정이 밝지 않은 지원자는 평소 웃는 연습을 의식적으로 하여 면접을 받는 동안 계속해서 여유 있는 표정을 짓는 것이 중요하다. 성공한 사람들은 인상이 좋다는 것을 명심하자.

02 면접의 유형 및 실전 대책

1. 면접의 유형

과거 천편일률적인 일대일 면접과 달리 면접에는 다양한 유형이 도입되어 현재는 "면접은 이렇게 보는 것이다."라고 말할 수 있는 정해진 유형이 없어졌다. 그러나 삼성그룹 면접에서는 현재까지는 집단 면접과 다대일 면접이 진행되고 있으므로 어느 정도 유형을 파악하여 사전에 대비가 가능하다. 면접의 기본인 일대일 면접부터 다대일 면접, 집단 면접 등의 유형과 그 대책에 대해 알아보자.

(1) 일대일 면접

일대일 면접이란 응시자와 면접관이 1대1로 마주하는 형식을 말한다. 면접위원 한 사람과 응시자 한 사람이 마주 앉아 자유로운 화제를 가지고 질의응답을 되풀이하는 방식이다. 이 방식은 면접의 가장 기본적인 방법으로 소요시간은 10~20분 정도가 일반적이다.

① 장점

필기시험 등으로 판단할 수 없는 성품이나 능력을 알아내는 데 가장 적합하다고 평가받아 온 면접방식으로 응시자 한 사람 한 사람에 대해 여러 면에서 비교적 폭넓게 파악할 수 있다. 응시자의 입장에서는 한 사람의 면접관만을 대하는 것이므로 상대방에게 집중할 수 있으며, 긴장감도 다른 면접방식에 비해서는 적은 편이다.

② 단점

면접관의 주관이 강하게 작용해 객관성을 저해할 소지가 있으며, 면접 평가표를 활용한다 하더라도 일면적인 평가에 그칠 가능성을 배제할 수 없다. 또한 시간이 많이 소요되는 것도 단점이다.

일대일 면접 준비 Point

일대일 면접에 대비하기 위해서는 평소 1대1로 논리 정연하게 대화를 나눌 수 있는 능력을 기르는 것이 중요하다. 그리고 면접장에서는 면접관을 선배나 선생님 혹은 아버지를 대하는 기분으로 면접에 임하는 것이 부담도 훨씬 적고 실력을 발휘할 수 있는 방법이 될 것이다.

(2) 다대일 면접

다대일 면접은 일반적으로 가장 많이 사용되는 면접방법으로 보통 2~5명의 면접관이 1명의 응시자에게 질문하는 형태의 면접방법이다. 면접관이 여러 명이므로 다각도에서 질문을 하여 응시자에 대한 정보를 많이 알아낼 수 있다는 점 때문에 선호하는 면접방법이다.

하지만 응시자의 입장에서는 질문도 면접관에 따라 각양각색이고 동료 응시자가 없으므로 숨 돌릴 틈도 없게 느껴진다. 또한 관찰하는 눈도 많아서 조그만 실수라도 지나치는 법이 없기 때문에 정신적 압박과 긴장감이 높은 면접방법이다. 따라서 응시자는 긴장을 풀고 한 시험관이 묻더라도 면접관 전원을 향해 대답한다는 기분으로 또박또박 대답하는 자세가 필요하다.

① 장점

면접관이 집중적인 질문과 다양한 관찰을 통해 응시자가 과연 조직에 필요한 인물인가를 완벽히 검증할 수 있다.

② 단점

면접시간이 보통 10～30분 정도로 좀 긴 편이고 응시자에게 지나친 긴장감을 조성하는 면접방법이다.

다대일 면접 준비 Point

질문을 들을 때 시선은 면접위원을 향하고 다른 데로 돌리지 말아야 하며, 대답할 때에도 고개를 숙이거나 입속에서 우물거리는 소극적인 태도는 피하도록 한다. 면접위원과 대등하다는 마음가짐으로 편안한 태도를 유지하면 대답도 자연스러운 상태에서 좀 더 충실히 할 수 있고, 이에 따라 면접위원이 받는 인상도 달라진다.

(3) 집단 면접

집단 면접은 다수의 면접관이 여러 명의 응시자를 한꺼번에 평가하는 방식으로 짧은 시간에 능률적으로 면접을 진행할 수 있다. 각 응시자에 대한 질문내용, 질문횟수, 시간배분이 똑같지는 않으며, 모두에게 같은 질문이 주어지기도 하고, 각각 다른 질문을 받기도 한다.

또한 어떤 응시자가 한 대답에 대한 의견을 묻는 등 그때그때의 분위기나 면접관의 의향에 따라 변수가 많다. 집단 면접은 응시자의 입장에서는 개별 면접에 비해 긴장감은 다소 덜한 반면에 다른 응시자들과의 비교가 확실하게 나타나므로 응시자는 몸가짐이나 표현력・논리성 등이 결여되지 않도록 자신의 생각이나 의견을 솔직하게 발표하여 집단 속에 묻히거나 밀려나지 않도록 주의해야 한다.

① 장점

집단 면접의 장점은 면접관이 응시자 한 사람에 대한 관찰시간이 상대적으로 길고, 비교 평가가 가능하기 때문에 결과적으로 평가의 객관성과 신뢰성을 높일 수 있다는 점이며, 응시자는 동료들과 함께 면접을 받기 때문에 긴장감이 다소 덜하다는 것을 들 수 있다. 또한 동료가 답변하는 것을 들으며, 자신의 답변 방식이나 자세를 조정할 수 있다는 것도 큰 이점이다.

② 단점

응답하는 순서에 따라 응시자마다 유리하고 불리한 점이 있고, 면접위원의 입장에서는 각각의 개인적인 문제를 깊게 다루기가 곤란하다는 것이 단점이다.

집단 면접 준비 Point

너무 자기과시를 하지 않는 것이 좋다. 대답은 자신이 말하고 싶은 내용을 간단명료하게 말해야 한다. 내용이 없는 발언을 한다거나 대답을 질질 끄는 태도는 좋지 않다. 또 말하는 중에 내용이 주제에서 벗어나거나 자기 중심적으로만 말하는 것도 피해야 한다. 집단 면접에 대비하기 위해서는 평소에 설득력을 지닌 자신의 논리력을 계발하는 데 힘써야 하며, 다른 사람 앞에서 자신의 의견을 조리 있게 개진할 수 있는 발표력을 갖추는 데에도 많은 노력을 기울여야 한다.

- 실력에는 큰 차이가 없다는 것을 기억하라.
- 동료 응시자들과 서로 협조하라.
- 답변하지 않을 때의 자세가 중요하다.
- 개성 표현은 좋지만 튀는 것은 위험하다.

(4) 집단 토론식 면접

집단 토론식 면접은 집단 면접과 형태는 유사하지만 질의응답이 아니라 응시자들끼리의 토론이 중심이 되는 면접 방법으로 최근 들어 급증세를 보이고 있다. 이는 공통의 주제에 대해 다양한 견해들이 개진되고 결론을 도출하는 과정, 즉 토론을 통해 응시자의 다양한 면에 대한 평가가 가능하다는 집단 토론식 면접의 장점이 널리 확산된 데 따른 것으로 보인다. 사실 집단 토론식 면접을 활용하면 주제와 관련된 지식 정도와 이해력, 판단력, 설득력, 협동성은 물론 리더십, 조직 적응력, 적극성과 대인관계 능력 등을 쉽게 파악할 수 있다.

토론식 면접에서는 자신의 의견을 명확히 제시하면서도 상대방의 의견을 경청하는 토론의 기본자세가 필수적이며, 지나친 경쟁심이나 자기 과시욕은 접어두는 것이 좋다. 또한 집단 토론의 목적이 결론을 도출해 나가는 과정에 있다는 것을 감안하여 무리하게 자신의 주장을 관철시키기보다 오히려 토론의 질을 높이는 데 기여하는 것이 좋은 인상을 줄 수 있다는 점을 알아야 한다. 취업 희망자들은 토론식 면접이 급속도로 확산되는 추세임을 감안해 특히 철저한 준비를 해야 한다. 평소에 신문의 사설이나 매스컴 등의 토론 프로그램을 주의 깊게 보면서 논리 전개방식을 비롯한 토론 과정을 익히도록 하고, 친구들과 함께 간단한 주제를 놓고 토론을 진행해 볼 필요가 있다. 또한 사회ㆍ시사문제에 대해 자기 나름대로의 관점을 정립해두는 것도 꼭 필요하다.

(5) PT 면접

PT 면접, 즉 프레젠테이션 면접은 최근 들어 집단 토론 면접과 더불어 그 활용도가 점차 커지고 있다. PT 면접은 기업마다 특성이 다르고 인재상이 다른 만큼 인성 면접만으로는 알 수 없는 지원자의 문제해결 능력, 전문성, 창의성, 기본 실무능력, 논리성 등을 관찰하는 데 중점을 두는 면접으로, 지원자 간의 변별력이 높아 대부분의 기업에서 적용하고 있으며, 확산되는 추세이다.

면접 시간은 기업별로 차이가 있지만 전문지식, 시사성 관련 주제를 제시한 다음, 보통 20 ~ 50분 정도 준비하여 5분가량 발표할 시간을 준다. 면접관과 지원자의 단순한 질의응답식이 아닌, 주제에 대해 일정 시간 동안 지원자의 발언과 발표하는 모습 등을 관찰하게 된다. 정확한 답이나 지식보다는 논리적 사고와 의사표현력이 더 중시되기 때문에 자신의 생각을 어떻게 설명하느냐가 매우 중요하다.

PT 면접에서 같은 주제라도 직무별로 평가요소가 달리 나타난다. 예를 들어, 영업직은 설득력과 의사소통 능력에 중점을 둘 수 있겠고 관리직은 신뢰성과 창의성 등을 더 중요하게 평가한다.

PT 면접 준비 Point

- 면접관의 관심과 주의를 집중시키고, 발표 태도에 유의한다.
- 모의 면접이나 거울 면접을 통해 미리 점검한다.
- PT 내용은 세 가지 정도로 정리해서 말한다.
- PT 내용에는 자신의 생각이 담겨 있어야 한다.
- 중간에 자문자답 방식을 활용한다.
- 평소 지원하는 업계의 동향이나 직무에 대한 전문지식을 쌓아둔다.
- 부적절한 용어 사용이나 무리한 주장 등은 하지 않는다.

(6) 합숙 면접

합숙 면접은 대체로 1박 2일이나 2박 3일 동안 해당 기업의 연수원이나 수련원 등에서 이루어지는 면접이다. 평가 항목으로 PT 면접, 토론 면접, 인성 면접 등을 기본으로 하고, 새벽등산, 레크리에이션, 게임 등 다양한 형태로 진행된다. 경쟁자들과 함께 생활하고 협동해야 하는 만큼 스트레스를 받는 경우가 허다하다.

모든 지원자를 하루 동안 평가하게 되므로 지원자 1명을 평가하는 데 걸리는 시간은 짧게는 5분에서 길게는 1시간 이상 정도인데, 이 시간으로는 지원자를 제대로 평가하기에는 한계가 있다. 합숙 면접은 24시간 이상을 지원자와 면접관이 함께 생활하면서 다양한 프로그램을 통해 지원자의 역량을 폭넓게 평가할 수 있기 때문에 기업에서는 합숙 면접을 선호한다. 대체로 은행, 증권 등 금융권에서 합숙 면접을 통해 지원자의 의도되고 꾸며진 모습 외에 창의력, 의사소통 능력, 협동심, 책임감, 리더십 등 다양한 모습을 평가하였지만, 최근에는 기업에서도 많이 실시되고 있다.

합숙 면접에서 좋은 점수를 얻기 위해서는 무엇보다 팀워크를 중시하는 모습을 보여야 한다. 합숙 면접은 일반 면접과는 달리 개인보다는 그룹별로 과제가 주어지고 해결해야 하므로 조원 또는 동료와 얼마나 잘 어울리느냐가 중요한 평가 기준이 된다. 장시간에 걸쳐 평가하기 때문에 힘든 부분도 있지만, 지원자들이 지쳐 있거나 당황하고 있는 사이에도 면접관들은 지원자들의 조직 적응력, 적극성, 사회성, 친화력 등을 꼼꼼하게 체크하기 때문에 잠시도 긴장을 늦춰서는 안 된다.

2. 면접의 실전 대책

(1) 면접 대비사항

① 지원 회사에 대한 사전지식을 충분히 준비한다.

필기시험에서 합격 또는 서류전형에서의 합격통지가 온 후 면접시험 날짜가 정해지는 것이 보통이다. 이때 수험자는 면접시험을 대비해 사전에 자기가 지원한 계열사 또는 부서에 대해 폭넓은 지식을 준비할 필요가 있다.

지원 회사에 대해 알아두어야 할 사항

- 회사의 연혁
- 회장 또는 사장의 이름, 이력
- 회장 또는 사장이 요구하는 신입사원의 인재상
- 회사의 사훈, 사시, 경영이념, 창업정신
- 회사의 대표적 상품, 특색
- 업종별 계열회사의 수
- 해외지사의 수와 그 위치
- 신 개발품에 대한 기획 여부
- 자기가 생각하는 회사의 장단점
- 회사의 잠재적 능력개발에 대한 제언

② 충분한 수면을 취한다.

충분한 수면으로 안정감을 유지하고 첫 출발의 상쾌한 마음가짐을 갖는다.

③ 얼굴을 생기 있게 한다.

첫인상은 면접에 있어서 가장 결정적인 당락요인이다. 면접관에게 좋은 인상을 줄 수 있도록 화장하는 것도 필요하다. 면접관들이 가장 좋아하는 인상은 얼굴에 생기가 있고 눈동자가 살아 있는 사람, 즉 기가 살아 있는 사람이다.

④ 아침에 인터넷 뉴스를 읽고 간다.

그날의 뉴스가 질문 대상에 오를 수가 있다. 특히 경제면, 정치면, 문화면 등을 유의해서 볼 필요가 있다.

출발 전 확인할 사항

이력서, 자기소개서, 지갑, 신분증(주민등록증), 휴지, 볼펜, 메모지 등을 준비하자.

(2) 면접 시 옷차림

면접에서 옷차림은 간결하고 단정한 느낌을 주는 것이 가장 중요하다. 색상과 디자인 면에서 지나치게 화려한 색상이나, 노출이 심한 디자인은 자칫 면접관의 눈살을 찌푸리게 할 수 있다. 단정한 차림을 유지하면서 자신만의 독특한 멋을 연출하는 것, 지원하는 회사의 분위기를 파악했다는 센스를 보여주는 것 또한 코디네이션의 포인트이다.

PART 4

복장 점검

- 구두는 잘 닦여 있는가?
- 옷은 깨끗이 다려져 있으며 스커트 길이는 적당한가?
- 손톱은 길지 않고 깨끗한가?
- 머리는 흐트러짐 없이 단정한가?

(3) 면접 요령

① 첫인상을 중요시한다.

상대에게 인상을 좋게 주지 않으면 어떠한 얘기를 해도 이쪽의 기분이 충분히 전달되지 않을 수 있다. 예를 들어, '저 친구는 표정이 없고 무엇을 생각하고 있는지 전혀 알 길이 없다.'처럼 생각되면 최악의 상태이다. 우선 청결한 복장, 바른 자세로 침착하게 들어가야 한다. 건강하고 신선한 이미지를 주어야 하기 때문이다.

② 좋은 표정을 짓는다.

얘기를 할 때의 표정은 중요한 사항의 하나다. 거울 앞에서 웃는 연습을 해본다. 웃는 얼굴은 상대를 편안하게 하고, 특히 면접 등 긴박한 분위기에서는 천금의 값이 있다 할 것이다. 그렇다고 하여 항상 웃고만 있어서는 안 된다. 자기의 할 얘기를 진정으로 전하고 싶을 때는 진지한 얼굴로 상대의 눈을 바라보며 얘기한다. 면접을 볼 때 눈을 감고 있으면 마이너스 이미지를 주게 된다.

③ 결론부터 이야기한다.

자기의 의사나 생각을 상대에게 정확하게 전달하기 위해서 먼저 무엇을 말하고자 하는가를 명확히 결정해 두어야 한다. 대답을 할 경우에는 결론을 먼저 이야기하고 나서 그에 따른 설명과 이유를 덧붙이면 논지(論旨)가 명확해지고 이야기가 깔끔하게 정리된다.

한 가지 사실을 이야기하거나 설명하는 데는 3분이면 충분하다. 복잡한 이야기라도 어느 정도의 길이로 요약해서 이야기하면 상대도 이해하기 쉽고 자기도 정리할 수 있다. 긴 이야기는 오히려 상대를 불쾌하게 할 수가 있다.

④ 질문의 요지를 파악한다.

면접 때의 이야기는 간결성만으로는 부족하다. 상대의 질문이나 이야기에 대해 적절하고 필요한 대답을 하지 않으면 대화는 끊어지고 자기의 생각도 제대로 표현하지 못하여 면접자로 하여금 수험생의 인품이나 사고방식 등을 명확히 파악할 수 없게 한다. 무엇을 묻고 있는지, 무슨 이야기를 하고 있는지 그 요점을 정확히 알아내야 한다.

면접에서 고득점을 받을 수 있는 성공요령

1. 자기 자신을 겸허하게 판단하라.
2. 지원한 회사에 대해 100% 이해하라.
3. 실전과 같은 연습으로 감각을 익혀라.
4. 단답형 답변보다는 구체적으로 이야기를 풀어나가라.
5. 거짓말을 하지 마라.
6. 면접하는 동안 대화의 흐름을 유지하라.
7. 친밀감과 신뢰를 구축하라.
8. 상대방의 말을 성실하게 들어라.
9. 근로조건에 대한 이야기를 풀어나갈 준비를 하라.
10. 끝까지 긴장을 풀지 마라.

CHAPTER 03 삼성그룹 실제 면접

1. 인성 면접

최근 들어 대기업의 인성 면접 비중이 점차 늘어나고 있다. 삼성그룹 또한 예외는 아니다. 인성 면접의 경우, 지원자의 성격 및 역량을 파악하는 것으로 솔직하면서도 자신감 있는 모습을 보여주는 것이 중요하다. 비록 알지 못하는 질문을 받더라도 "부족하지만 앞으로 열심히 준비하겠습니다!"라는 식의 대답을 자신감 있게, 그리고 예의바르게 전달할 수 있는 자세가 되어있어야 한다는 것이다.

실전에서는 이것이 무척 어렵게 느껴지겠지만, 사전에 선생님이나 친구들과 연습하면서 자주 이런 상황을 접하다 보면 긴장감을 풀게 되고, 면접관들을 어렵게 느끼지 않을 수 있다. 앞서 말한 것과 같이 모르는 질문이 나왔다고 해서 절대 당황해서는 안 된다. 인성 면접에서는 질문에 대해 알고 모르는 것도 물론 평가하지만 그것에 대처하는 태도를 더욱 중요하게 평가한다. 이러한 것들이 앞으로 업무에 얼마나 잘 적응할 수 있는 사람인지, 돌발 상황에 대한 대처능력이 어느 정도인 사람인지를 평가할 수 있는 기준 척도가 되기 때문이다.

PART 4

2. 기술 면접

기술 면접의 경우, 삼성그룹의 기술직군에 지원한 지원자에 한하여 진행되는 면접으로, 주로 실무와 관련된 기술을 평가하는 면접이다. 기술 면접을 보러 가면 대기실에서 대기하다가 풀이실로 이동한다. 풀이실에는 종이 두 장이 엎어져 있는데 한 장은 풀이용 종이, 한 장은 개요주제 종이이다. 개요 주제 종이에 적힌 제목만 보고 문제 3개 중 하나를 고르게 된다. 선택하면 자세한 내용이 적힌 문제 종이 두 장이 따로 주어진다. 문제를 보고 풀이용 종이에 서술하여 30분가량 후에 제출하고 기술 면접실로 입실하게 된다. 개요주제는 대체로 반도체 제조공정이나 역학과 관련된 문제들이 출제된다.

3. 면접 기출 질문

삼성전기

[인성 면접]
- 지금까지 살면서 가장 힘들었던 경험과 어떻게 극복했는지 말해 보시오.
- 삼성전기에 지원한 이유는 무엇인가?
- 우리 회사가 만드는 것 중에 아는 것이 있는가?
- 1분 PR을 해 보시오.
- 가족 소개를 해 보시오.
- 삼성전기에는 어떤 비전이 있다고 생각하는가?

- 실제로 자동차에 관심이 많은가?
- 해병대를 나왔는데 특별한 이유가 있는가? 해병대 간 것에 대해 후회하지는 않는가?
- 경력자의 경우) 전 회사는 퇴사했는가?
- 경력자의 경우) 지금 하고 있는 일이 무슨 일인가?
- 경력자의 경우) 우리 회사로 이직하려는 이유는 무엇인가?
- 군대 가기 전과 전역 후 공백 기간 동안 무엇을 했는가?
- 결석이나 조퇴가 많은데, 이유는 무엇인가?
- 살면서 가장 기뻤던 일과 슬펐던 일에 대해 말해 보시오.
- 회사생활을 제외하고 앞으로의 10년 후의 자신의 모습을 말해 보시오.
- 운동을 하면서 어려웠던 점을 말해 보시오. 그 어려웠던 점을 풀어나가면서 어떤 느낌을 받았는가?
- 자신의 장단점에 대해 말해 보시오.
- 준비해온 자기소개 말고, 즉석으로 자기소개를 해 보시오.
- 노조에 대해서 어떻게 생각하는가?
- 같이 일하는 동료와 의견충돌이 생겼을 경우 어떻게 해결하겠는가?
- 동호회 활동하는 것이 있는가?
- 지금까지 살면서 불이익을 당한 경험이 있는가?
- 마지막으로 하고 싶은 말이 있으면 해 보시오.

삼성전자

[인성 면접]

- 학창시절 자신에 대해 말해 보시오.
- 휴학을 한 이유는 무엇인가?
- 부모님은 어떤 사람인지 이야기해 보시오.
- 가장 존경하는 사람이 있는가? 있다면 누구이며, 존경하는 이유가 무엇인지 말해 보시오.
- 삼성전자가 왜 당신을 채용해야 하는가?
- 최근에 가장 인상 깊게 읽었던 책은 무엇인가?
- 삼성전자에 대해 아는 대로 말해 보시오.
- 살면서 좌절했던 경험과 이를 극복한 방법에 대해 말해 보시오.
- 자신을 한 단어로 표현한다면 무엇이라고 생각하는가?
- 생활신조와 좌우명에 대해 말해 보시오.
- 자신의 가능성을 백분위로 환산한다면 얼마이며, 왜 그렇게 생각하는가?
- 삼성전자에 들어온다면 무엇을 하고 싶으며, 그 이유는 무엇인가?
- 고등학교의 출결사항은 어떠한가?
- 좋아하는 과목과 싫어하는 과목은 무엇이며, 그 이유는 무엇인가?
- 주변 사람들이 당신의 말을 무조건 아니라고 할 때, 당신은 어떻게 할 것인가?
- 주위에서 자신을 어떻게 평가하는가?
- 기억에 남거나 관심 있던 과목은 무엇인가?
- 상사와 갈등이 계속 생긴다면 어떻게 하겠는가?
- 1분 PR 또는 자기소개를 간단히 해 보시오.
- 군대 전역 후 무엇을 하였는가?

- 생활기록부에 지각이 조금 있는데 왜 그랬는가?
- 세상은 공평한 것 같은가?
- 자신의 단점 때문에 충고를 들으면 기분이 나쁘지 않은가?
- 면접 보러 온 같은 학교 친구들의 성적은 어떠한가?
- 한 달 용돈은 얼마인가?
- 자신은 잘못하거나 실수를 하지 않았는데 상사가 혼내면 어떻게 할 것인가?
- 다른 사람과 함께한 활동이 있는가?
- 친구란 무엇이라고 생각하는가?
- 블로그를 만들게 된 계기는 무엇인가?
- 만약 자신이 발명한 작품을 다른 사람이 양도해달라고 한다면 어떻게 할 것인가?
- 자격증이 많은데, 가장 애착이 가는 자격증은 무엇인가?
- 친구들 사이에서 가장 입에 많이 오르내리는 기업은 어디인가?
- 창원지역에 삼성계열사는 어떤 것이 있는지 아는가?
- 자신의 좌우명은 무엇이며, 왜 그것으로 정했는가?
- 양심의 가책을 느낀 적이 있는가?
- 도전정신을 발휘했던 경험에 대해 말해 보시오.
- 가장 의지하는 가족은 누구인가?
- 마지막으로 하고 싶은 말을 해 보시오.
- 스트레스는 어떻게 해소하는가?
- 노조에 대해서 어떻게 생각하는가?
- 지방근무나 비연고지 근무가 가능한가?
- 엔지니어가 가져야 할 역량은 무엇인가?
- 지원직무를 위해 준비한 것은 무엇인가?
- 이곳에서 몇 년까지 일할 생각인가?
- 아이폰을 만져본 적이 있는가?
- 아이폰이 갤럭시 제품보다 나은 점 세 가지만 말해 보시오.
- 지금 사용하는 휴대폰은 무엇인가? 그 제품의 단점을 세 가지만 말해 보시오.

[기술 면접]
- 저항과 TR만으로 이와 같은 진리표를 갖는 논리회로를 설계하시오.
- MOS 인버터를 그리고 설명해 보시오.
- ATCH와 플립플롭을 비교・설명하시오.
- 모터와 B모터의 차이점에 대해 설명하고, C공정장비에 어떠한 모터가 적합할지 선택하시오.
- 통신용어 AAAA, BBBB, CCCC가 있다. 그리고 철수, 유리, 훈이가 서로 이야기하는 세 가지 상황이 있다. 이 상황과 통신용어를 각각 알맞게 짝지으시오.
- OS FET의 동작원리와 구조에 대해 설명하시오.
- JT와 FET의 동작원리와 구조에 대해 설명하시오.
- 플라즈마 반도체 증찰에 대해 서술하시오.
- 평판 케페시터에 대해 서술하시오.
- 모스펫에 대해 서술하시오.
- 자동화 분야의 웨이퍼 제조공정 전 공정에 대해 서술하시오.

PART 4

삼성SDI

[인성 면접]

- 자신의 신조나 좌우명은 무엇인가?
- 무슨 일을 하고 싶은가?
- 상사가 불합리한 일을 시키는 경우 어떻게 할 것인가? 회사에 불이익이 가는 일이라도 할 것인가?
- 친구들이 평가하는 본인은 어떠한가?
- 친구들이 평가하는 본인에 대한 구체적인 경험을 말해 보시오.
- 좋은 성적으로 대학에 가지 않고 우리 회사에 지원한 이유는 무엇인가?
- 고졸 사원으로서 느낄 괴리감에 대해 어떻게 생각하는가?
- 교대근무를 하게 된다면 어떻게 할 것인가?
- 취미생활이 업무에 방해가 되지는 않겠는가?
- 우리나라 인구가 5천만 명이면 하루에 닭을 얼마나 먹겠는가? 또, 중국 인구가 13억인데 하루에 닭을 얼마나 먹겠는가?
- 노동조합에 대해 어떻게 생각하는가?
- 사는 곳과 일하게 될 곳이 멀 텐데 기숙사도 없고 어떻게 할 것인가?

삼성SDS

[인성 면접]

- 자기소개를 해 보시오.
- 입사하게 된다면 군대는 어떻게 할 것인가?
- 입사 후 구체적으로 어떻게 잘 할 것인가?
- 본인이 만족하지 못하는 직무를 주면 어떻게 할 것인가?
- 마지막으로 하고 싶은 말을 해 보시오.

성공한 사람은 대개 지난번 성취한 것보다 다소 높게,
그러나 과하지 않게 다음 목표를 세운다. 이렇게 꾸준히 자신의 포부를 키워간다.

- 커트 르윈 -

인생이란 결코 공평하지 않다. 이 사실에 익숙해져라.

- 빌 게이츠 -

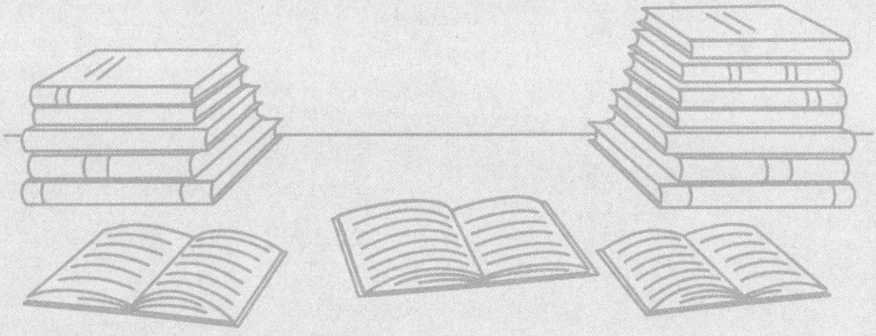

앞선 정보 제공! 도서 업데이트

언제, 왜 업데이트될까?

도서의 학습 효율을 높이기 위해 자료를 추가로 제공할 때!
공기업 · 대기업 필기시험에 변동사항 발생 시 정보 공유를 위해!
공기업 · 대기업 채용 및 시험 관련 중요 이슈가 생겼을 때!

01 시대에듀 도서
www.sdedu.co.kr/book
홈페이지 접속

02 상단 카테고리
「도서업데이트」
클릭

03 해당
기업명으로
검색

참고자료, 시험 개정사항 등 정보 제공으로 학습효율을 높여 드립니다.

2025
최신판

삼성
제조직무적성검사

삼성전자 · 삼성전기 · 삼성SDI · 삼성SDS

판매량
1위
YES24 삼성 제조직무 적성검사 부문

정답 및 해설

최신기출유형+모의고사 4회

편저 | SDC(Sidae Data Center)

유형분석 및 모의고사로
최종합격까지
**한 권으로
마무리!**

SDC
SDC는 시대에듀 데이터 센터의 약자로 약 30만 개의 NCS · 적성 문제 데이터를 바탕으로 최신 출제경향을 반영하여 문제를 출제합니다.

시대에듀

PART

1

제조직무적성검사

CHAPTER 01 기본계산영역 적중예상문제

01	02	03	04	05	06	07	08	09	10
③	④	②	②	①	④	②	③	④	②
11	12	13	14	15	16	17	18	19	20
④	③	④	④	④	①	②	③	①	④
21	22	23	24	25	26	27	28	29	30
②	③	④	①	③	④	③	④	③	①

01
정답 ③

$312-5\times12=312-60=252$

02
정답 ④

$5\times4+1-5=20-4=16$

03
정답 ②

$19\times5-25\div5=95-5=90$

04
정답 ②

$91\times6\div7=546\div7=78$

05
정답 ①

$\frac{2}{3}\div5+\frac{2}{5}\times2=\frac{2}{3}\times\frac{1}{5}+\frac{4}{5}=\frac{2}{15}+\frac{12}{15}=\frac{14}{15}$

06
정답 ④

$53+48\div8\times2=53+6\times2=65$

07
정답 ②

$\frac{1}{2}+\frac{2}{5}\times\frac{3}{4}\div\frac{3}{5}=\frac{1}{2}+\frac{2}{5}\times\frac{3}{4}\times\frac{5}{3}=\frac{1}{2}+\frac{1}{2}=1$

08
정답 ③

$\frac{16}{7}\div4+7\times\frac{1}{7}=\frac{16}{7}\times\frac{1}{4}+1=\frac{4}{7}+1=\frac{11}{7}$

09
정답 ④

$\frac{1}{2}\times\frac{2}{3}\times\frac{3}{4}\times\frac{4}{5}+\frac{1}{2}\div\frac{1}{2}\div\frac{1}{4}\div5$

$=\frac{1}{5}+\frac{1}{2}\times2\times4\times\frac{1}{5}$

$=\frac{1}{5}+\frac{4}{5}=1$

10
정답 ②

$8+98+998+9,998$

$=(10-2)+(100-2)+(1,000-2)+(10,000-2)$

$=10+100+1,000+10,000-8=11,110-8=11,102$

11
정답 ④

$1^2+2^2+3^2+4^2+5^2=1+4+9+16+25=55$

12
정답 ③

$3\times3\times4=9\times4=36$

13
정답 ④

$22\div2\times5=11\times5=55$

14
정답 ④

$3\times9-11=27-11=16$

15
정답 ④

$(79+79+79+79)\times25=79\times4\times25=79\times100=7,900$

16
정답 ①

$291-14\times17+22=291-238+22=75$

17
정답 ②

$\frac{52}{3}\div13-1=\frac{52}{3}\times\frac{1}{13}-1=\frac{4}{3}-1=\frac{1}{3}$

18
정답 ③

$0.28+0.22-0.17=0.5-0.17=0.33$

19
정답 ①

$39-13\times2+2=39-26+2=15$

20
정답 ④

$572\div4+33-8=143+33-8=168$

21
정답 ②

$6\times\frac{32}{3}\times2\times\frac{11}{2}=2\times32\times11=704$

22
정답 ③

$2,620+1,600\div80=2,620+20=2,640$

23
정답 ④

$342\div6\times13-101=57\times13-101=741-101=640$

24
정답 ①

$5.5\times4+3.6\times5=22+18=40$

25
정답 ③

$27\times\frac{12}{9}\times\frac{1}{3}\times\frac{3}{2}=3\times12\times\frac{1}{3}\times\frac{3}{2}=3\times6=18$

26
정답 ④

$294-890+241=-596+241=-355$

27
정답 ③

$559-374+493=185+493=678$

28
정답 ④

$45+125\div5=45+25=70$

29
정답 ③

$0.73\times11-2.5=8.03-2.5=5.53$

30
정답 ①

$\frac{5}{8}\div\left(\frac{7}{3}+\frac{8}{3}\right)=\frac{5}{8}\div\frac{15}{3}=\frac{5}{8}\times\frac{3}{15}=\frac{1}{8}$

CHAPTER 02 주의집중영역 적중예상문제

01	02	03	04	05	06	07	08	09	10
①	①	④	④	②	③	③	①	④	③
11	12	13	14	15	16	17	18	19	20
④	④	①	④	③	④	③	③	④	②
21	22	23	24	25	26	27	28	29	30
④	③	①	③	②	②	③	④	①	④

01
정답 ①

제시된 도형을 시계 반대 방향으로 120° 회전한 모습과 ①이 같다.

02
정답 ①

제시된 도형을 180° 회전한 모습과 ①이 같다.

03
정답 ④

제시된 도형을 회전하지 않은 모습과 ④가 같다.

04
정답 ④

제시된 도형을 회전하지 않은 모습과 ④가 같다.

05
정답 ②

제시된 도형을 시계 반대 방향으로 90° 회전한 모습과 ②가 같다.

06
정답 ③

제시된 도형을 회전하지 않은 모습과 ③이 같다.

07
정답 ③

제시된 도형을 시계 방향으로 90° 회전한 모습과 ③이 같다.

08
정답 ①

제시된 도형을 회전하지 않은 모습과 ①이 같다.

09
정답 ④

제시된 도형을 시계 방향으로 144° 회전한 모습과 ④가 같다.

10
정답 ③

제시된 도형을 시계 방향으로 90° 회전한 모습과 ③이 같다.

11
정답 ④

제시된 도형을 시계 반대 방향으로 90° 회전한 모습과 ④가 같다.

12
정답 ④

제시된 도형을 회전하지 않은 모습과 ④가 같다.

13
정답 ①

제시된 도형을 회전하지 않은 모습과 ①이 같다.

14
정답 ④

제시된 도형을 회전하지 않은 모습과 ④가 같다.

15
정답 ③

제시된 도형을 회전하지 않은 모습과 ③이 같다.

16

정답 ④

17

정답 ③

18

정답 ③

19

정답 ④

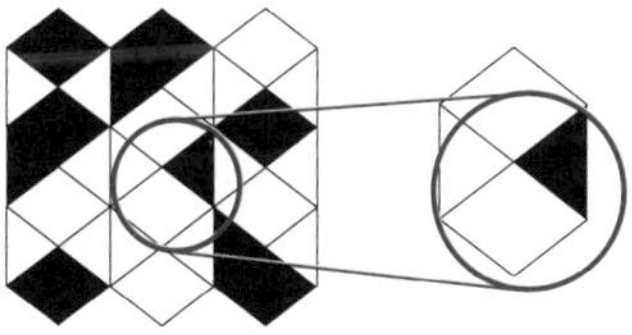

20

정답 ②

21

정답 ④

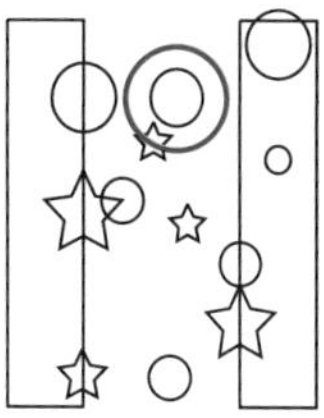

22

정답 ③

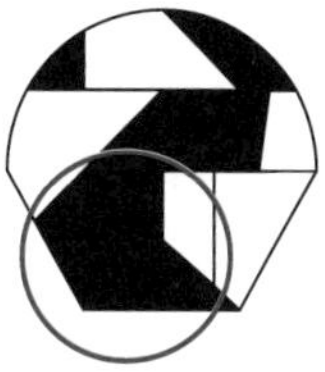

23

정답 ①

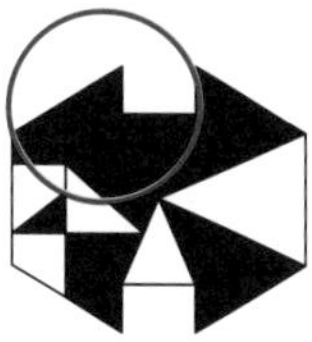

24

정답 ③

25

정답 ②

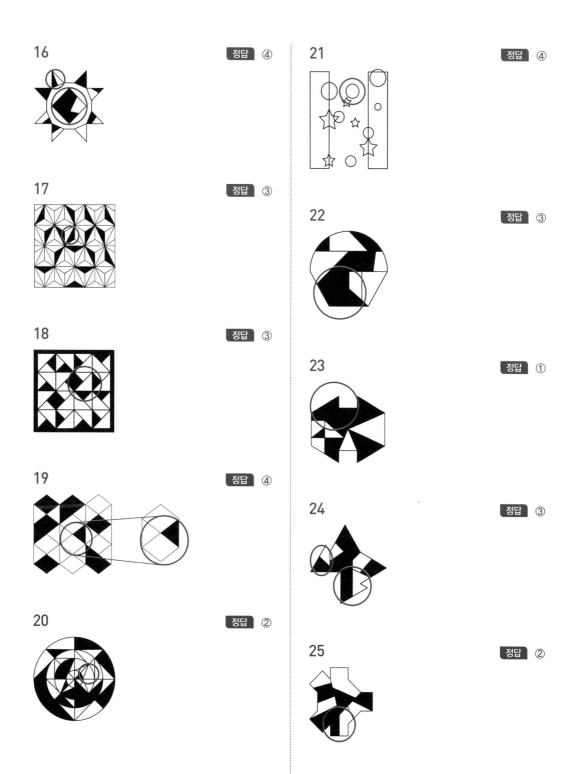

26 정답 ②

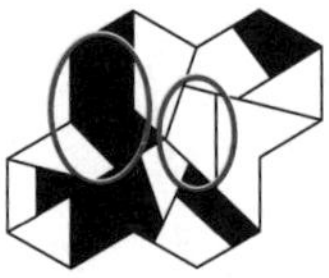

27 정답 ③

28 정답 ④

29 정답 ①

30 정답 ④

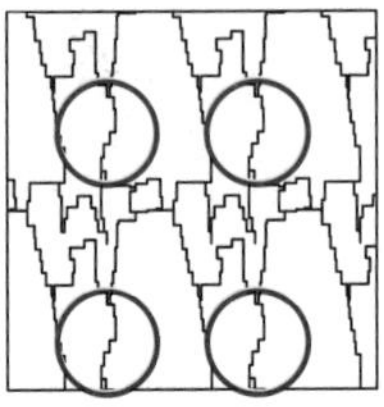

CHAPTER 03 시각지각영역 적중예상문제

01	02	03	04	05	06	07	08	09	10
①	③	④	①	②	③	④	①	②	④
11	12	13	14	15	16	17	18	19	20
③	②	③	③	③	④	④	③	③	③
21	22	23	24	25	26	27	28	29	30
④	③	④	③	①	④	②	②	①	①

01

정답 ①

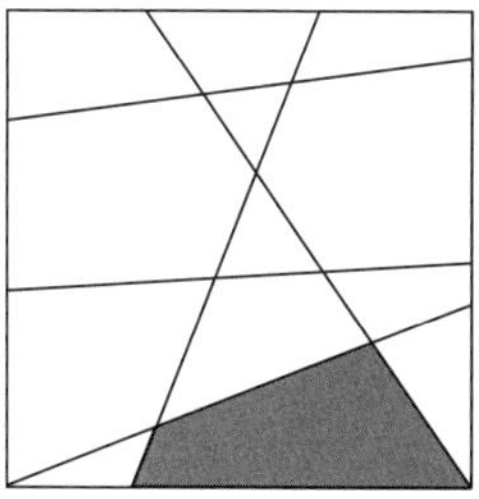

02

정답 ③

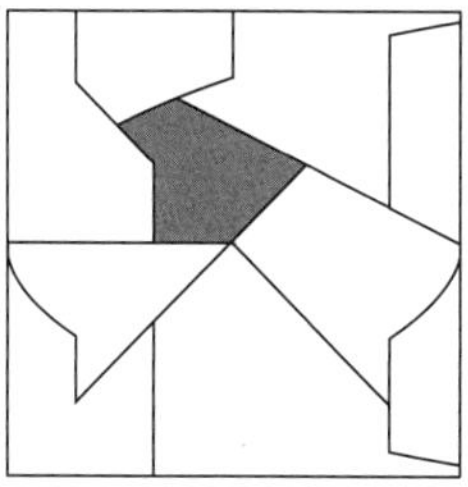

03

정답 ④

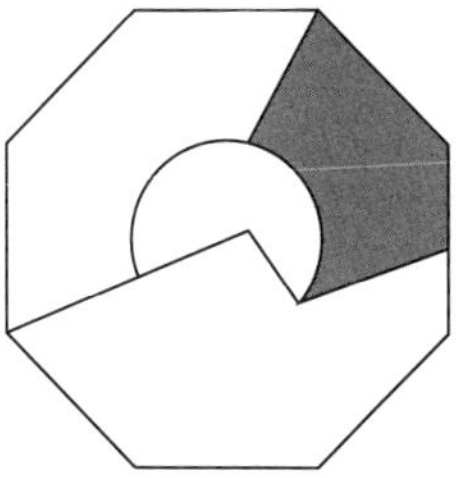

04

정답 ①

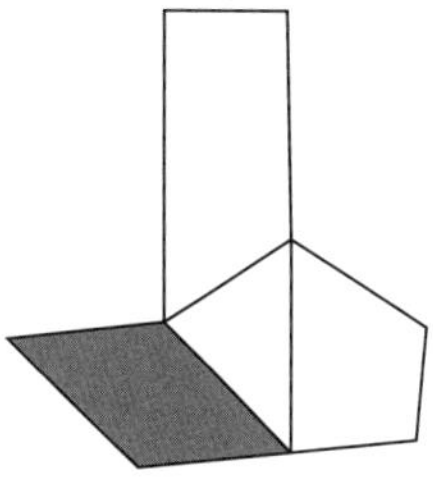

05

정답 ②

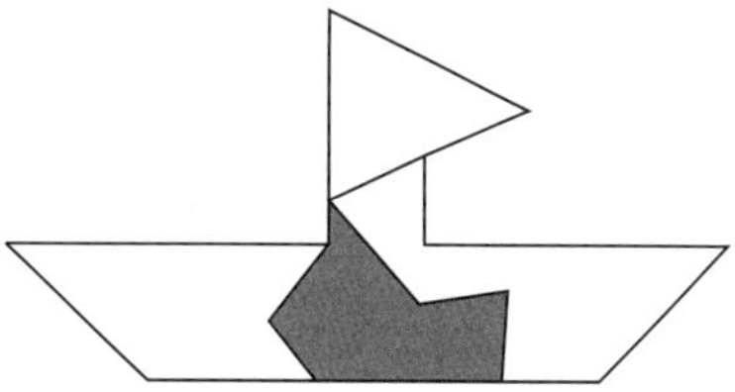

06

정답 ③

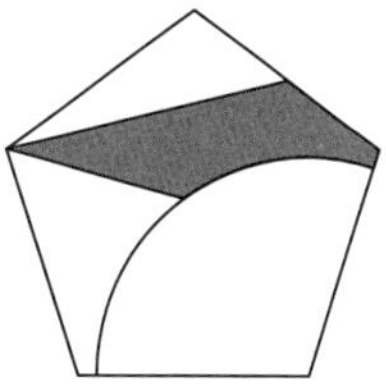

07

정답 ④

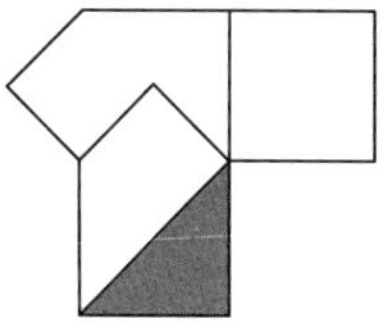

08

정답 ①

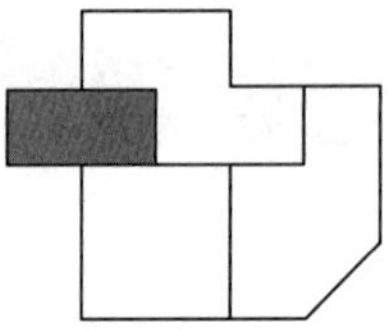

09

정답 ②

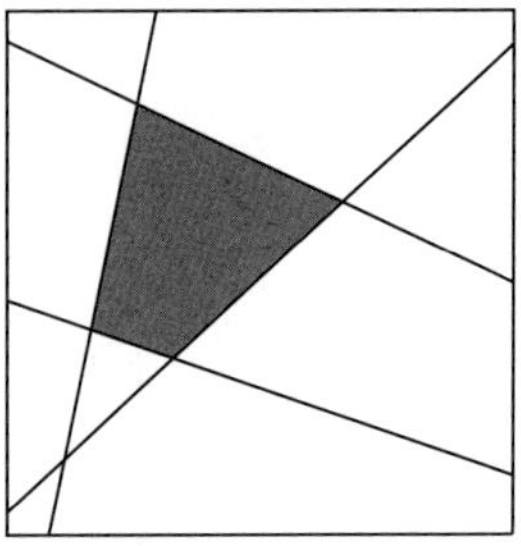

10

정답 ④

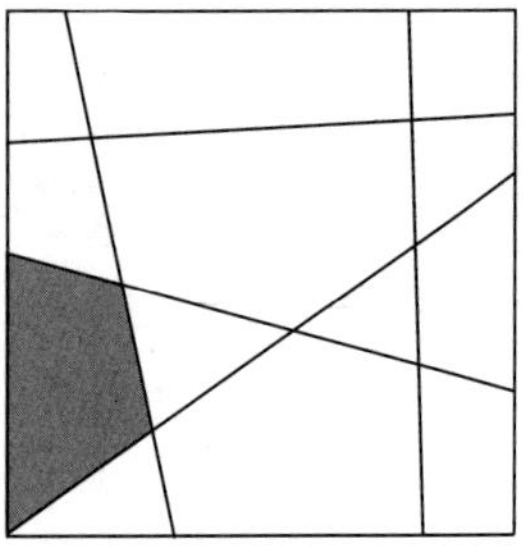

11

정답 ③

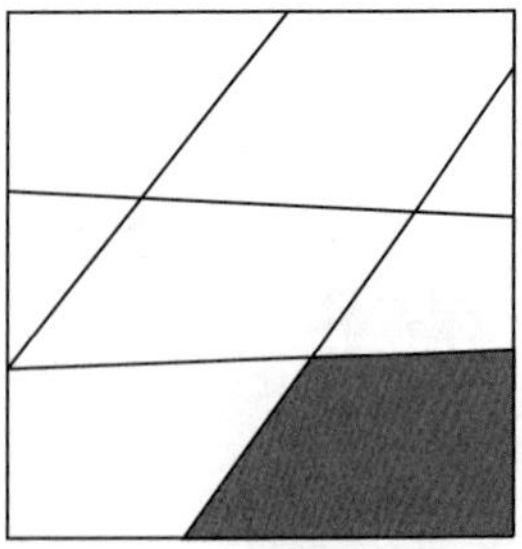

12

정답 ②

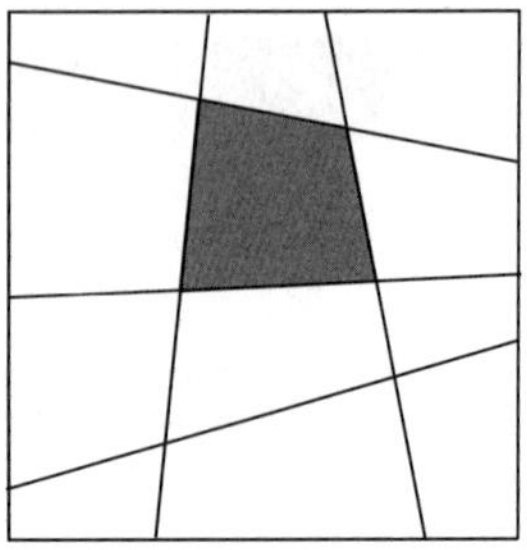

13

정답 ③

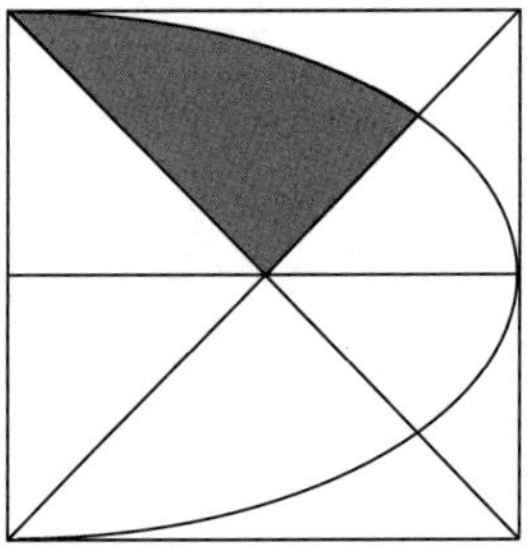

14

정답 ③

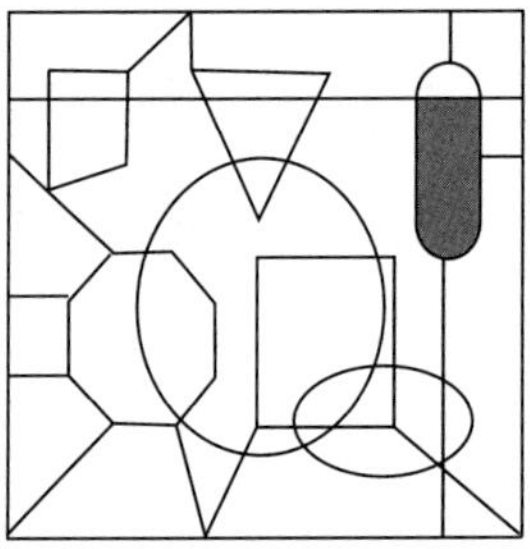

15

정답 ③

16

정답 ④

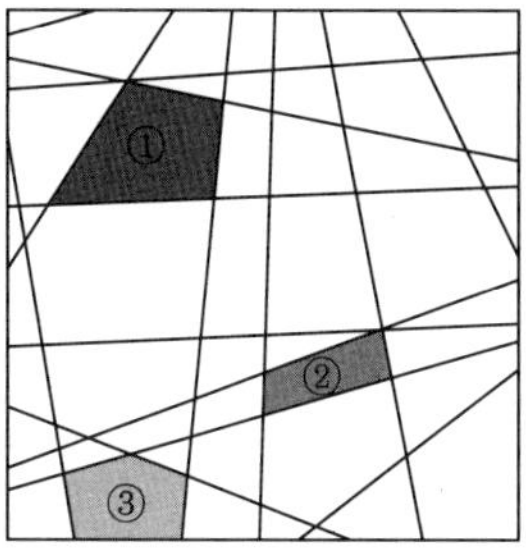

17

정답 ④

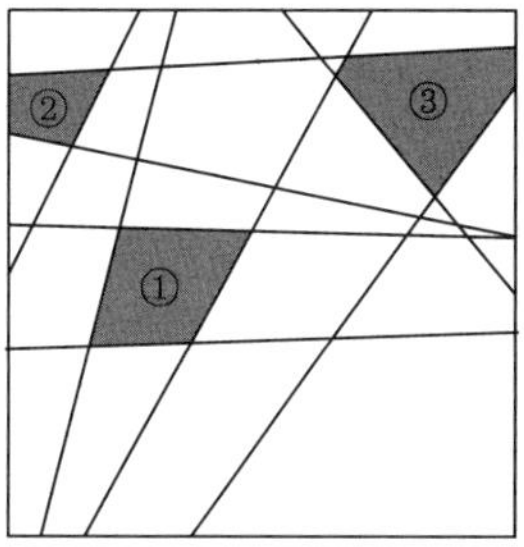

18

정답 ③

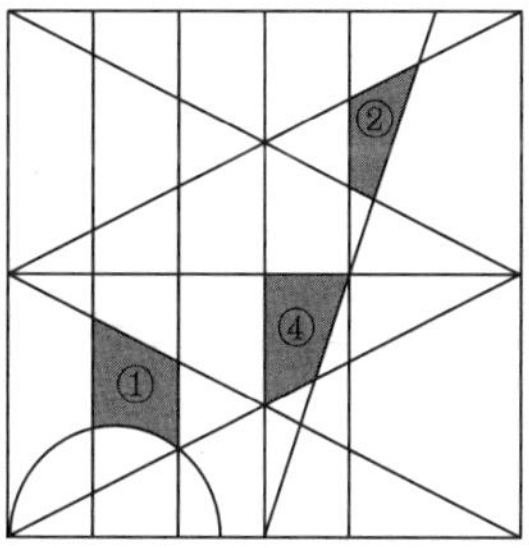

19

정답 ③

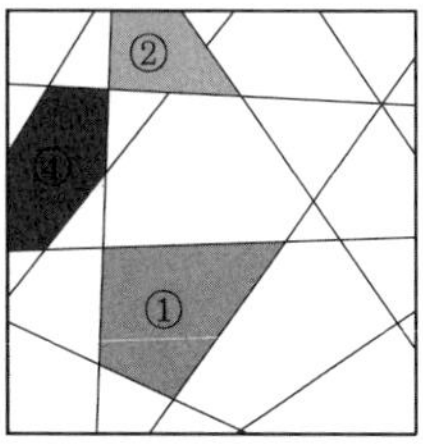

20

정답 ③

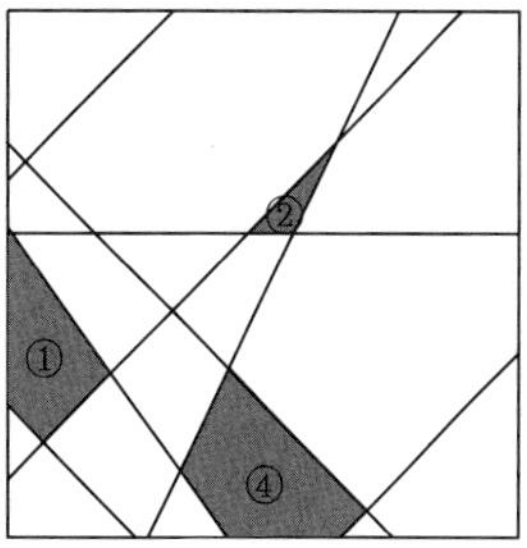

21

정답 ④

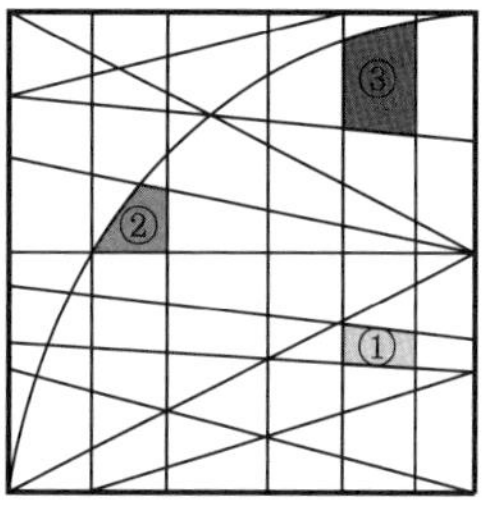

22

정답 ③

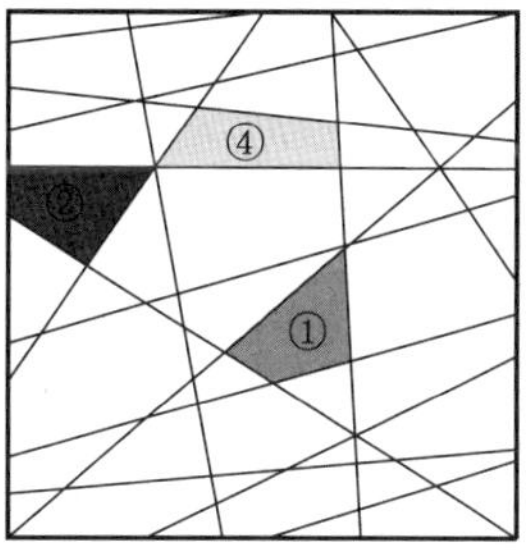

23

정답 ④

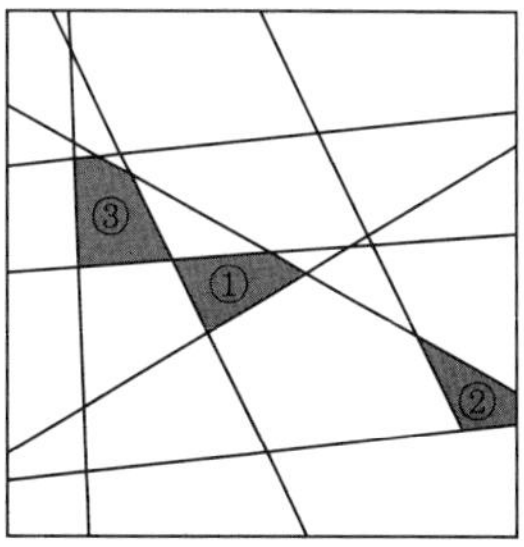

24

정답 ③

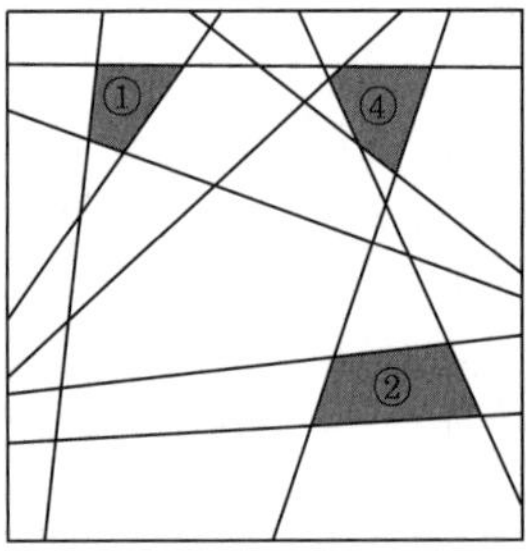

25

정답 ①

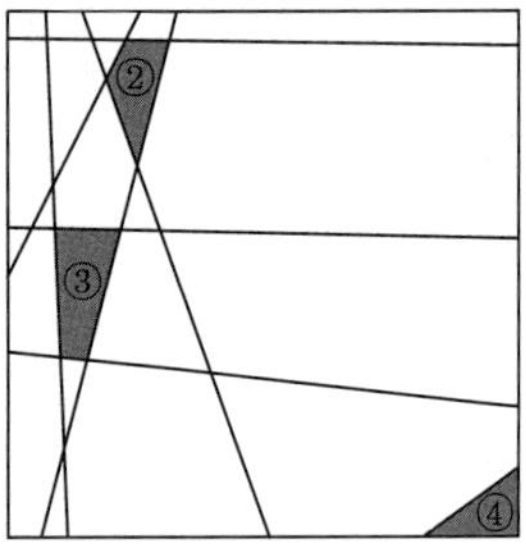

26

정답 ④

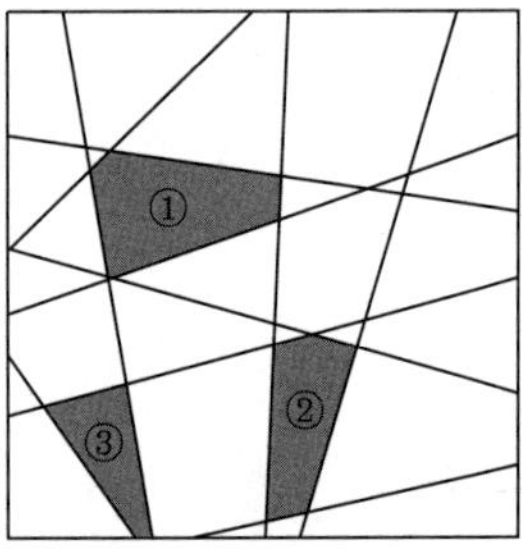

27

정답 ②

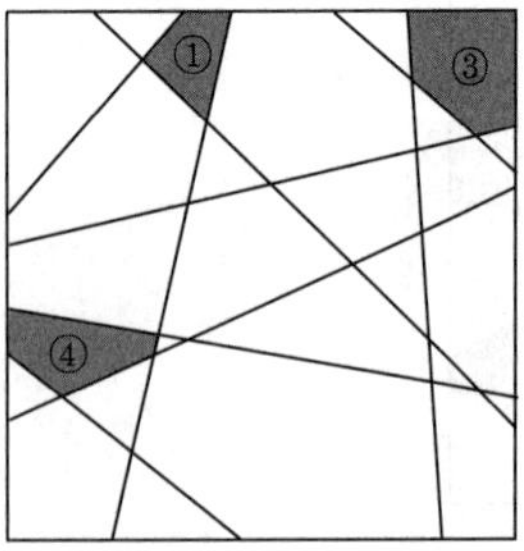

28

정답 ②

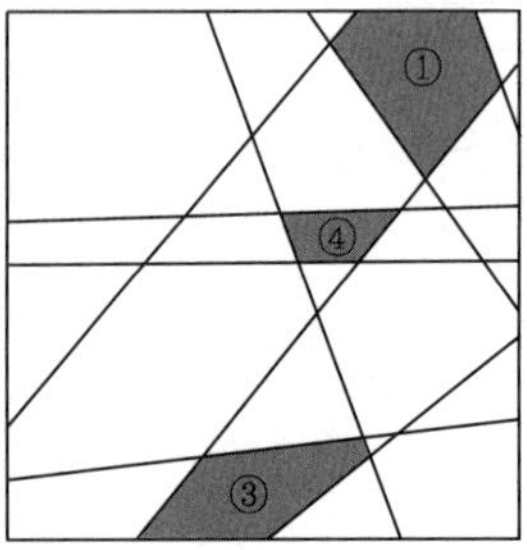

29

정답 ①

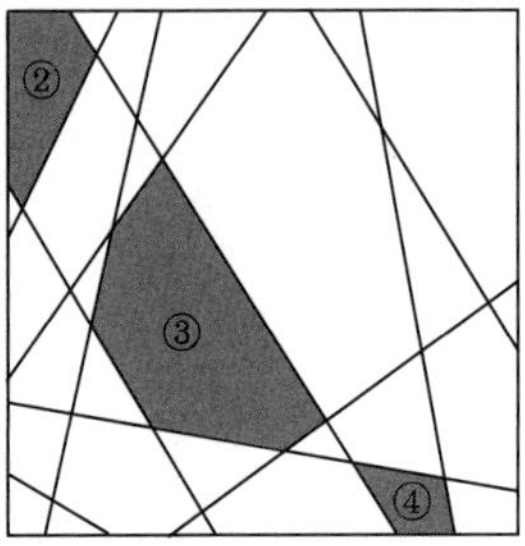

30

정답 ①

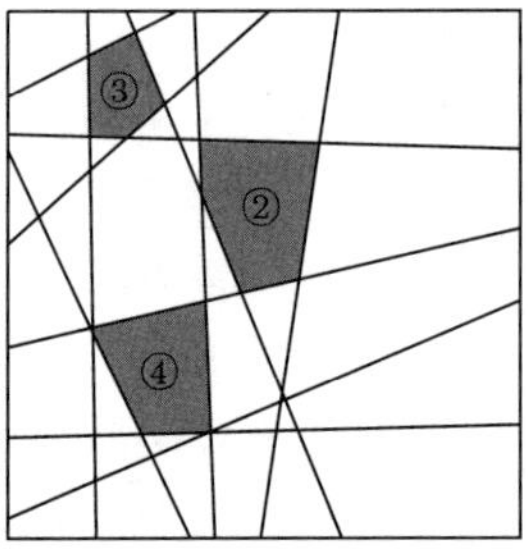

CHAPTER 04 이해력영역 적중예상문제

01	02	03	04	05	06	07	08	09	10	11	12	13	14	15	16	17	18	19	20
②	④	②	①	④	①	②	④	③	②	④	③	②	①	③	④	②	④	①	④
21	22	23	24	25	26	27	28	29	30										
③	①	②	③	①	④	②	④	④	②										

01

정답 ②

그림을 시계 반대 방향으로 90° 회전하면 , 이를 상하로 뒤집으면 , 다시 시계 방향으로 45° 회전하면  이다.

02

정답 ④

그림을 180° 회전하면 , 이를 상하 반전하면 이다.

03

정답 ②

그림을 시계 반대 방향으로 90° 회전하면 , 이를 좌우 반전하면  이다.

04

정답 ①

그림을 시계 반대 방향으로 90° 회전하면 , 이를 좌우 반전하면 이다.

05

정답 ④

그림을 시계 방향으로 90° 회전하면 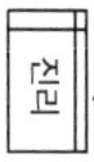, 이를 상하 반전하면 , 이를 좌우 반전하면 이다.

06

정답 ①

그림을 시계 방향으로 90° 회전하면 , 이를 좌우 반전하면 이다.

07

정답 ②

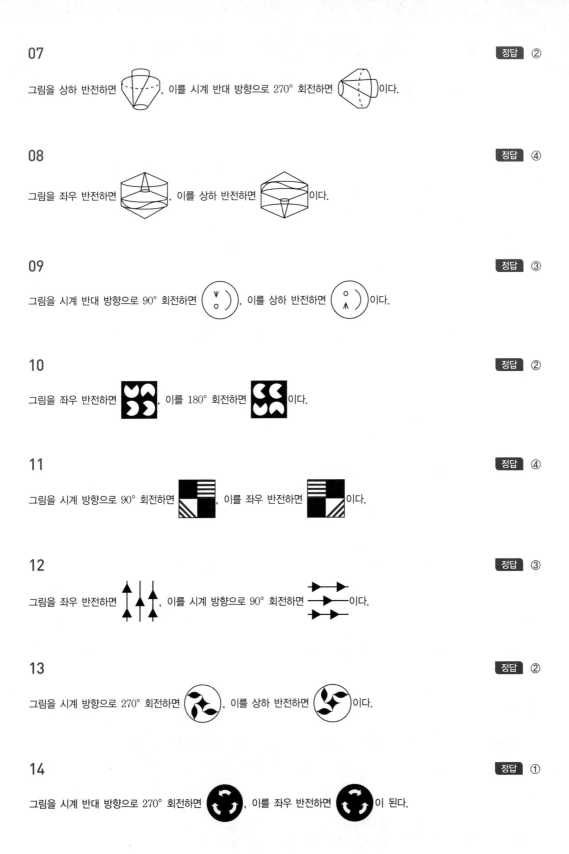

그림을 상하 반전하면 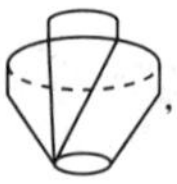, 이를 시계 반대 방향으로 270° 회전하면 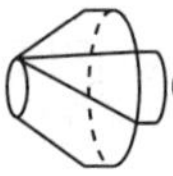이다.

08

정답 ④

그림을 좌우 반전하면 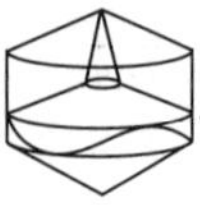, 이를 상하 반전하면 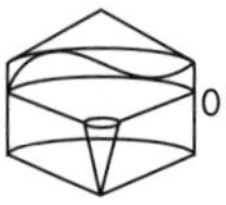이다.

09

정답 ③

그림을 시계 반대 방향으로 90° 회전하면 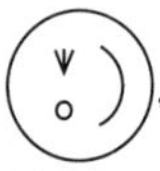, 이를 상하 반전하면 이다.

10

정답 ②

그림을 좌우 반전하면 , 이를 180° 회전하면 이다.

11

정답 ④

그림을 시계 방향으로 90° 회전하면 , 이를 좌우 반전하면 이다.

12

정답 ③

그림을 좌우 반전하면 , 이를 시계 방향으로 90° 회전하면 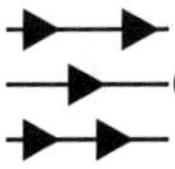이다.

13

정답 ②

그림을 시계 방향으로 270° 회전하면 , 이를 상하 반전하면 이다.

14

정답 ①

그림을 시계 반대 방향으로 270° 회전하면 , 이를 좌우 반전하면 이 된다.

15

정답 ③

그림을 시계 방향으로 90° 회전하면 , 이를 좌우 반전하면 이다.

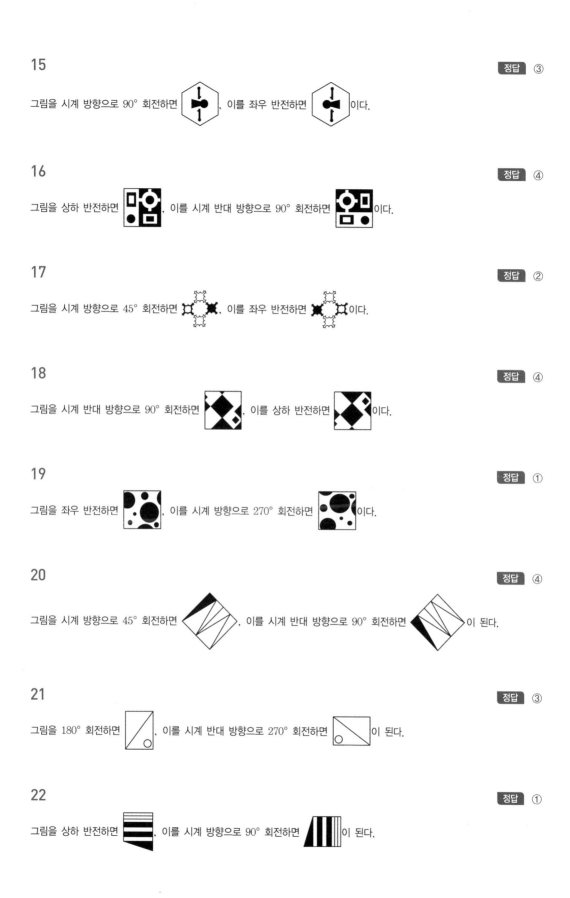

16

정답 ④

그림을 상하 반전하면 , 이를 시계 반대 방향으로 90° 회전하면 이다.

17

정답 ②

그림을 시계 방향으로 45° 회전하면 , 이를 좌우 반전하면 이다.

18

정답 ④

그림을 시계 반대 방향으로 90° 회전하면 , 이를 상하 반전하면 이다.

19

정답 ①

그림을 좌우 반전하면 , 이를 시계 방향으로 270° 회전하면 이다.

20

정답 ④

그림을 시계 방향으로 45° 회전하면 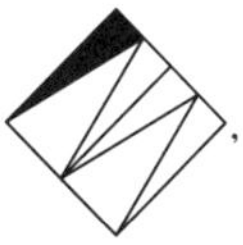, 이를 시계 반대 방향으로 90° 회전하면 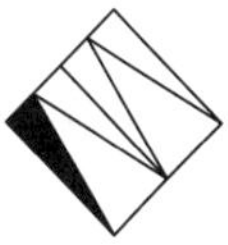이 된다.

21

정답 ③

그림을 180° 회전하면 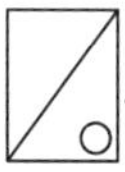, 이를 시계 반대 방향으로 270° 회전하면 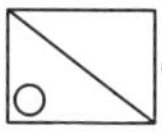이 된다.

22

정답 ①

그림을 상하 반전하면 , 이를 시계 방향으로 90° 회전하면 이 된다.

23

정답 ②

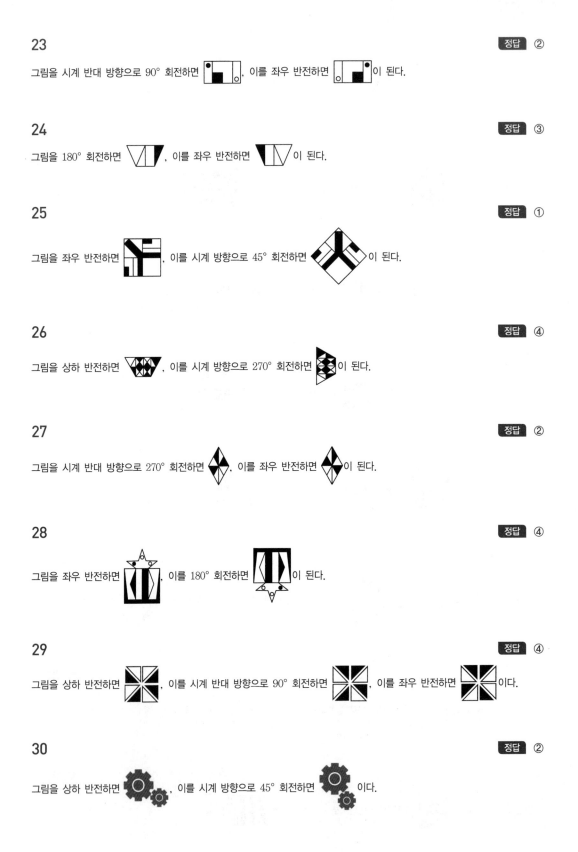

그림을 시계 반대 방향으로 90° 회전하면 , 이를 좌우 반전하면 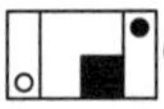이 된다.

24

정답 ③

그림을 180° 회전하면 , 이를 좌우 반전하면 이 된다.

25

정답 ①

그림을 좌우 반전하면 , 이를 시계 방향으로 45° 회전하면 이 된다.

26

정답 ④

그림을 상하 반전하면 , 이를 시계 방향으로 270° 회전하면 이 된다.

27

정답 ②

그림을 시계 반대 방향으로 270° 회전하면 , 이를 좌우 반전하면 이 된다.

28

정답 ④

그림을 좌우 반전하면 , 이를 180° 회전하면 이 된다.

29

정답 ④

그림을 상하 반전하면 , 이를 시계 반대 방향으로 90° 회전하면 , 이를 좌우 반전하면 이다.

30

정답 ②

그림을 상하 반전하면 , 이를 시계 방향으로 45° 회전하면  이다.

CHAPTER 05 유추추론영역 적중예상문제

01	02	03	04	05	06	07	08	09	10
②	②	③	①	①	②	④	②	②	④
11	12	13	14	15	16	17	18	19	20
②	④	①	①	④	④	②	③	②	④
21	22	23	24	25	26	27	28	29	30
②	③	④	④	①	④	④	②	①	④

01

정답 ②

홀수 항은 2씩 더하는 수열이고, 짝수 항은 3씩 더하는 수열이다.
따라서 ( )$=10+2=12$이다.

02

정답 ②

앞의 항에 $\times(-4)$를 하는 수열이다.
따라서 ( )$=(-68)\times(-4)=272$이다.

03

정답 ③

홀수 항은 5씩 더하는 수열이고, 짝수 항은 1씩 더하는 수열이다.
따라서 ( )$=-2+5=3$이다.

04

정답 ①

$+1$, $\times(-2)$가 반복되는 수열이다.
따라서 ( )$=3\times(-2)=-6$이다.

05

정답 ①

(앞의 항)-9인 수열이다.
따라서 ( )$=22-9=13$이다.

06

정답 ②

앞의 항에 1.5, 2, 2.5, 3, 3.5, …를 더하는 수열이다.
따라서 ( )$=10+3.5=13.5$이다.

07

정답 ④

앞에 항에 4를 더하면 나오는 수열이다.
따라서 ( )$=23+4=27$이다.

08

정답 ②

나열된 수를 각각 A, B, C라고 하면
$\underline{A\ B\ C} \rightarrow A\times B=C$
따라서 ( )$=14\div2=7$이다.

09

정답 ②

나열된 수를 각각 A, B, C라고 하면
$\underline{A\ B\ C} \rightarrow A-B-1=C$
따라서 ( )$=12-7-1=4$이다.

10

정답 ④

나열된 수를 각각 A, B, C라고 하면
$\underline{A\ B\ C} \rightarrow A^2+B^2=C$
따라서 ( )$=3^2+4^2=9+16=25$이다.

11

정답 ②

$+2$, $+3$, $+5$, $+7$, $+11$, …(소수)인 수열이다.
따라서 ( )$=32+13=45$이다.

12

정답 ④

$\times5$, -8이 반복되는 수열이다.
따라서 ( )$=27\times5=135$이다.

13 정답 ①

앞의 항에 −2를 곱하는 수열이다.
따라서 ( )=2÷(−2)=−1이다.

14 정답 ①

앞의 항에 뒤의 항을 곱하면 다음 항이 되는 수열이다.
따라서 ( )=8×(−32)=−256이다.

15 정답 ④

앞에 항에 3을 더하면 나오는 수열이다.
따라서 ( )=15+3=18이다.

16 정답 ④

알파벳, 한글 자음, 숫자, 한자의 순으로 나타나는 수열이다.

A	ㄴ	3	(四)	E	ㅂ	7	八
1	2	3	4	5	6	7	8

17 정답 ②

앞의 항에 3씩 더하는 수열이다.

A	D	G	J	M	P	(S)	V
1	4	7	10	13	16	(19)	22

18 정답 ③

앞의 항에 3씩 더하는 수열이다.

B	E	H	(K)	N
2	5	8	11	14

19 정답 ②

앞의 항에 2, 3, 4, 5, …를 더하는 수열이다.

3	E	8	L	17	(W)	30
3	5	8	12	17	23	30

20 정답 ④

앞의 항에서 2를 빼는 수열이다.

ㅍ	ㅋ	ㅈ	ㅅ	ㅁ	(ㄷ)
13	11	9	7	5	3

21 정답 ②

앞의 항에 1, 2, 4, 8, 16, …을 더하는 수열이다.

C	D	(F)	J	R	H
3	4	6	10	18	34(8)

22 정답 ③

홀수 항은 2씩 빼는 수열이고, 짝수 항은 2씩 더하는 수열이다.

ㅈ	ㄷ	ㅅ	ㅁ	ㅁ	(ㅅ)
9	3	7	5	5	7

23 정답 ④

앞의 항에 3, 4, 5, 6, …을 더하는 수열이다.

C	F	J	O	(U)
3	6	10	15	21

24 정답 ④

소수로 나열된 수열이다.

ㄴ	C	ㅗ	ㅅ	(K)
2	3	5	7	11

25 정답 ①

홀수 항은 3씩 더하는 수열이고, 짝수 항은 2씩 빼는 수열이다.

D	ㅠ	G	ㅛ	J	ㅕ	M	ㅑ	(P)
4	8	7	6	10	4	13	2	16

26 정답 ④

앞의 항에 1, 2, 3, …을 더하는 수열이다.

ㄴ	ㄷ	ㅁ	ㅇ	ㅌ	ㄷ	(ㅈ)
2	3	5	8	12	17(3)	23(9)

27 정답 ④

앞의 항에서 5를 빼는 수열이다.

Z	(U)	P	K	F	A
26	21	16	11	6	1

28

정답 ②

앞의 항에 +1, −2, +3, −4, +5, …를 더하는 수열이다.

F	G	E	H	D	(I)	C
6	7	5	8	4	9	3

29

정답 ①

앞의 항에 1, 2, 3, 4, …를 더하는 수열이다.

ㅑ	ㅓ	ㅗ	ㅠ	(ㅑ)
2	3	5	8	12(2)

30

정답 ④

앞의 항에 2씩 빼는 수열이다.

Q	O	M	K	I	G	(E)	C
17	15	13	11	9	7	(5)	3

CHAPTER 06 신체반응영역 적중예상문제

01	02	03	04	05	06	07	08	09	10
④	④	③	③	④	①	②	④	②	④
11	12	13	14	15	16	17	18	19	20
②	③	①	②	②	④	②	③	②	③
21	22	23	24	25	26	27	28	29	30
①	③	②	②	②	②	③	②	②	③

01

정답 ④

제시된 조건에 따르면 ▷▲=▲▲=▶▶▶▶이므로 ?에 들어갈 문자는 ④이다.

02

정답 ④

제시된 조건에 따르면 ▼=▲▲=▶▶▶▶이므로 ?에 들어갈 문자는 ④이다.

03

정답 ③

제시된 조건에 따르면 てづ=づづ=つつて이므로 ?에 들어갈 문자는 ③이다.

04

정답 ③

제시된 조건에 따르면 でで=づづづづ=でづつつ이므로 ?에 들어갈 도형은 ③이다.

05

정답 ④

제시된 조건에 따르면 ⅡⅡ=ⅢⅢⅢⅢ=ⅤⅤⅤⅤ=ⅡⅤⅤ이므로 ?에 들어갈 문자는 ④이다.

06

정답 ①

제시된 조건에 따르면 Ⅱ=ⅢⅢ=ⅠⅠⅠⅠ=ⅢⅠⅠ이므로 ?에 들어갈 문자는 ①이다.

07

정답 ②

제시된 조건에 따르면 Å=ΣΣ℉=Σ℉℉℉이므로 ?에 들어갈 문자는 ②이다.

08

정답 ④

제시된 조건에 따르면 π℉=ΣΣΣ℉=ΣΣ℉℉℉이므로 ?에 들어갈 문자는 ④이다.

09

정답 ②

제시된 조건에 따르면 ⒹⒹ=ⒷⒷⒷⒷ=ⒷⒷⒸⒸ=ⒹⒸⒸ이므로 ?에 들어갈 문자는 ②이다.

10

정답 ④

제시된 조건에 따르면 ⒷⒷ=Ⓓ=ⒼⒼ이므로 ?에 들어갈 문자는 ④이다.

11

정답 ②

제시된 조건에 따르면 ●=◓◓=□□이므로 ?에 들어갈 문자는 ②이다.

12

정답 ③

제시된 조건에 따르면 ●=◓◓=◇이므로 ?에 들어갈 문자는 ③이다.

13

정답 ①

제시된 조건에 따르면 ♩♩=♪♪♪♪=♬♬♬♬=♩♬♬이므로 ?에 들어갈 문자는 ①이다.

14

정답 ②

제시된 조건에 따르면 ♩=♪♪=𝅘𝅥𝅯𝅘𝅥𝅯𝅘𝅥𝅯𝅘𝅥𝅯=𝅘𝅥𝅯𝅘𝅥𝅯♪이므로 ?에 들어갈 문자는 ②이다.

15

정답 ②

제시된 조건에 따르면 ⇧=⇩⇩=⇨이므로 ?에 들어갈 문자는 ②이다.

16

정답 ④

제시된 조건에 따르면 ⇨=⇩⇩=⇦⇦⇦⇦이므로 ?에 들어갈 문자는 ④이다.

17

정답 ②

제시된 조건에 따르면 ◘=◈◈과 ◘=⧈⧈에 따라 ◈=⧈이므로 ?에 들어갈 문자는 ②이다.

18

정답 ③

제시된 조건에 따르면 ◘=◈◈=⟐이므로 ?에 들어갈 문자는 ③이다.

19

정답 ②

제시된 조건에 따르면 ◆=♡♡=□□이므로 ?에 들어갈 문자는 ②이다.

20

정답 ③

제시된 조건에 따르면 ◆=♡♡=◇이므로 ?에 들어갈 문자는 ③이다.

21

정답 ①

제시된 조건에 따르면 ≒=∴∴=≡이므로 ?에 들어갈 문자는 ①이다.

22

정답 ③

제시된 조건에 따르면 ≡=∴∴=——이므로 ?에 들어갈 문자는 ③이다.

23

정답 ②

제시된 조건의 ♀=♂♂과 ♀=℃℃에 따라 ♂=℃이므로 ?에 들어갈 문자는 ②이다.

24

정답 ②

제시된 조건에 따르면 ♀=♂♂=Å이므로 ?에 들어갈 문자는 ②이다.

25

정답 ②

제시된 조건의 ⊕=⌧⌧과 ⊕=✥✥에 따라 ⌧=✥이므로 ?에 들어갈 문자는 ②이다.

26

정답 ②

제시된 조건에 따르면 ⊕=⌧⌧=∓이므로 ?에 들어갈 문자는 ②이다.

27

정답 ③

제시된 조건에 따르면 ◁▽=▽▽=●○●○이므로 ?에 들어갈 문자는 ③이다.

28

정답 ②

제시된 조건에 따르면 △△△△=▽▽=●○●○이므로 ?에 들어갈 문자는 ②이다.

29

정답 ②

제시된 조건에 따르면 ⧓⧓⧓=⧑⧒⧑⧒⧑⧒=⧑⧒⧓⧑⧒이므로 ?에 들어갈 문자는 ②이다.

30

정답 ③

제시된 조건에 따르면 ⧗⧒⧒=⧒⧒⧒⧒⧒=⧒⧒⧑⧑⧑이므로 ?에 들어갈 문자는 ③이다.

CHAPTER 07 순서추론영역 적중예상문제

01	02	03	04	05	06	07	08	09	10
③	④	②	②	③	③	②	①	②	④
11	12	13	14	15	16	17	18	19	20
②	④	③	①	③	①	②	③	②	④
21	22	23	24	25	26	27	28	29	30
③	③	①	④	②	④	④	②	④	③

01

정답 ③

●은 5번째에 제시된 문자이므로 정답은 ③이다.

02

정답 ④

□은 6번째에 제시된 문자이므로 정답은 ④이다.

03

정답 ②

○은 2번째에 제시된 문자이므로 정답은 ②이다.

04

정답 ②

♪은 3번째에 제시된 문자이므로 정답은 ②이다.

05

정답 ③

♥은 4번째에 제시된 문자이므로 정답은 ③이다.

06

정답 ③

☺은 3번째에 제시된 문자이므로 정답은 ③이다.

07

정답 ②

🔔은 8번째에 제시된 문자이므로 정답은 ②이다.

08

정답 ①

♡은 1번째에 제시된 문자이므로 정답은 ①이다.

09

정답 ②

♈은 5번째에 제시된 문자이므로 정답은 ②이다.

10

정답 ④

✹은 10번째에 제시된 문자이므로 정답은 ④이다.

11

정답 ②

■은 2번째에 제시된 문자이므로 정답은 ②이다.

12

정답 ④

◐은 5번째에 제시된 문자이므로 정답은 ④이다.

13

정답 ③

♬은 6번째에 제시된 문자이므로 정답은 ③이다.

14

정답 ①

◇은 1번째에 제시된 문자이므로 정답은 ①이다.

15

정답 ③

∋은 9번째에 제시된 문자이므로 정답은 ③이다.

16

정답 ①

▣은 1번째에 제시된 문자이므로 정답은 ①이다.

17

정답 ②

∀은 7번째에 제시된 문자이므로 정답은 ②이다.

18

정답 ③

&은 5번째에 제시된 문자이므로 정답은 ③이다.

19

정답 ②

☙은 4번째에 제시된 문자이므로 정답은 ②이다.

20

정답 ④

↕은 9번째에 제시된 문자이므로 정답은 ④이다.

21

정답 ③

⌶은 8번째에 제시된 문자이므로 정답은 ③이다.

22

정답 ③

▩은 4번째에 제시된 문자이므로 정답은 ③이다.

23

정답 ①

♧은 2번째에 제시된 문자이므로 정답은 ①이다.

24

정답 ④

☪은 10번째에 제시된 문자이므로 정답은 ④이다.

25

정답 ②

➾은 5번째에 제시된 문자이므로 정답은 ②이다.

26

정답 ④

▧은 7번째에 제시된 문자이므로 정답은 ④이다.

27

정답 ④

☞은 5번째에 제시된 도형이므로 정답은 ④이다.

28

정답 ②

↗은 6번째에 제시된 문자이므로 정답은 ②이다.

29

정답 ④

℃은 8번째에 제시된 문자이므로 정답은 ④이다.

30

정답 ③

∞은 3번째에 제시된 문자이므로 정답은 ③이다.

아이들이 답이 있는 질문을 하기 시작하면 그들이 성장하고 있음을 알 수 있다.

- 존 J. 플롬프 -

PART

2

최종점검 모의고사

제1회 최종점검 모의고사

01 기본계산영역

01	02	03	04	05	06	07	08	09	10
④	②	③	④	②	④	①	③	②	④

01

정답 ④

$7.2 \div 1.2 = 6$

02

정답 ②

$493 - 24 \times 5 = 493 - 120 = 373$

03

정답 ③

$303 \div 3 + 7 = 101 + 7 = 108$

04

정답 ④

$84 \div 4 + 2 = 21 + 2 = 23$

05

정답 ②

$0.28 + 2.4682 = 2.7482$

06

정답 ④

$315 \times 69 \div 5 = 21,735 \div 5 = 4,347$

07

정답 ①

$8 + 13 \times 4 - 12 = 4(2 + 13 - 3) = 4 \times 12 = 48$

08

정답 ③

$$\frac{5}{3} \div \frac{15}{21} \times \frac{9}{4} = \frac{5}{3} \times \frac{21}{15} \times \frac{9}{4} = \frac{21}{4}$$

09

정답 ②

$63 \div 21 \times 4 = 3 \times 4 = 12$

10

정답 ④

$$\frac{4}{7} \times \frac{5}{6} + \frac{4}{7} \div \frac{3}{22}$$

$$= \frac{20}{42} + \frac{4}{7} \times \frac{22}{3}$$

$$= \frac{10}{21} + \frac{88}{21} = \frac{98}{21} = \frac{14}{3}$$

02 주의집중영역

01	02	03	04	05	06	07	08	09	10
②	③	④	④	②	④	③	②	③	④

01

정답 ②

제시된 도형을 회전하지 않은 모습과 ②가 같다.

02

정답 ③

제시된 도형을 시계 방향으로 45° 회전한 모습과 ③이 같다.

03

정답 ④

제시된 도형을 시계 방향으로 90° 회전한 모습과 ④가 같다.

04

정답 ④

제시된 도형을 시계 방향으로 90° 회전한 모습과 ④가 같다.

05

정답 ②

제시된 도형을 시계 반대 방향으로 90° 회전한 모습과 ②가 같다.

06

정답 ④

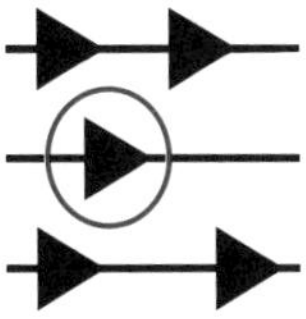

07

정답 ③

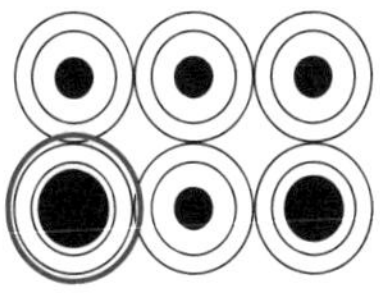

08

정답 ②

09

정답 ③

10

정답 ④

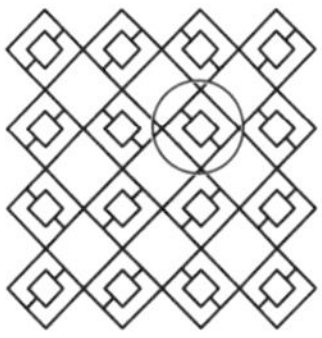

03 시각지각영역

01	02	03	04	05	06	07	08	09	10
②	③	①	③	①	③	④	②	③	③

01

정답 ②

02

정답 ③

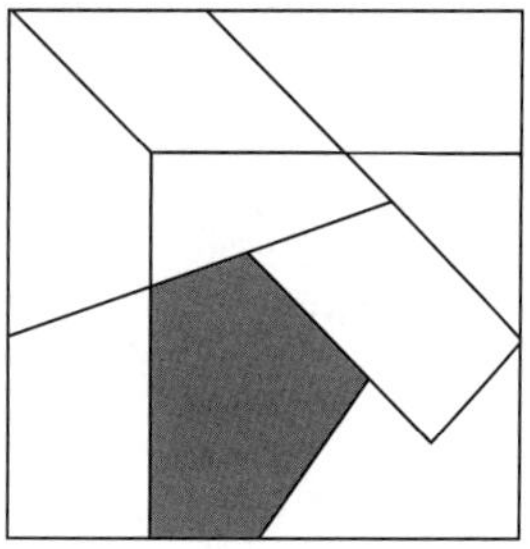

03

정답 ①

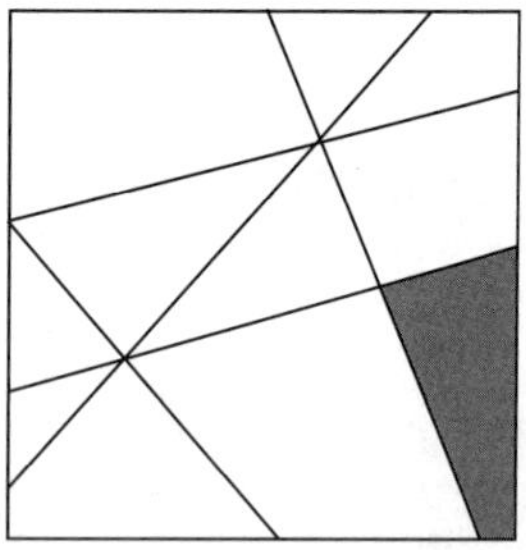

04

정답 ③

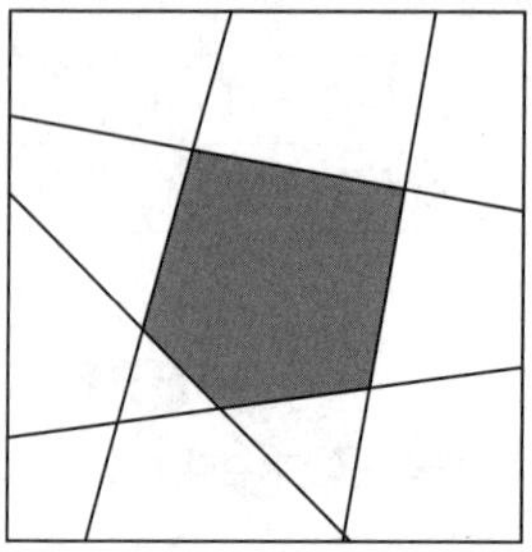

05

정답 ①

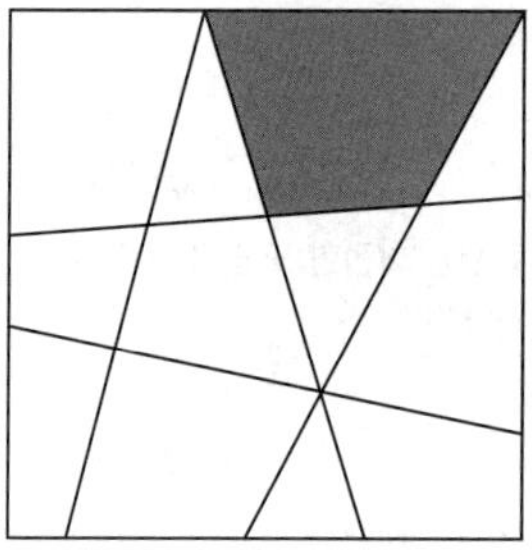

06

정답 ③

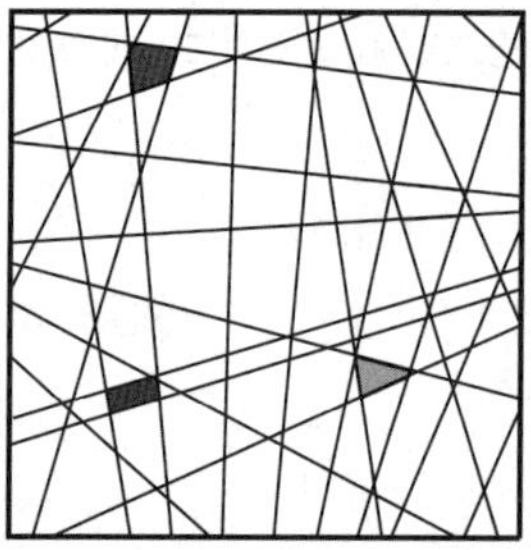

07

정답 ④

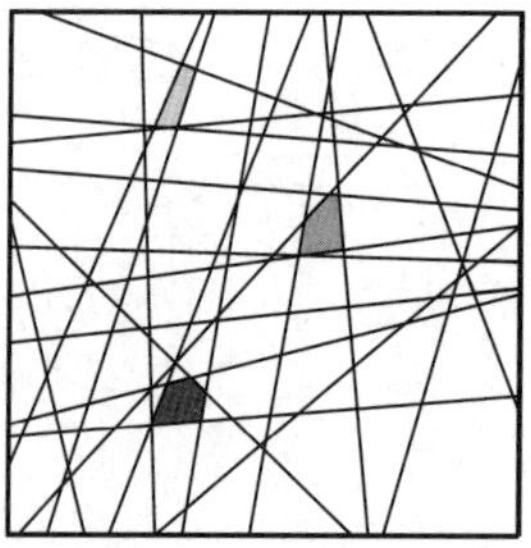

08

정답 ②

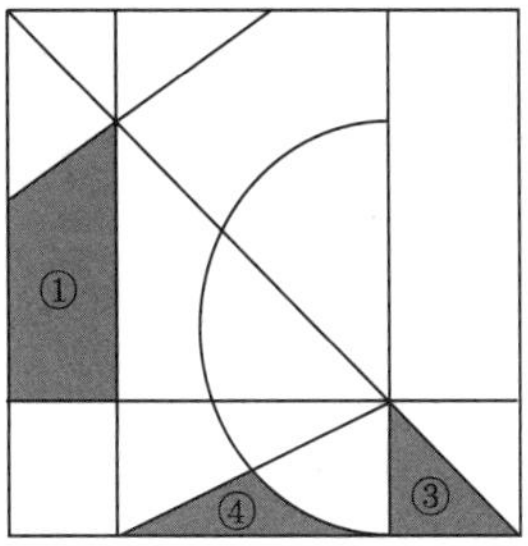

09

정답 ③

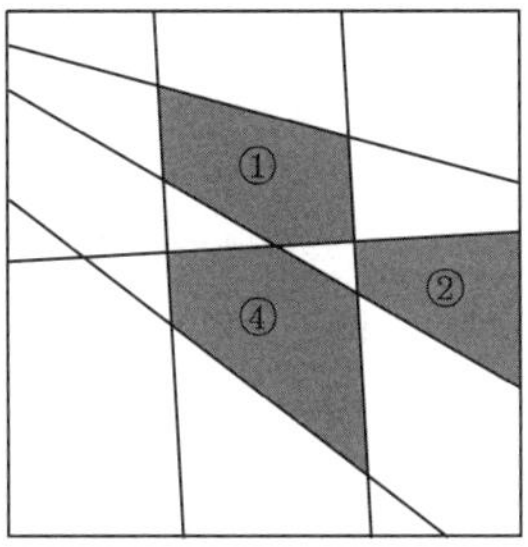

10

정답 ③

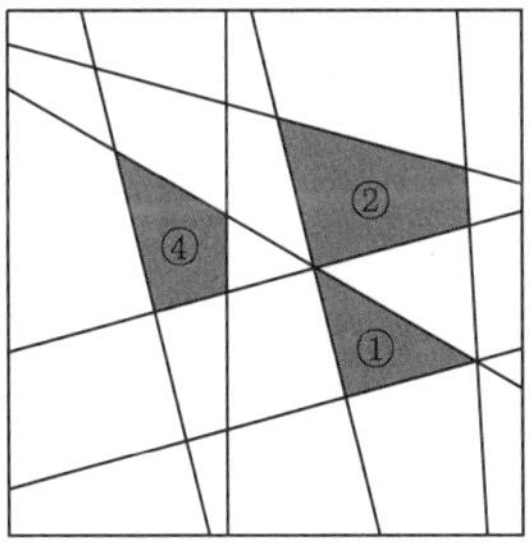

04 이해력영역

01	02	03	04	05	06	07	08	09	10
④	①	④	①	③	②	④	①	④	①

01

정답 ④

그림을 좌우 반전하면 , 이를 시계 방향으로 270° 회전하면 이 된다.

02

정답 ①

그림을 시계 방향으로 45° 회전하면 , 이를 시계 반대 방향으로 90° 회전하면 이 된다.

03

정답 ④

그림을 시계 방향으로 90° 회전하면 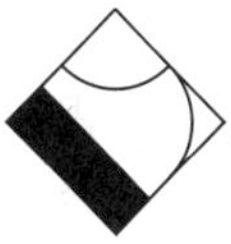, 이를 시계 반대 방향으로 45° 회전하면 이 된다.

04

정답 ①

그림을 시계 방향으로 270° 회전하면 , 이를 시계 반대 방향으로 90° 회전하면 이 된다.

05 정답 ③

그림을 시계 반대 방향으로 45° 회전하면 , 이를 시계 반대 방향으로 270° 회전하면 이 된다.

06 정답 ②

그림을 시계 반대 방향으로 90° 회전하면 , 이를 시계 방향으로 45° 회전하면 이 된다.

07 정답 ④

그림을 상하 반전하면 , 이를 180° 회전하면 이 된다.

08 정답 ①

그림을 좌우 반전하면 , 이를 시계 반대 방향으로 45° 회전하면 이 된다.

09 정답 ④

그림을 시계 방향으로 90° 회전하면 , 이를 좌우 반전하면 이 된다.

10 정답 ①

그림을 180° 회전하면 , 이를 좌우 반전하면 이 된다.

05 유추추론영역

01	02	03	04	05	06	07	08	09	10
①	①	④	①	④	③	②	③	②	③

01 정답 ①

앞의 항에 ×(−3)이 적용되는 수열이다.
따라서 ( )=−459×−3=1,377이다.

02 정답 ①

홀수 항은 +2, 짝수 항은 +7을 더하는 수열이다.
따라서 ( )=25+7=32이다.

03 정답 ④

앞의 항에 1, 2, 3을 번갈아 가며 더하는 수열이다.
따라서 ( )=14+2=16이다.

04 정답 ①

+2, ×2가 반복되는 수열이다.
따라서 ( )=86×2=172이다.

05 정답 ④

앞의 항에 11을 더하는 수열이다.
따라서 ( )=36+11=47이다.

06 정답 ③

+3, ÷2가 반복되는 수열이다.

ㅋ	ㅎ	ㅅ	ㅊ	ㅁ	ㅇ	(ㄹ)
11	14	7	10	5	8	4

07 정답 ②

앞의 항에 2를 더하는 수열이다.

F	H	J	L	N	(P)	R
6	8	10	12	14	16	18

08

정답 ③

앞의 항에 뒤의 항을 더하면 다음 항이 되는 수열이다.

A	A	B	C	E	H	M	(U)
1	1	2	3	5	8	13	21

09

정답 ②

÷2, +11이 반복되는 수열이다.

N	ㅅ	R	ㅈ	T	ㅊ	(U)
14	7	18	9	20	10	21

10

정답 ③

앞의 항에 2를 곱하는 수열이다.

A	B	D	H	P	(F)
1	2	4	8	16	32(6)

06 신체반응영역

01	02	03	04	05	06	07	08	09	10
④	③	①	④	③	①	④	③	③	②

01

정답 ④

제시된 조건에 따르면 ▽▽=⌓⌓⌓⌓⌓⌓=⌓⌓⌓⌓⌓⌒⌒이므로 ?에 들어갈 문자는 ④이다.

02

정답 ③

제시된 조건에 따르면 ⌕⌓⌓=⌒⌒⌒⌓⌓=⌒⌒⌒⌒⌒⌒⌒이므로 ?에 들어갈 문자는 ③이다.

03

정답 ①

제시된 조건의 ☼=☺☺과 ☼=[호][호]에 따라 ☺=[호]이므로 ?에 들어갈 문자는 ①이다.

04

정답 ④

제시된 조건에 따르면 ☼=☺☺=◘이므로 ?에 들어갈 문자는 ④이다.

05

정답 ③

제시된 조건에 따르면 ♍♍=♉♉♉♉=♈♈♉♈♈♉이므로 ?에 들어갈 문자는 ③이다.

06

정답 ①

제시된 조건에 따르면 ♎♎=♍♍♈♍♍♈=♍♍♍♍♈♈이므로 ?에 들어갈 문자는 ①이다.

07

정답 ④

제시된 조건에 따르면 ↑↑=↓=↔↔이므로 ?에 들어갈 문자는 ④이다.

08

정답 ③

제시된 조건에 따르면 ↓=↑↑=←이므로 ?에 들어갈 문자는 ③이다.

PART 2

09

정답 ③

제시된 조건에 따르면 ♡=◉◉=♥♥이므로 ?에 들어갈 문자는 ③이다.

10

정답 ②

제시된 조건에 따르면 ♡♡=◉◉◉◉=♧♧이므로 ?에 들어갈 문자는 ②이다.

07 순서추론영역

01	02	03	04	05	06	07	08	09	10
③	③	①	②	③	③	④	②	③	③
11	12	13	14	15	16	17	18	19	20
②	①	②	①	④	③	④	③	②	④
21	22	23	24	25	26	27	28	29	30
④	④	③	③	①	②	④	③	①	③
31	32	33	34	35	36	37	38	39	40
②	②	③	①	④	②	③	④	②	②
41	42	43	44	45	46	47	48	49	50
②	①	①	④	③	④	①	②	④	③
51	52	53	54	55	56	57	58	59	60
③	①	③	①	③	④	③	④	④	②
61	62	63	64	65	66	67	68	69	70
②	④	③	③	④	②	③	④	①	④
71	72	73	74	75	76	77	78	79	80
②	①	①	③	④	③	③	④	②	②
81	82	83	84	85	86	87	88	89	90
④	②	②	②	③	④	①	①	④	②
91	92	93	94	95	96	97	98	99	100
③	①	④	④	②	③	②	①	①	①

01

정답 ③

ıh은 6번째에 제시된 문자이므로 정답은 ③이다.

02

정답 ③

︾은 4번째에 제시된 문자이므로 정답은 ③이다.

03

정답 ①

♡은 1번째에 제시된 문자이므로 정답은 ①이다.

04

정답 ②

¥은 2번째에 제시된 문자이므로 정답은 ②이다.

05

정답 ③

💣은 8번째에 제시된 문자이므로 정답은 ③이다.

06

정답 ③

☺은 7번째에 제시된 문자이므로 정답은 ③이다.

07

정답 ④

※은 10번째에 제시된 문자이므로 정답은 ④이다.

08

정답 ②

₡은 3번째에 제시된 문자이므로 정답은 ②이다.

09

정답 ③

⫬은 5번째에 제시된 문자이므로 정답은 ③이다.

10

정답 ③

★은 9번째에 제시된 문자이므로 정답은 ③이다.

11

정답 ②

☼은 6번째에 제시된 문자이므로 정답은 ②이다.

12

정답 ①

♈은 2번째에 제시된 문자이므로 정답은 ①이다.

13

정답 ②

🕮은 4번째에 제시된 문자이므로 정답은 ②이다.

14

정답 ①

☯은 1번째에 제시된 문자이므로 정답은 ①이다.

15

정답 ④

♋은 7번째에 제시된 문자이므로 정답은 ④이다.

16

정답 ③

🗐은 5번째에 제시된 문자이므로 정답은 ③이다.

17

정답 ④

🖂은 10번째에 제시된 문자이므로 정답은 ④이다.

18

정답 ③

⯒은 9번째에 제시된 문자이므로 정답은 ③이다.

19

정답 ②

🖃은 3번째에 제시된 문자이므로 정답은 ②이다.

20

정답 ④

♍은 8번째에 제시된 문자이므로 정답은 ④이다.

21

정답 ④

◑은 6번째에 제시된 문자이므로 정답은 ④이다.

22

정답 ④

㏇은 8번째에 제시된 문자이므로 정답은 ④이다.

23

정답 ③

π은 7번째에 제시된 문자이므로 정답은 ③이다.

24

정답 ③

♧은 3번째에 제시된 문자이므로 정답은 ③이다.

25

정답 ①

¿은 2번째에 제시된 문자이므로 정답은 ①이다.

26

정답 ②

♨은 4번째에 제시된 문자이므로 정답은 ②이다.

PART 2

27 정답 ④

❀은 10번째에 제시된 문자이므로 정답은 ④이다.

28 정답 ③

◑은 6번째에 제시된 문자이므로 정답은 ③이다.

29 정답 ①

℉은 1번째에 제시된 문자이므로 정답은 ①이다.

30 정답 ③

✆은 9번째에 제시된 문자이므로 정답은 ③이다.

31 정답 ②

≠은 3번째에 제시된 문자이므로 정답은 ②이다.

32 정답 ②

∧은 4번째에 제시된 문자이므로 정답은 ②이다.

33 정답 ③

≤은 6번째에 제시된 문자이므로 정답은 ③이다.

34 정답 ①

=은 1번째에 제시된 문자이므로 정답은 ①이다.

35 정답 ④

⧉은 10번째에 제시된 문자이므로 정답은 ④이다.

36 정답 ②

…은 5번째에 제시된 문자이므로 정답은 ②이다.

37 정답 ③

☆은 7번째에 제시된 문자이므로 정답은 ③이다.

38 정답 ④

⊛은 9번째에 제시된 문자이므로 정답은 ④이다.

39 정답 ②

∂ 은 8번째에 제시된 문자이므로 정답은 ②이다.

40 정답 ②

℃은 2번째에 제시된 문자이므로 정답은 ②이다.

41 정답 ②

ㅞ은 2번째에 제시된 문자이므로 정답은 ②이다.

42 정답 ①

⚲은 5번째에 제시된 문자이므로 정답은 ①이다.

43 정답 ①

⌒은 4번째에 제시된 문자이므로 정답은 ①이다.

44 정답 ④

™ 은 8번째에 제시된 문자이므로 정답은 ④이다.

45 정답 ③

♠은 7번째에 제시된 문자이므로 정답은 ③이다.

46 정답 ④

❈은 10번째에 제시된 문자이므로 정답은 ④이다.

47 정답 ①

ㆂ은 1번째에 제시된 문자이므로 정답은 ①이다.

48 정답 ②

}은 3번째에 제시된 문자이므로 정답은 ②이다.

49 정답 ④

❞은 9번째에 제시된 문자이므로 정답은 ④이다.

50 정답 ③

▽은 6번째에 제시된 문자이므로 정답은 ③이다.

51 정답 ③

㈆은 6번째에 제시된 문자이므로 정답은 ③이다.

52 정답 ①

ㅛ은 1번째에 제시된 문자이므로 정답은 ①이다.

53 정답 ③

㏅은 7번째에 제시된 문자이므로 정답은 ③이다.

54 정답 ①

が은 2번째에 제시된 문자이므로 정답은 ①이다.

55 정답 ③

Ⅱ은 8번째에 제시된 문자이므로 정답은 ③이다.

56 정답 ④

☞은 10번째에 제시된 문자이므로 정답은 ④이다.

57 정답 ③

Æ은 3번째에 제시된 문자이므로 정답은 ③이다.

58 정답 ④

ㅐ은 9번째에 제시된 문자이므로 정답은 ④이다.

59 정답 ④

ⓨ은 4번째에 제시된 문자이므로 정답은 ④이다.

60 정답 ②

⅝은 5번째에 제시된 문자이므로 정답은 ②이다.

61 정답 ②

$은 5번째에 제시된 문자이므로 정답은 ②이다.

62 정답 ④

®은 6번째에 제시된 문자이므로 정답은 ④이다.

63 정답 ③

я은 3번째에 제시된 문자이므로 정답은 ③이다.

64 정답 ③

&은 4번째에 제시된 문자이므로 정답은 ③이다.

65 정답 ④

%은 10번째에 제시된 문자이므로 정답은 ④이다.

66 정답 ②

⊡은 2번째에 제시된 문자이므로 정답은 ②이다.

67 정답 ③

Ẅ은 8번째에 제시된 문자이므로 정답은 ③이다.

68 정답 ④

½은 7번째에 제시된 문자이므로 정답은 ④이다.

69 정답 ①

♯은 1번째에 제시된 문자이므로 정답은 ①이다.

70 정답 ④

☠은 9번째에 제시된 문자이므로 정답은 ④이다.

71 정답 ②

✣은 2번째에 제시된 문자이므로 정답은 ②이다.

72 정답 ①

⇹은 1번째에 제시된 문자이므로 정답은 ①이다.

73 정답 ①

🡑은 3번째에 제시된 문자이므로 정답은 ①이다.

74 정답 ③

‽은 7번째에 제시된 문자이므로 정답은 ③이다.

75 정답 ④

⇣은 10번째에 제시된 문자이므로 정답은 ④이다.

76 정답 ③

⊕은 4번째에 제시된 문자이므로 정답은 ③이다.

77 정답 ③

ぽ은 8번째에 제시된 문자이므로 정답은 ③이다.

78 정답 ④

N은 9번째에 제시된 문자이므로 정답은 ④이다.

79 정답 ②

✡은 5번째에 제시된 문자이므로 정답은 ②이다.

80 정답 ②

₩은 6번째에 제시된 문자이므로 정답은 ②이다.

81 정답 ④

※은 7번째에 제시된 문자이므로 정답은 ④이다.

82 정답 ②

…은 6번째에 제시된 문자이므로 정답은 ②이다.

83 정답 ②

◴은 3번째에 제시된 문자이므로 정답은 ②이다.

84 정답 ②

㉓은 5번째에 제시된 문자이므로 정답은 ②이다.

85 정답 ③

∰은 8번째에 제시된 문자이므로 정답은 ③이다.

86 정답 ④

‼은 10번째에 제시된 문자이므로 정답은 ④이다.

87 정답 ①

⌫은 1번째에 제시된 문자이므로 정답은 ①이다.

88 정답 ①

J은 2번째에 제시된 문자이므로 정답은 ①이다.

89 정답 ④

☙은 9번째에 제시된 문자이므로 정답은 ④이다.

90 정답 ②

⌘은 4번째에 제시된 문자이므로 정답은 ②이다.

91 정답 ③

⊇은 4번째에 제시된 문자이므로 정답은 ③이다.

92 정답 ①

≤은 2번째에 제시된 문자이므로 정답은 ①이다.

93

정답 ④

∂은 10번째에 제시된 문자이므로 정답은 ④이다.

94

정답 ④

¥은 8번째에 제시된 문자이므로 정답은 ④이다.

95

정답 ②

§ 은 5번째에 제시된 문자이므로 정답은 ②이다.

96

정답 ③

Ʊ은 9번째에 제시된 문자이므로 정답은 ③이다.

97

정답 ②

♀은 3번째에 제시된 문자이므로 정답은 ②이다.

98

정답 ①

∞은 1번째에 제시된 문자이므로 정답은 ①이다.

99

정답 ①

℃은 6번째에 제시된 문자이므로 정답은 ①이다.

100

정답 ①

∬은 7번째에 제시된 문자이므로 정답은 ①이다.

제2회 최종점검 모의고사

01 기본계산영역

01	02	03	04	05	06	07	08	09	10
③	④	③	③	④	②	③	②	①	③

01
정답 ③

35,400−12,400=23,000

02
정답 ④

206+644+677=850+677=1,527

03
정답 ③

14+4×3=14+12=26

04
정답 ③

4,650+8,450=13,100

05
정답 ④

5,200÷200+4=26+4=30

06
정답 ②

49×8+168=8(49+21)=8×70=560

07
정답 ③

(3,000−1,008)÷664=1,992÷664=3

08
정답 ②

206+310+214=516+214=730

09
정답 ①

1,430×6=8,580

10
정답 ③

4×5÷4=20÷4=5

02 주의집중영역

01	02	03	04	05	06	07	08	09	10
②	①	②	①	③	④	②	③	④	④

01
정답 ②

제시된 도형을 회전하지 않은 모습과 ②가 같다.

02
정답 ①

제시된 도형을 회전하지 않은 모습과 ①이 같다.

03
정답 ②

제시된 도형을 회전하지 않은 모습과 ②가 같다.

04
정답 ①

제시된 도형을 180° 회전한 모습과 ①이 같다.

05
정답 ③

제시된 도형을 시계 방향으로 90° 회전한 것과 ③이 같다.

06
정답 ④

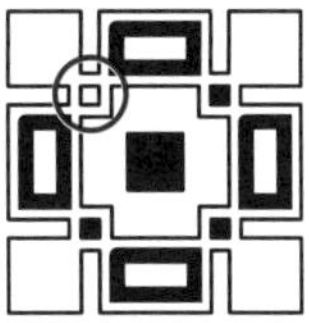

07
정답 ②

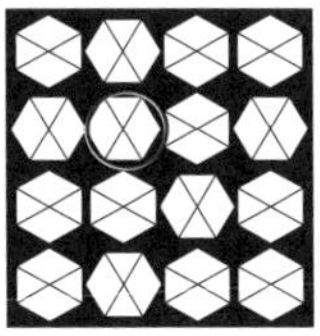

08
정답 ③

09
정답 ④

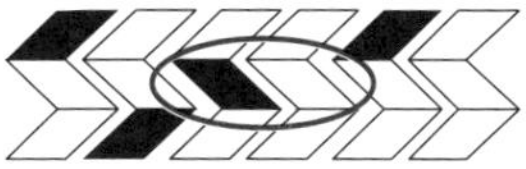

10
정답 ④

03 시각지각영역

01	02	03	04	05	06	07	08	09	10
④	①	③	④	④	③	②	②	③	①

01

정답 ④

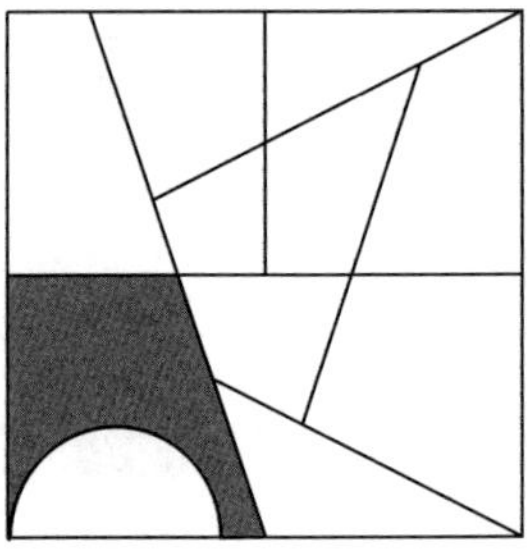

02

정답 ①

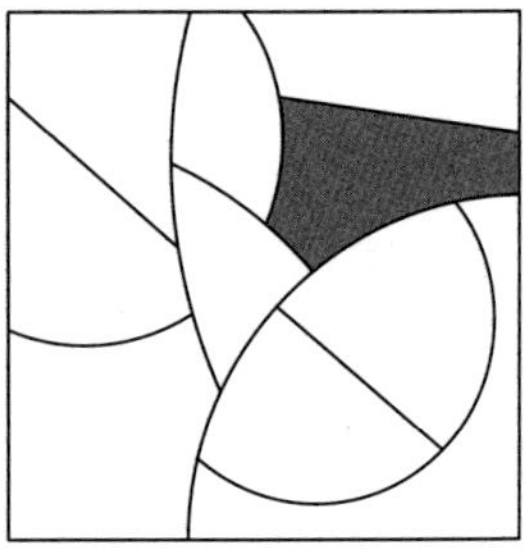

03

정답 ③

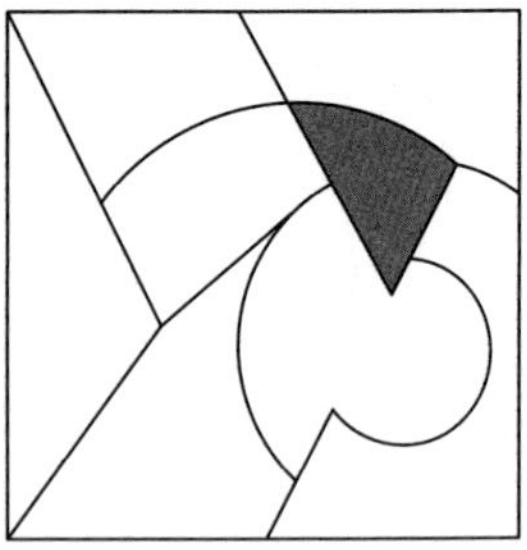

04

정답 ④

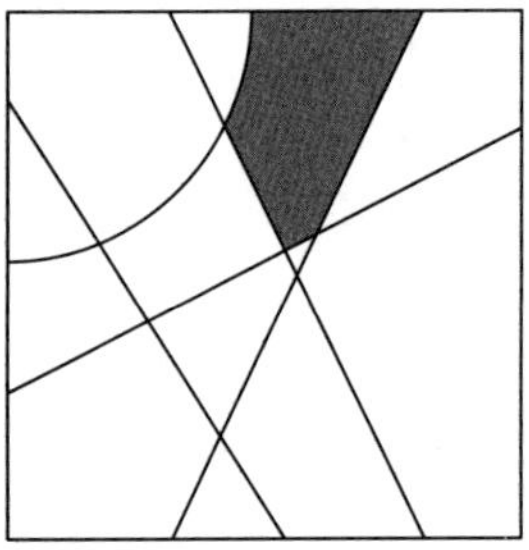

05

정답 ④

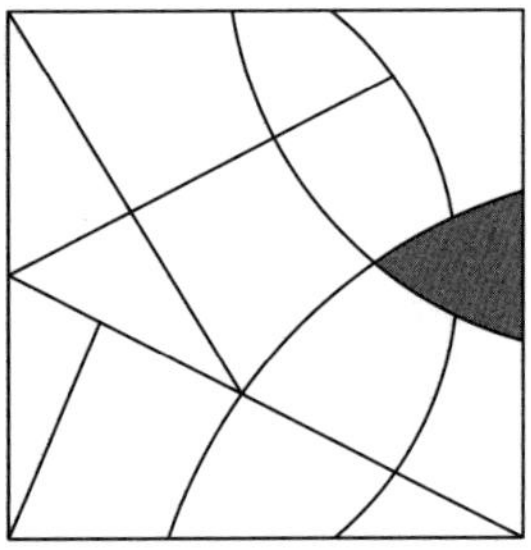

06

정답 ③

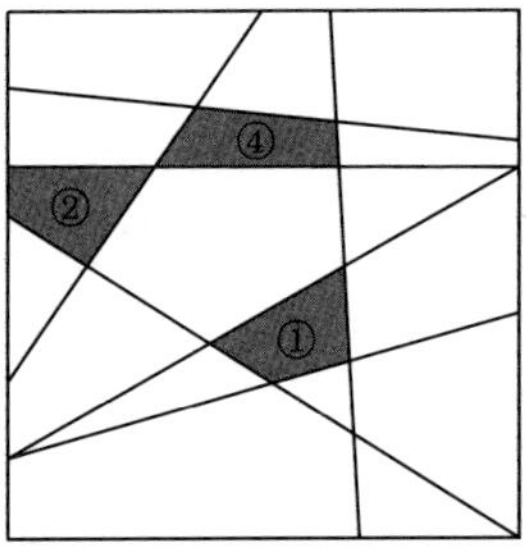

07

정답 ②

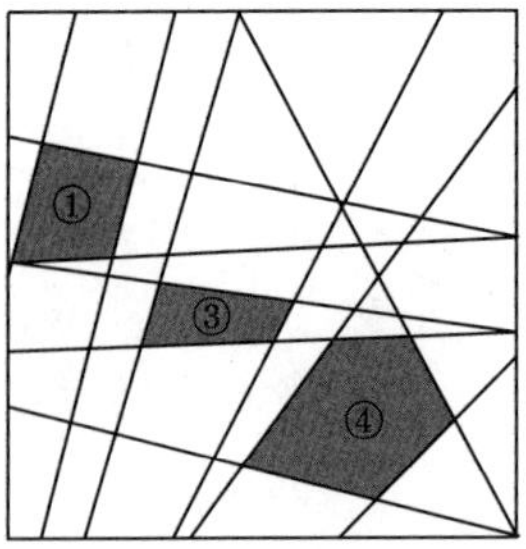

08

정답 ②

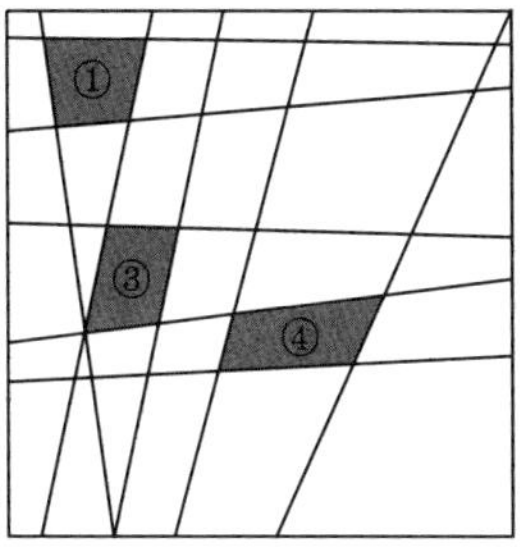

09

정답 ③

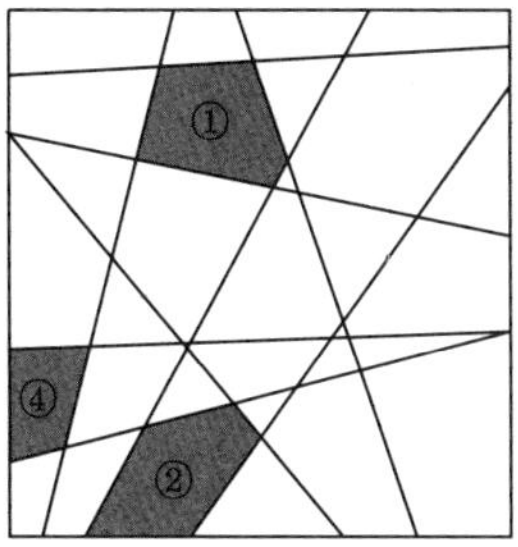

10

정답 ①

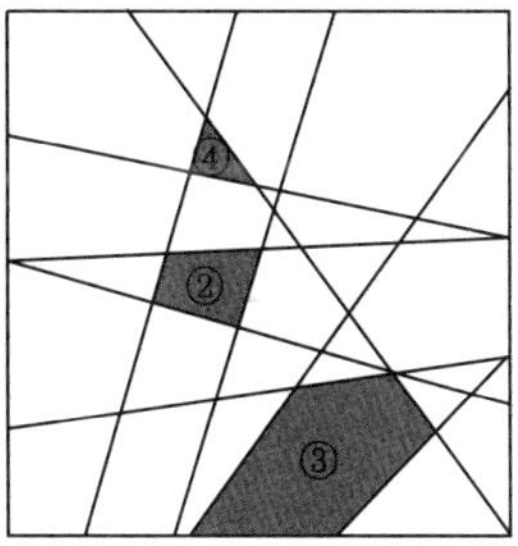

04 이해력영역

01	02	03	04	05	06	07	08	09	10
②	④	①	④	④	①	①	④	②	③

01

정답 ②

그림을 좌우 반전하면 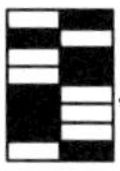, 이를 상하 반전하면 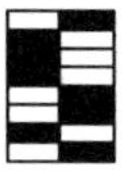이 된다.

02

정답 ④

그림을 시계 방향으로 90° 회전하면 , 이를 좌우 반전하면 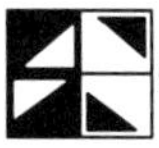이 된다.

03

정답 ①

그림을 시계 방향으로 270° 회전하면 , 이를 180° 회전하면 이 된다.

04

정답 ④

오답분석

① 제시된 그림에서 회전하여 나올 수 없는 그림이다.
② 제시된 그림을 시계 방향으로 45° 회전한 그림이다.
③ 제시된 그림을 시계 방향으로 135° 회전한 그림이다.

05

정답 ④

그림을 좌우 반전하면 , 이를 시계 반대 방향으로 45° 회전하면 이 된다.

06 정답 ①

그림을 시계 방향으로 90° 회전하면 , 이를 상하 반전하면 이 된다.

07 정답 ①

그림을 180° 회전하면 , 이를 좌우 반전하면 이 된다.

08 정답 ④

그림을 시계 반대 방향으로 90° 회전하면 , 이를 좌우 반전하면 이 된다.

09 정답 ②

그림을 시계 반대 방향으로 270° 회전하면 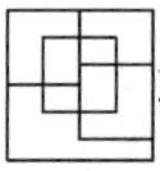, 이를 시계 방향으로 45° 회전하면 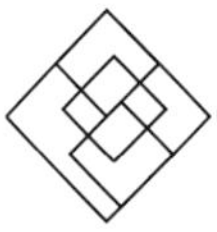이 된다.

10 정답 ③

그림을 상하 반전하면 , 이를 시계 방향으로 90° 회전하면 이 된다.

05 유추추론영역

01	02	03	04	05	06	07	08	09	10
④	①	③	③	③	④	①	②	④	①

01 정답 ④

홀수 항은 +20, 짝수 항은 −13을 하는 수열이다.
따라서 ( )=−3−13=−16이다.

02 정답 ①

'(앞의 항−뒤의 항)×2=다음 항'인 수열이다.
따라서 ( )={4−(−2)}×2=6×2=12이다.

03 정답 ③

×4, ÷2가 반복되는 수열이다.
따라서 ( )=48÷2=24이다.

04 정답 ③

앞의 항과 뒤의 항을 더하면 다음 항이 되는 수열이다.
따라서 ( )=16+26=42이다.

05 정답 ③

첫 번째 항부터 시작하여 차례로 +15, +14, +13, +12, … 인 수열이다.
따라서 ( )=174+15=189이다.

06 정답 ④

−1, +2가 반복되는 수열이다.

ㄹ	ㄷ	ㅁ	ㄹ	ㅂ	(ㅁ)
4	3	5	4	6	5

07 정답 ①

홀수 항은 ×2, 짝수 항은 ÷2로 나열된 수열이다.

B	X	D	L	H	F	P	(C)
2	24	4	12	8	6	16	3

08

정답 ②

2, 3, 5, 7, 11인 소수로 나열된 수열이다.

B	ㄷ	E	ㅅ	(K)
2	3	5	7	11

09

정답 ④

앞의 항에 3, 4, 5, 6, 7, …을 더하는 수열이다.

ㄴ	ㅁ	ㅈ	ㅎ	ㅂ	(ㅍ)
2	5	9	14	20(6)	27(13)

10

정답 ①

앞의 항에 3을 빼면 다음 항이 되는 수열이다.

(A)	X	U	R	O	L
27(1)	24	21	18	15	12

06 신체반응영역

01	02	03	04	05	06	07	08	09	10
③	②	①	④	②	③	③	④	①	②

01

정답 ③

제시된 조건에 따르면 ∮∮↑↑=♨↑↑↑=♨♨↑이므로 ?에 들어갈 문자는 ③이다.

02

정답 ②

제시된 조건에 따르면 ☯☯=↑↑↑↑↑↑↑↑↑↑=♨♨♨♨♨이므로 ?에 들어갈 문자는 ②이다.

03

정답 ①

제시된 조건에 따르면 Ø=ŒŒ=ĐĐĐĐ이므로 ?에 들어갈 문자는 ①이다.

04

정답 ④

제시된 조건에 따르면 Œ=ĐĐ=₸₸₸₸=₸₸Đ이므로 ?에 들어갈 문자는 ④이다.

05

정답 ②

제시된 조건에 따르면 i=ꟻꟻ=ƐƐ이므로 ?에 들어갈 문자는 ②이다.

06

정답 ③

제시된 조건에 따르면 i=ꟻꟻ=Ơ이므로 ?에 들어갈 문자는 ③이다.

07

정답 ③

제시된 조건에 따르면 ⍁⍃=⍁⍁=⍂⍂⍂⍂이므로 ?에 들어갈 문자는 ③이다.

08

정답 ④

제시된 조건에 따르면 ⍄=⍁⍁=⍂⍂⍂⍂이므로 ?에 들어갈 문자는 ④이다.

09

정답 ①

제시된 조건에 따르면 ⍋⍋=⍋⍋⍋⍋=⍋⍋⍋⍋=⍋⍋⍋ 이므로 ?에 들어갈 문자는 ①이다.

10

정답 ②

제시된 조건에 따르면 ⍋=⍋⍋=⍑⍑⍑⍑=⍑⍑⍋이므로 ?에 들어갈 문자는 ②이다.

07 순서추론영역

01	02	03	04	05	06	07	08	09	10
②	④	④	①	②	③	③	④	③	②
11	12	13	14	15	16	17	18	19	20
②	④	②	③	③	①	②	③	②	①
21	22	23	24	25	26	27	28	29	30
②	②	③	④	③	①	④	④	③	②
31	32	33	34	35	36	37	38	39	40
②	②	④	④	④	④	①	①	①	②
41	42	43	44	45	46	47	48	49	50
①	①	①	④	③	②	①	④	③	④
51	52	53	54	55	56	57	58	59	60
③	③	④	④	④	①	②	②	④	③
61	62	63	64	65	66	67	68	69	70
②	③	②	①	①	④	④	③	④	③
71	72	73	74	75	76	77	78	79	80
①	④	④	①	③	③	①	④	③	③
81	82	83	84	85	86	87	88	89	90
④	③	①	②	④	①	②	③	④	②
91	92	93	94	95	96	97	98	99	100
①	①	④	②	③	④	①	③	④	④

01

정답 ②

∅은 4번째에 제시된 문자이므로 정답은 ②이다.

02

정답 ④

リ은 10번째에 제시된 문자이므로 정답은 ④이다.

03

정답 ④

🌢은 9번째에 제시된 문자이므로 정답은 ④이다.

04

정답 ①

ま은 1번째에 제시된 문자이므로 정답은 ①이다.

05
정답 ②

θ 은 2번째에 제시된 문자이므로 정답은 ②이다.

06
정답 ③

♧은 5번째에 제시된 문자이므로 정답은 ③이다.

07
정답 ③

🗀은 8번째에 제시된 문자이므로 정답은 ③이다.

08
정답 ④

÷은 7번째에 제시된 문자이므로 정답은 ④이다.

09
정답 ③

♪은 6번째에 제시된 문자이므로 정답은 ③이다.

10
정답 ②

∠은 3번째에 제시된 문자이므로 정답은 ②이다.

11
정답 ②

ψ은 2번째에 제시된 문자이므로 정답은 ②이다.

12
정답 ④

∮은 10번째에 제시된 문자이므로 정답은 ④이다.

13
정답 ②

Ж은 8번째에 제시된 문자이므로 정답은 ②이다.

14
정답 ③

🖰은 3번째에 제시된 문자이므로 정답은 ③이다.

15
정답 ③

⌘은 5번째에 제시된 문자이므로 정답은 ③이다.

16
정답 ①

↘은 1번째에 제시된 문자이므로 정답은 ①이다.

17
정답 ②

🕯은 7번째에 제시된 문자이므로 정답은 ②이다.

18
정답 ③

▥은 9번째에 제시된 문자이므로 정답은 ③이다.

19
정답 ②

☪은 4번째에 제시된 문자이므로 정답은 ②이다.

20
정답 ①

➴은 6번째에 제시된 문자이므로 정답은 ①이다.

21
정답 ②

⊞은 6번째에 제시된 도형이므로 정답은 ②이다.

22
정답 ②

✐은 3번째에 제시된 문자이므로 정답은 ②이다.

23
정답 ③

🎗은 4번째에 제시된 문자이므로 정답은 ③이다.

24
정답 ④

⮝은 5번째에 제시된 문자이므로 정답은 ④이다.

25
정답 ③

§은 9번째에 제시된 문자이므로 정답은 ③이다.

26
정답 ①

🕘은 1번째에 제시된 문자이므로 정답은 ①이다.

27 정답 ④

▷은 10번째에 제시된 문자이므로 정답은 ④이다.

28 정답 ④

♒은 8번째에 제시된 문자이므로 정답은 ④이다.

29 정답 ③

☆은 7번째에 제시된 문자이므로 정답은 ③이다.

30 정답 ②

◎은 2번째에 제시된 문자이므로 정답은 ②이다.

31 정답 ②

▦은 5번째에 제시된 문자이므로 정답은 ②이다.

32 정답 ②

Ⓜ은 2번째에 제시된 문자이므로 정답은 ②이다.

33 정답 ④

∴은 7번째에 제시된 문자이므로 정답은 ④이다.

34 정답 ④

㈎은 9번째에 제시된 문자이므로 정답은 ④이다.

35 정답 ④

☠은 10번째에 제시된 문자이므로 정답은 ④이다.

36 정답 ④

α은 8번째에 제시된 문자이므로 정답은 ④이다.

37 정답 ①

う은 3번째에 제시된 문자이므로 정답은 ①이다.

38 정답 ①

Δ은 4번째에 제시된 문자이므로 정답은 ①이다.

39 정답 ①

Ⅲ은 1번째에 제시된 문자이므로 정답은 ①이다.

40 정답 ②

✦은 6번째에 제시된 문자이므로 정답은 ②이다.

41 정답 ①

⚐은 4번째에 제시된 문자이므로 정답은 ①이다.

42 정답 ①

☹은 2번째에 제시된 문자이므로 정답은 ①이다.

43 정답 ①

♨은 1번째에 제시된 문자이므로 정답은 ①이다.

44 정답 ④

✠은 6번째에 제시된 문자이므로 정답은 ④이다.

45 정답 ③

♈은 8번째에 제시된 문자이므로 정답은 ③이다.

46 정답 ②

ॐ은 7번째에 제시된 문자이므로 정답은 ②이다.

47 정답 ①

☠은 3번째에 제시된 문자이므로 정답은 ①이다.

48 정답 ④

▩은 10번째에 제시된 문자이므로 정답은 ④이다.

49 정답 ③

✈은 5번째에 제시된 문자이므로 정답은 ③이다.

50 정답 ④

⋈은 9번째에 제시된 문자이므로 정답은 ④이다.

51 정답 ③

✂은 3번째에 제시된 문자이므로 정답은 ③이다.

52 정답 ③

🗀은 5번째에 제시된 문자이므로 정답은 ③이다.

53 정답 ④

⌛은 7번째에 제시된 문자이므로 정답은 ④이다.

54 정답 ④

🖮은 8번째에 제시된 문자이므로 정답은 ④이다.

55 정답 ④

▣은 9번째에 제시된 문자이므로 정답은 ④이다.

56 정답 ①

㉿은 1번째에 제시된 문자이므로 정답은 ①이다.

57 정답 ②

✎은 4번째에 제시된 문자이므로 정답은 ②이다.

58 정답 ②

✉은 2번째에 제시된 문자이므로 정답은 ②이다.

59 정답 ④

⇯은 10번째에 제시된 문자이므로 정답은 ④이다.

60 정답 ③

🗄은 6번째에 제시된 문자이므로 정답은 ③이다.

61 정답 ②

■은 5번째에 제시된 문자이므로 정답은 ②이다.

62 정답 ③

¥은 4번째에 제시된 문자이므로 정답은 ③이다.

63 정답 ②

₵은 6번째에 제시된 문자이므로 정답은 ②이다.

64 정답 ①

☏은 1번째에 제시된 문자이므로 정답은 ①이다.

65 정답 ①

*은 2번째에 제시된 문자이므로 정답은 ①이다.

66 정답 ④

θ은 8번째에 제시된 문자이므로 정답은 ④이다.

67 정답 ④

♯은 10번째에 제시된 문자이므로 정답은 ④이다.

68 정답 ③

=은 3번째에 제시된 문자이므로 정답은 ③이다.

69 정답 ④

ξ은 7번째에 제시된 문자이므로 정답은 ④이다.

70 정답 ③

÷은 9번째에 제시된 문자이므로 정답은 ③이다.

71

정답 ①

◗은 2번째에 제시된 문자이므로 정답은 ①이다.

72

정답 ④

√은 4번째에 제시된 문자이므로 정답은 ④이다.

73

정답 ④

♥은 6번째에 제시된 문자이므로 정답은 ④이다.

74

정답 ①

≻은 1번째에 제시된 문자이므로 정답은 ①이다.

75

정답 ③

◉은 7번째에 제시된 문자이므로 정답은 ③이다.

76

정답 ③

Ω은 9번째에 제시된 문자이므로 정답은 ③이다.

77

정답 ①

∔은 3번째에 제시된 문자이므로 정답은 ①이다.

78

정답 ④

☆은 10번째에 제시된 문자이므로 정답은 ④이다.

79

정답 ③

▦은 8번째에 제시된 문자이므로 정답은 ③이다.

80

정답 ③

⇒은 5번째에 제시된 문자이므로 정답은 ③이다.

81

정답 ④

︾은 7번째에 제시된 문자이므로 정답은 ④이다.

82

정답 ③

↖은 5번째에 제시된 문자이므로 정답은 ③이다.

83

정답 ①

ᵴ은 3번째에 제시된 문자이므로 정답은 ①이다.

84

정답 ②

↺은 6번째에 제시된 문자이므로 정답은 ②이다.

85

정답 ④

⋈은 10번째에 제시된 문자이므로 정답은 ④이다.

86

정답 ①

ш은 1번째에 제시된 문자이므로 정답은 ①이다.

87

정답 ②

《은 4번째에 제시된 문자이므로 정답은 ②이다.

88

정답 ③

⋇은 8번째에 제시된 문자이므로 정답은 ③이다.

89

정답 ④

↻은 9번째에 제시된 문자이므로 정답은 ④이다.

90

정답 ②

⅗은 2번째에 제시된 문자이므로 정답은 ②이다.

91

정답 ①

@은 1번째에 제시된 문자이므로 정답은 ①이다.

92

정답 ①

ㄴ은 3번째에 제시된 문자이므로 정답은 ①이다.

93

정답 ④

ⓝ은 5번째에 제시된 문자이므로 정답은 ④이다.

94

정답 ②

㎢은 4번째에 제시된 도형이므로 정답은 ②이다.

95

정답 ③

ħ은 7번째에 제시된 문자이므로 정답은 ③이다.

96

정답 ④

◔은 10번째에 제시된 문자이므로 정답은 ④이다.

97

정답 ①

#은 2번째에 제시된 문자이므로 정답은 ①이다.

98

정답 ③

ɜ은 8번째에 제시된 문자이므로 정답은 ③이다.

99

정답 ④

⌕은 9번째에 제시된 문자이므로 정답은 ④이다.

100

정답 ④

グ은 6번째에 제시된 문자이므로 정답은 ④이다.

S D E D U

합격의 공식 시대에듀

삶이 있는 한 희망은 있다.

– 키케로 –

※ 절취선을 따라 분리하여 실제 시험과 같이 사용하면 더욱 효과적입니다.

삼성 제조직무적성검사 모의고사 답안지

고사장

성 명

수 험 번 호						
⓪	⓪	⓪	⓪	⓪	⓪	⓪
①	①	①	①	①	①	①
②	②	②	②	②	②	②
③	③	③	③	③	③	③
④	④	④	④	④	④	④
⑤	⑤	⑤	⑤	⑤	⑤	⑤
⑥	⑥	⑥	⑥	⑥	⑥	⑥
⑦	⑦	⑦	⑦	⑦	⑦	⑦
⑧	⑧	⑧	⑧	⑧	⑧	⑧
⑨	⑨	⑨	⑨	⑨	⑨	⑨

감독위원 확인
인

기본계산영역					주의집중영역					시각지각영역					이해력영역					유추추론영역				
문번	1	2	3	4	문번	1	2	3	4	문번	1	2	3	4	문번	1	2	3	4	문번	1	2	3	4
1	①	②	③	④	1	①	②	③	④	1	①	②	③	④	1	①	②	③	④	1	①	②	③	④
2	①	②	③	④	2	①	②	③	④	2	①	②	③	④	2	①	②	③	④	2	①	②	③	④
3	①	②	③	④	3	①	②	③	④	3	①	②	③	④	3	①	②	③	④	3	①	②	③	④
4	①	②	③	④	4	①	②	③	④	4	①	②	③	④	4	①	②	③	④	4	①	②	③	④
5	①	②	③	④	5	①	②	③	④	5	①	②	③	④	5	①	②	③	④	5	①	②	③	④
6	①	②	③	④	6	①	②	③	④	6	①	②	③	④	6	①	②	③	④	6	①	②	③	④
7	①	②	③	④	7	①	②	③	④	7	①	②	③	④	7	①	②	③	④	7	①	②	③	④
8	①	②	③	④	8	①	②	③	④	8	①	②	③	④	8	①	②	③	④	8	①	②	③	④
9	①	②	③	④	9	①	②	③	④	9	①	②	③	④	9	①	②	③	④	9	①	②	③	④
10	①	②	③	④	10	①	②	③	④	10	①	②	③	④	10	①	②	③	④	10	①	②	③	④

※ 절취선을 따라 분리하여 실제 시험과 같이 사용하면 더욱 효과적입니다.

삼성 제조직무적성검사 모의고사 답안지

신체반응영역					순서추론영역																								
문번	1	2	3	4	문번	1	2	3	4	문번	1	2	3	4	문번	1	2	3	4	문번	1	2	3	4	문번	1	2	3	4
1	①	②	③	④	1	①	②	③	④	21	①	②	③	④	41	①	②	③	④	61	①	②	③	④	81	①	②	③	④
2	①	②	③	④	2	①	②	③	④	22	①	②	③	④	42	①	②	③	④	62	①	②	③	④	82	①	②	③	④
3	①	②	③	④	3	①	②	③	④	23	①	②	③	④	43	①	②	③	④	63	①	②	③	④	83	①	②	③	④
4	①	②	③	④	4	①	②	③	④	24	①	②	③	④	44	①	②	③	④	64	①	②	③	④	84	①	②	③	④
5	①	②	③	④	5	①	②	③	④	25	①	②	③	④	45	①	②	③	④	65	①	②	③	④	85	①	②	③	④
6	①	②	③	④	6	①	②	③	④	26	①	②	③	④	46	①	②	③	④	66	①	②	③	④	86	①	②	③	④
7	①	②	③	④	7	①	②	③	④	27	①	②	③	④	47	①	②	③	④	67	①	②	③	④	87	①	②	③	④
8	①	②	③	④	8	①	②	③	④	28	①	②	③	④	48	①	②	③	④	68	①	②	③	④	88	①	②	③	④
9	①	②	③	④	9	①	②	③	④	29	①	②	③	④	49	①	②	③	④	69	①	②	③	④	89	①	②	③	④
10	①	②	③	④	10	①	②	③	④	30	①	②	③	④	50	①	②	③	④	70	①	②	③	④	90	①	②	③	④
					11	①	②	③	④	31	①	②	③	④	51	①	②	③	④	71	①	②	③	④	91	①	②	③	④
					12	①	②	③	④	32	①	②	③	④	52	①	②	③	④	72	①	②	③	④	92	①	②	③	④
					13	①	②	③	④	33	①	②	③	④	53	①	②	③	④	73	①	②	③	④	93	①	②	③	④
					14	①	②	③	④	34	①	②	③	④	54	①	②	③	④	74	①	②	③	④	94	①	②	③	④
					15	①	②	③	④	35	①	②	③	④	55	①	②	③	④	75	①	②	③	④	95	①	②	③	④
					16	①	②	③	④	36	①	②	③	④	56	①	②	③	④	76	①	②	③	④	96	①	②	③	④
					17	①	②	③	④	37	①	②	③	④	57	①	②	③	④	77	①	②	③	④	97	①	②	③	④
					18	①	②	③	④	38	①	②	③	④	58	①	②	③	④	78	①	②	③	④	98	①	②	③	④
					19	①	②	③	④	39	①	②	③	④	59	①	②	③	④	79	①	②	③	④	99	①	②	③	④
					20	①	②	③	④	40	①	②	③	④	60	①	②	③	④	80	①	②	③	④	100	①	②	③	④

※ 절취선을 따라 분리하여 실제 시험과 같이 사용하면 더욱 효과적입니다.

삼성 제조직무적성검사 모의고사 답안지

고사장

성 명

수 험 번 호						
⓪	⓪	⓪	⓪	⓪	⓪	⓪
①	①	①	①	①	①	①
②	②	②	②	②	②	②
③	③	③	③	③	③	③
④	④	④	④	④	④	④
⑤	⑤	⑤	⑤	⑤	⑤	⑤
⑥	⑥	⑥	⑥	⑥	⑥	⑥
⑦	⑦	⑦	⑦	⑦	⑦	⑦
⑧	⑧	⑧	⑧	⑧	⑧	⑧
⑨	⑨	⑨	⑨	⑨	⑨	⑨

감독위원 확인
인

기본계산영역					주의집중영역					시각지각영역					이해력영역					유추추론영역				
문번	1	2	3	4	문번	1	2	3	4	문번	1	2	3	4	문번	1	2	3	4	문번	1	2	3	4
1	①	②	③	④	1	①	②	③	④	1	①	②	③	④	1	①	②	③	④	1	①	②	③	④
2	①	②	③	④	2	①	②	③	④	2	①	②	③	④	2	①	②	③	④	2	①	②	③	④
3	①	②	③	④	3	①	②	③	④	3	①	②	③	④	3	①	②	③	④	3	①	②	③	④
4	①	②	③	④	4	①	②	③	④	4	①	②	③	④	4	①	②	③	④	4	①	②	③	④
5	①	②	③	④	5	①	②	③	④	5	①	②	③	④	5	①	②	③	④	5	①	②	③	④
6	①	②	③	④	6	①	②	③	④	6	①	②	③	④	6	①	②	③	④	6	①	②	③	④
7	①	②	③	④	7	①	②	③	④	7	①	②	③	④	7	①	②	③	④	7	①	②	③	④
8	①	②	③	④	8	①	②	③	④	8	①	②	③	④	8	①	②	③	④	8	①	②	③	④
9	①	②	③	④	9	①	②	③	④	9	①	②	③	④	9	①	②	③	④	9	①	②	③	④
10	①	②	③	④	10	①	②	③	④	10	①	②	③	④	10	①	②	③	④	10	①	②	③	④

※ 절취선을 따라 분리하여 실제 시험과 같이 사용하면 더욱 효과적입니다.

삼성 제조직무적성검사 모의고사 답안지

신체반응영역					순서추론영역																								
문번	1	2	3	4	문번	1	2	3	4	문번	1	2	3	4	문번	1	2	3	4	문번	1	2	3	4	문번	1	2	3	4
1	①	②	③	④	1	①	②	③	④	21	①	②	③	④	41	①	②	③	④	61	①	②	③	④	81	①	②	③	④
2	①	②	③	④	2	①	②	③	④	22	①	②	③	④	42	①	②	③	④	62	①	②	③	④	82	①	②	③	④
3	①	②	③	④	3	①	②	③	④	23	①	②	③	④	43	①	②	③	④	63	①	②	③	④	83	①	②	③	④
4	①	②	③	④	4	①	②	③	④	24	①	②	③	④	44	①	②	③	④	64	①	②	③	④	84	①	②	③	④
5	①	②	③	④	5	①	②	③	④	25	①	②	③	④	45	①	②	③	④	65	①	②	③	④	85	①	②	③	④
6	①	②	③	④	6	①	②	③	④	26	①	②	③	④	46	①	②	③	④	66	①	②	③	④	86	①	②	③	④
7	①	②	③	④	7	①	②	③	④	27	①	②	③	④	47	①	②	③	④	67	①	②	③	④	87	①	②	③	④
8	①	②	③	④	8	①	②	③	④	28	①	②	③	④	48	①	②	③	④	68	①	②	③	④	88	①	②	③	④
9	①	②	③	④	9	①	②	③	④	29	①	②	③	④	49	①	②	③	④	69	①	②	③	④	89	①	②	③	④
10	①	②	③	④	10	①	②	③	④	30	①	②	③	④	50	①	②	③	④	70	①	②	③	④	90	①	②	③	④
					11	①	②	③	④	31	①	②	③	④	51	①	②	③	④	71	①	②	③	④	91	①	②	③	④
					12	①	②	③	④	32	①	②	③	④	52	①	②	③	④	72	①	②	③	④	92	①	②	③	④
					13	①	②	③	④	33	①	②	③	④	53	①	②	③	④	73	①	②	③	④	93	①	②	③	④
					14	①	②	③	④	34	①	②	③	④	54	①	②	③	④	74	①	②	③	④	94	①	②	③	④
					15	①	②	③	④	35	①	②	③	④	55	①	②	③	④	75	①	②	③	④	95	①	②	③	④
					16	①	②	③	④	36	①	②	③	④	56	①	②	③	④	76	①	②	③	④	96	①	②	③	④
					17	①	②	③	④	37	①	②	③	④	57	①	②	③	④	77	①	②	③	④	97	①	②	③	④
					18	①	②	③	④	38	①	②	③	④	58	①	②	③	④	78	①	②	③	④	98	①	②	③	④
					19	①	②	③	④	39	①	②	③	④	59	①	②	③	④	79	①	②	③	④	99	①	②	③	④
					20	①	②	③	④	40	①	②	③	④	60	①	②	③	④	80	①	②	③	④	100	①	②	③	④

※ 절취선을 따라 분리하여 실제 시험과 같이 사용하면 더욱 효과적입니다.

삼성 제조직무적성검사 모의고사 답안지

고사장

성 명

수 험 번 호						
⓪	⓪	⓪	⓪	⓪	⓪	⓪
①	①	①	①	①	①	①
②	②	②	②	②	②	②
③	③	③	③	③	③	③
④	④	④	④	④	④	④
⑤	⑤	⑤	⑤	⑤	⑤	⑤
⑥	⑥	⑥	⑥	⑥	⑥	⑥
⑦	⑦	⑦	⑦	⑦	⑦	⑦
⑧	⑧	⑧	⑧	⑧	⑧	⑧
⑨	⑨	⑨	⑨	⑨	⑨	⑨

감독위원 확인
인

기본계산영역					주의집중영역					시각지각영역					이해력영역					유추추론영역				
문번	1	2	3	4	문번	1	2	3	4	문번	1	2	3	4	문번	1	2	3	4	문번	1	2	3	4
1	①	②	③	④	1	①	②	③	④	1	①	②	③	④	1	①	②	③	④	1	①	②	③	④
2	①	②	③	④	2	①	②	③	④	2	①	②	③	④	2	①	②	③	④	2	①	②	③	④
3	①	②	③	④	3	①	②	③	④	3	①	②	③	④	3	①	②	③	④	3	①	②	③	④
4	①	②	③	④	4	①	②	③	④	4	①	②	③	④	4	①	②	③	④	4	①	②	③	④
5	①	②	③	④	5	①	②	③	④	5	①	②	③	④	5	①	②	③	④	5	①	②	③	④
6	①	②	③	④	6	①	②	③	④	6	①	②	③	④	6	①	②	③	④	6	①	②	③	④
7	①	②	③	④	7	①	②	③	④	7	①	②	③	④	7	①	②	③	④	7	①	②	③	④
8	①	②	③	④	8	①	②	③	④	8	①	②	③	④	8	①	②	③	④	8	①	②	③	④
9	①	②	③	④	9	①	②	③	④	9	①	②	③	④	9	①	②	③	④	9	①	②	③	④
10	①	②	③	④	10	①	②	③	④	10	①	②	③	④	10	①	②	③	④	10	①	②	③	④

※ 절취선을 따라 분리하여 실제 시험과 같이 사용하면 더욱 효과적입니다.

삼성 제조직무적성검사 모의고사 답안지

신체반응영역					순서추론영역																								
문번	1	2	3	4	문번	1	2	3	4	문번	1	2	3	4	문번	1	2	3	4	문번	1	2	3	4	문번	1	2	3	4
1	①	②	③	④	1	①	②	③	④	21	①	②	③	④	41	①	②	③	④	61	①	②	③	④	81	①	②	③	④
2	①	②	③	④	2	①	②	③	④	22	①	②	③	④	42	①	②	③	④	62	①	②	③	④	82	①	②	③	④
3	①	②	③	④	3	①	②	③	④	23	①	②	③	④	43	①	②	③	④	63	①	②	③	④	83	①	②	③	④
4	①	②	③	④	4	①	②	③	④	24	①	②	③	④	44	①	②	③	④	64	①	②	③	④	84	①	②	③	④
5	①	②	③	④	5	①	②	③	④	25	①	②	③	④	45	①	②	③	④	65	①	②	③	④	85	①	②	③	④
6	①	②	③	④	6	①	②	③	④	26	①	②	③	④	46	①	②	③	④	66	①	②	③	④	86	①	②	③	④
7	①	②	③	④	7	①	②	③	④	27	①	②	③	④	47	①	②	③	④	67	①	②	③	④	87	①	②	③	④
8	①	②	③	④	8	①	②	③	④	28	①	②	③	④	48	①	②	③	④	68	①	②	③	④	88	①	②	③	④
9	①	②	③	④	9	①	②	③	④	29	①	②	③	④	49	①	②	③	④	69	①	②	③	④	89	①	②	③	④
10	①	②	③	④	10	①	②	③	④	30	①	②	③	④	50	①	②	③	④	70	①	②	③	④	90	①	②	③	④
					11	①	②	③	④	31	①	②	③	④	51	①	②	③	④	71	①	②	③	④	91	①	②	③	④
					12	①	②	③	④	32	①	②	③	④	52	①	②	③	④	72	①	②	③	④	92	①	②	③	④
					13	①	②	③	④	33	①	②	③	④	53	①	②	③	④	73	①	②	③	④	93	①	②	③	④
					14	①	②	③	④	34	①	②	③	④	54	①	②	③	④	74	①	②	③	④	94	①	②	③	④
					15	①	②	③	④	35	①	②	③	④	55	①	②	③	④	75	①	②	③	④	95	①	②	③	④
					16	①	②	③	④	36	①	②	③	④	56	①	②	③	④	76	①	②	③	④	96	①	②	③	④
					17	①	②	③	④	37	①	②	③	④	57	①	②	③	④	77	①	②	③	④	97	①	②	③	④
					18	①	②	③	④	38	①	②	③	④	58	①	②	③	④	78	①	②	③	④	98	①	②	③	④
					19	①	②	③	④	39	①	②	③	④	59	①	②	③	④	79	①	②	③	④	99	①	②	③	④
					20	①	②	③	④	40	①	②	③	④	60	①	②	③	④	80	①	②	③	④	100	①	②	③	④

2025 최신판 시대에듀 삼성 제조직무적성검사 최신기출유형 + 모의고사 4회

개정5판1쇄 발행	2025년 03월 20일 (인쇄 2025년 01월 10일)
초 판 발 행	2021년 02월 05일 (인쇄 2021년 01월 19일)
발 행 인	박영일
책 임 편 집	이해욱
편 저	SDC(Sidae Data Center)
편 집 진 행	안희선 · 김지영
표지디자인	박수영
편집디자인	양혜련 · 장성복
발 행 처	(주)시대고시기획
출 판 등 록	제10-1521호
주 소	서울시 마포구 큰우물로 75 [도화동 538 성지 B/D] 9F
전 화	1600-3600
팩 스	02-701-8823
홈 페 이 지	www.sdedu.co.kr
I S B N	979-11-383-8677-7 (13320)
정 가	20,000원